# 天下体系

## 世界制度哲学导论

赵汀阳 著

中国人民大学出版社

· 北京 ·

# 关于本书

对世界负责任，而不是仅仅对自己的国家负责任，这在理论上是一个中国哲学视界，在实践上则是全新的可能性，即以"天下"作为关于政治/经济利益的优先分析单位，从天下去理解世界，也就是要以"世界"作为思考单位去分析问题，超越西方的民族/国家思维方式，要以世界责任为己任，创造世界新理念和世界制度。

# 关于作者

赵汀阳，中国社会科学院学部委员、哲学研究所研究员，美国博古睿研究院资深研究员。著有《论可能生活》《天下体系》《第一哲学的支点》《坏世界研究》《天下的当代性》《惠此中国》《四种分叉》《历史，山水，渔樵》等，部分著作译为 *Alles Unter dem Himmel*（Suhrkamp，德国）、*Tianxia tout sous un Meme Ciel*（Cerf，法国）、*Redefining a Philosophy for World Governance*（Palgrave-Macmillan，英国）、*All-under-heaven：The Tianxia System for a Possible World Order*（Univ. California，美国）、*Tianxia：una filosofia para la gobernanza global*（Herder，西班牙）、*Tutto Sotto il Cielo*（Ubalddini，意大利）、*Nowa Filozofia ladu Swiatowego*（Time Marszalek，波兰），以及合著 *Un Dieu ou tous les Dieux*（Cent Mille，法国，与 A. Le Pichon 合著）、*Du Ciel ala Terre*（Les Arenes，法国，与 R. Debray 合著）。

# 再版序言

《天下体系》的两个主要章节原为两篇英文论文，是 2001 年时为欧洲跨文化研究所一个以"帝国"为题目的课题而作。天下体系不是帝国，而是一个反帝国主义性质的世界政治体系，与帝国模式可以形成理论和历史对比，这两篇论文由陆丁翻译为中文，并发表在《世界哲学》和《年度学术》上。后来经过修改，增加了一些内容，成为《天下体系》一书。两篇英文论文也经缩写改写以及部分论点改进后分别发表在 *Social Identities*（英国）和 *Diogenes*（法国、英国）上。

《天下体系》出版后，有幸得到海内外众多学者的关注，或支持，或争论，皆为真诚厚爱，因此十分感激，在此一并致谢。根据许多评论文章以及会议讨论，我发现有几个问题是学友们普遍比较关心的：天下体系作为一个政治理想，如果得以实践的话，最有可能解决什么问题？天下体系会不会太理想化？何时可能实现？天下体系在理论上是个一视同仁的和平主义世界治理体系，但是否其实隐含着中国对世界的统治方案？天下体系真的能够避免国际关系不平等的问题吗？还有，人们如此自私贪婪，又如何能够愿意合作建立天下体系呢？这些问题都非常重要，部分问题在我的后续研究中已有解释（参见《坏世界研究：作为第一哲学的政治哲学》和《每个人的政治》以及相关论文），而我还会在关于天下体系的进一步研究中去推进对这些问题的解释和论证。这次再版，就先保持原样，不做增删。但在这里，我想对这些问题给出非常简练的回答。

天下体系可能解决什么问题，这是个首要问题，也是中外学者普遍关心的问题。最简单的回答是，天下体系试图推荐一种世界制度，以便克服世界无政府状态所导致的各种灾难，使旨在发展世界公利的世界集体理性行动成为可能。我之所以试图重新创作中国传统的天下概念，使之成为一个能够超越国际政治并且建构世界政治的概念，其中动因与亨廷顿的挑战有关。在读到亨廷顿的"文明冲突"理论之前，我大体上信任康德的永久和平理论，但亨廷顿的著作显然挑战了康德理论，我意识到，即使是伟大的康德和平理论（以及当代流行的康德理论变形版的"民主和平"理论），也无法对付亨廷顿问题。康德和平的有效条件是"同质国家"之间的国际联盟（康德想象的是"自由国家"，今天的说法是"民主国家"），那么，那些在文化、价值观和制度上非同质的国家又该如何对待呢？假如那些国家不愿意变成同质国家又该如何呢？又有什么必然理由去要求它们都必须变成同质国家呢？凝结了数千年智慧的各种文化绝不可能被轻浮肤浅的现代意识形态抹杀，更不可能被强权征服。深受一神教影响的西方政治和价值理论在多文化多价值问题面前无法自圆其说，特别是，显然无力解决诸如巴以冲突或者东西文化分歧这样的深刻冲突问题，而如果无法解决此类问题，就意味着必定存在着严重的理论缺陷。那么，世界和平的真正有效的可能基础是什么？我们显然需要发展一种能够为多文化事实提供共存基础的新普遍主义，一种"兼容的普遍主义"，以普遍有效的关系去兼容与协调各种不可归化的异质价值观和文化，在协调合作的关系中，各种异质文化仍将是异质的，但普遍的兼容关系可以有效抑制互相冲突，这正是《尚书》所谓"协和万邦"之义。天下体系就是试图实现兼容普遍主义的世界制度。因此，天下体系被设想为一个能够解决康德理论所不能解决的亨廷顿问题的永久和平理论。这是天下体系的第一个用处。

天下体系的第二个可能用处是试图解决一个更为广泛的问题，即如何从普遍冲突发展出普遍合作的问题。这是哲学、政治学、经济学、社会学等所有人文社会科学共享的根本问题。这个问题十分宏大，虽然哲学被认为是关于人类问题的总体反思，但也只能试图发现一个通向综合反思的思路而不可能终结什么问题。全球化进一步表明了，人类生活的各种问题本来就是不可分割的，而且对一个问题的有效解决很可能落在别处，比如说，经济问题很可能需要政治解决，政治问题很可能需要经济解决，甚至需要文化或者思维模式的解决，如此等等。有一个特别需要考虑的情况是，现代人们在分析问题时，通常的分析单位是各种"排他存在"，从个人、团体到民族国家。在这种思维模式指导下，人们更善于建构个人、团体和国家，但却在处理各个存在单位之间的冲突问题上无能为力甚至理屈词穷。问题就出在人们没有把思考重心落在"相互关系"上，所以也没有很好地发展能够建构有效关系的理念和方法。如果仅仅根据利益诉求去思考，其典型原则就是"排他利益的最大化"，这是导致冲突的根本原因。追求利益不是错误，但同时需要与之配套的能够消解冲突的思想原则，或者说，如果有能力制造争端，就必须有能力化解争端，否则就不是真正理性的思维和行动。可以发现，化解冲突的全部可能性都蕴含在"关系"概念和关系方法论之中，真正的理性表现为优先建构普遍有效的相互关系而不是利益最大化的计算，因此我选择"家—国—天下"这个非排他的分析单位系列去重新理解政治、经济和文化问题，同时试图论证，非排他的各种关系必定蕴含着能够化解冲突的原则，而天下体系就是最大的普遍关系，它将为解决冲突问题提供制度支持。

天下体系无疑是一个将来时的理想，但并非不可能实现，人类社会的许多变迁终究事在人为。康德的和平理想虽然没有得到充分实践，但仍然对现代实践有着积极的影响。我希望天下体系也是一个能够起到积极作用的观念。许多西方或中国学者都关心我心中是否有一个"想象的"时间预期。我一向相信休谟原则：准确预测未来是不可能的。康德的和平理论在200年后才部分实现，天下体系作为替换康德方案的新和平理想，肯定也需要相当长的时间去实现。出于对康德的敬意，我宁愿说天下体系的实现恐怕需要超过200年的时间，尽管未必如此，这要看世界形势的变化。

　　至于天下体系是否导致"中国治下的和平"［柯岚安（William A. Callahan）的说法］，这个问题的提出纯属西方学者的担忧，显然是因为时逢中国崛起。此类问题多少说明西方对中国文化精神仍有隔阂且有疑虑，仍然习惯于按照西方的帝国概念去定位任何一种庞大的政治存在。其实，如果按照中国的思路，一个根据世界共同利益和世界尺度来建构的天下并不难以理解，其基本原理是"以天下观天下"（老子原则）和"天下人之天下"（儒家原则）。可以说，"中国治下的和平"是一个虚构的问题。我试图论证的是，中国的一些政治原理和价值观有助于解决文化与利益冲突问题，因此有理由成为世界制度的理论和价值基础。

　　还有一个也是一些西方学者关心的问题：假定天下一家是可能的，那么天下体系是不是一个表面上平等但实际上隐含等级的制度？比如我的老朋友阿兰·乐比雄（Alain Le Pichon）把这个问题生动地解释为是否会存在"大哥"以及"大哥"如何对待"四海兄弟"的问题，或者按照彼得·卡赞斯坦（Peter J. Katzenstein）更为学术的说法，是否无法避免某种政治和文化上的"无形支配"（hegemony，也译为"霸权"）？比如说世界的"中国化"（sinicization），就像曾经的"欧洲化"或"美国化"那样。对此我只能在理论上进行解释，但不可能就实践操作去解释这个问题。天下体系在理论上明确拒绝霸权原则，因为天下之和将基于可行关系的普遍化而不是基于普遍同质化。至于实践操作，无人能够预测。从历史上看，任何一个多国体系或者国际体系都难免存在某种程度的硬霸权或软霸权。今天也是如此，美国的世界霸权是非常显眼的；欧盟也有实际上起着主导作用的国家，比如德国（曾经还有法国）；联合国也一样，五大国就更多地起到主导作用。这些情况都是实力与形势造成的。我们虽然心怀理想，但仍然需要现实主义地看问题。进一步说，天下体系虽然是个理想，但理想并不意味着毫无瑕疵，人类社会总有某些不良现象难以彻底克服。我只能说，天下体系可能是个最好体系，但不可能是个完美体系（不存在完美的政治）。也许更值得强调的是，天下体系的制度功能首先是建构世界永久和平以及优先保证万民的普遍或共同利益。假如人们能够享有和平，世界的普遍共同利益（天下公利）也总能够优先供给，这就足以避免各种严重的冲突和灾难了，这就是一个最好的世界制度。假如还存在某些不平之事，也是相对次要的，而且恐怕不是制度设计所能够解决的，而要取决于人性的慢慢改善，假如人性真的能够改善的话。

这里就涉及上述最后一个问题，按照森迪普·瓦斯里卡（Sundeep Waslekar）的说法：人性如此贪婪好斗，又如何能够形成天下体系这样的全球共同体呢？如何克制人性贪婪，这是一个经典的大问题，中外古今无数思想家有过研究。孔子的主张是长期的道德教化，韩非不信任教化而更信任制度。类似地，霍布斯相信强有力的制度，而康德相信启蒙（理性的教化）。看来，要改善或克制人性，无非教化和制度两种办法，关键是什么样的教化和什么样的制度。我在2010年的中欧文化峰会上讨论的就是如何发展一种更充分的理性概念，大意是，目前我们所理解的"理性"只是个人理性，个人理性虽然能够保证稳定、有效率的个人行为，但却不足以形成稳定、有效率的合作行为，因此我们需要进一步开发理性概念，发展

"关系理性"以促成合作行为。我相信，假如人类能够以关系理性开启第二启蒙，就有可能与个人理性互相配合而达到真正的成熟状态，那么，人性也许就有所改善，但愿如此。总之，制度的改善与人性的改善需要齐头并进，否则无论什么理想都难以实现。几乎任何理想的实现都是一种"自动实现的预言"，即如果人们都朝某种理想去努力，那么就可能实现这种理想。

以上解释非常简略，权且如此。再次感谢朋友们的高情厚谊和宝贵意见。

赵汀阳

**2011 年 8 月 17 日**

# 前　言

　　今日世界，乱世已成，究其原因，窃以为人类有世界而无天下，世无良序久矣，一乱生百乱，小乱成大乱，势所难免也。所谓天下兴亡之事理，以今日之说法，便是世界政治哲学问题。古人深谋远见，早有天下之论，堪称完美世界制度之先声，进可经营世界而成天下，退可保守中华于乱世，故不可不思。思之经年，虽未透彻，或略有尺寸可取，故抛砖就教于高明，以求日后或能磨砖成玉，由导论而成理论。所营造之问题框架，兼取中西，尤以中国传统架构为主，曰天下，曰治乱，曰形势。所采用之分析方法，亦兼有中西，而偏重西式以取其逻辑论证之长。天下之论，虽为古人天才高见，然时事演化，社会变迁，天已自变，道亦自新，自当度量形势而修正之，未敢拘泥于老法也。而所作发挥，无非一己之管见，或仁或智，或当或不当，惟望于问题有所推进。天之道，万物之本，至大而不可知之，故孔子曰天道远矣。天下之理，身在其中，心所能及，行之可成，故曰天下之理，万事之本。

赵汀阳

**2004 年 10 月 28 日**

# 目　录

# 导论 为什么要讨论中国的世界观？

## 1. "重思中国"或者"重构中国"的意义

近年来，中国在经济上的成功已经使中国成为一个世界级别的课题，尽管中国离真正成为大国还有很长的路要走，前途虽然光明，道路仍然曲折。问题不仅仅是中国还没有真正成为经济生产大国，尤其是现代中国已经不是知识生产大国。尽管多年来许多人喜欢"文化中国"之类的说法，但假如我们愿意直面真实问题的话，就不得不承认这种说法只不过是个说法而已，一个怀念古代伟大思想的说法。

很久以来，中国问题已经不成为世界问题，而今天的中国问题开始重新成为世界问题，这就是现在思想的一个最重要的背景，也是一个全新的思想背景，如果不在这个背景下去思考，就不可能有新的宏大思想。当然，在数百年前，中国曾经是世界上最重要的国家，甚至是头号大国，但也不构成世界问题，因为古代世界的各个地区虽有交往，但远不像现在这样从经济、政治到文化都紧密地联系在一起，所以尽管古代也有各种交往和冲突，但从来都不曾把各地的整个生活画面卷入一个共同运动中。可以说，在古代，各个国家、各个地区、各种文化都只以"体表"或外围在与他者进行交往或冲突，而各个实体的"体内"或内部都仍然能够保持各自的稳定性和独立性。今天的这个世界共同运动和共同生活画面就是所谓的全球化。人们都不得不讨论全球化，就是因为全球化是个使所有事情全方位卷入的运动，再也没有能够逍遥"在外"的存在了。因此，今天中国正在重新成为大国绝不是重温古代模式的大国之梦，而是在进入一种新的政治体验。今天，属于中国的就是属于世界的，这是一个事实。经济的重量决定了政治、文化和思想的重量，经济的问题带动了政治、文化和思想的问题（马克思的"经济基础"理论仍然有效）。当中国成为世界的一个重要部分，我们就必须讨论中国的文化和思想对于世界的意义。如果中国的知识体系不能参与世界的知识体系的建构而因此产生新的世界普遍知识体系，不能成为知识生产大国，那么，即使有了巨大的经济规模，即使是个物质生产大国，还将仍然是个小国。这一点不可不思。显然，当中国要思考整个世界的问题，要对世界负责任，就不能对世界无话可说，就必须能够给出关于世界的思想，中国的世界观就成了首要的问题。已经在舞台上了，就不能不说话。这就是中国现在的思想任务和必然逻辑。

　　目前仍然在流行或者前不久还在流行的"中国威胁"和"中国崛起"的说法代表着关于"中国"这个概念的典型误解。"威胁"和"崛起"本质上是同样的或者说对应的说法，只不过"威胁"是他者的一种缺乏善意的消极看法，而"崛起"是自己的一种积极看法。当然，不管是"威胁"还是"崛起"，其所指是个客观事实，但说出这样的事实陈述没有很大意义，因为，如果按照这个逻辑，我们似乎应该说，世界上所有发达国家或者比较大的国家个个都是威胁，都消耗了太多的资源，都对世界形成了太大的压力，如此等等。可是这样说是什么意思呢？又是个什么问题？或者，这样说有什么思想意义？显然这不是个问题。这绝不是"中国"这个概念所能够、所应该开发出来的问题和意义。现在需要思考、讨论的是中国对世界的可能创造和对世界的责任，简单地说，要讨论的是"中国"这个概念的积极意义。无论是"威胁"还是"崛起"都提错了问题，因为抱怨或炫耀一个事实并不是一个问题。

　　对于世界来说，中国所能够贡献的积极意义是成为一个新型大国，一个对世界负责任的大国，一个有别于世界历史上各种帝国的大国。**对世界负责任**，而不是仅仅对自己的国家负责任，这在理论上是一个中国哲学视界，在实践上则是全新的可能性，即以"天下"作为关于政治/经济利益的优先分析单位，从天下去理解世界，也就是要以"世界"作为思考单位去分析问题，超越西方的民族/国家思维方式，就是要以**世界责任**为己任，创造**世界新理念和世界制度**。世界理念和世界制度就是这个世界在历史上一直缺乏的价值观和秩序。曾经支配世界的英国和正在支配世界的美国从来都只有国家理念，从来都只考虑了自己的国家利益，它们在管理世界方面从来都没有政治上的合法性，更没有哲学上的合法性，因为它们的"世界思维"只不过是推广自己的特殊价值观，将自己的价值观普遍化，而既然它们无法证明为什么他者是不值得考虑的，那就从根本上失去了合法性。问题不在于西方国家不思考世界，事实上它们总是在思考世界，但是，**"思考世界"**与**"从世界去思考"**是完全不同的思想境界。在关于世界政治的问题上，中国的世界观，即天下理论，是唯一考虑到了世界秩序和世界制度的合法性的理论，因为只有中国的世界观拥有"天下"这个在级别上高于/大于"国家"的分析角度。因此，我们真正的问题应该是，中国对世界准备承担起什么样的责任，准备为世界创造什么样的理念。

1995年前后，人们似乎突然普遍意识到了中国的迅速发展，一时间"中国"成了一个流行词语，许多人纷纷从正面的而非批评的角度去谈论中国。而在20世纪90年代之前，人们更多的是在谈论西方多么优越，同时不假思索地批评中国如何落后（当然，即使在今天，不断谈论中国如何落后的仍然大有人在，只不过已经成为陈词滥调了）。毫无疑问，中国有许多弊端，甚至是令人绝望的弊端，所以当然应该检讨中国，可是检讨了中国之后又该怎么办？这是中国近百年来一直存在的一个不可回避的根本问题。鲁迅大概是20世纪检讨中国的一个最重要的代表，他对中国的批判如此生动深刻，令人难忘。尽管鲁迅非常热爱中国，念念不忘中国的前途，可是他对中国的希望是抽象而模糊的，并不能够指出中国的希望是什么样的，不能够指出中国有什么样的优越性，不能够指出中国的可能贡献，那么，这样的检讨又有什么积极意义？

指出错的，却说不出对的，这种流行的批评模式深刻地影响了人们的正确思维。尤其是自 20 世纪 80 年代以来，大量的批评者把中国描述成一个不可救药的存在，尽管其中许多批判的确指出了某些方面的社会真相，揭了社会和历史的老底，但那些完全负面的批判无疑加重了灾难深重的社会现实，它以釜底抽薪的方式打击了人们对国家、社会和文化的自信心，从而助长了社会的集体性堕落、集体性腐败和集体性的道德沦丧，这可以概括为对国家、社会和文化的**集体性不负责任**。令人绝望的是，很少有人去反思那些"揭老底"的批判所造成的社会心理损失，很少有人去想到那些"揭老底"的批判与社会精神崩溃之间看不见的关系，很少有人去思考关于真相的知识必须同时是对社会负责任的知识。这是一个特殊的知识论问题，福柯曾经揭示了"知识/权力"的关系，这是知识的政治学意义，同样，我们还必须注意到"知识/责任"的关系，这是知识的伦理学意义。无论是福柯的知识政治学还是我在这里讨论的知识伦理学都试图指出，知识不能被简单地理解为一个单纯的认识活动，真理并不是一个最高的判断，真理必须是好的，真理必须负责任①，因为人类最终需要的是生活而不是真理。

如果把百年来中国人从负面出发的严重自我批评看成是一个"检讨中国"的运动的话，那么就可以把对中国的正面反思看成是

---

①　有许多科学技术发明就缺乏伦理学价值，包括一些物理学、化学和生物学的成就，例如核武器、化学武器、各种先进武器以及污染性工业技术等，这些科学技术使人类陷入危险和混乱。

一个"重思中国"的运动——同时也可以理解为"重构中国"的运动。"重思中国"可以看成是 20 世纪 90 年代中期以来最重要的思想运动，它比其他同时的各种文化运动在思想问题上要厚重得多，在学理上要深刻得多。其他运动主要有"新左派／自由主义"之争、"现代化／后现代化"讨论以及后来被传媒称为"公共知识分子"运动的社会批判运动等。这些文化运动或者由于所关心的问题比较通俗，或者因为言辞激烈，或者因为涉及人们深切关注的短期利益，或者更接近流行时尚，而更令人注意。可是这些在传媒中更引人注意的文化运动至少在理论观念上并非中国本地生产，而是舶来品，是西方流行观念的复制。必须说，那些舶来观念**本身**没有出问题，而且**对于西方**本地而言也完全顺理成章，它们是别处的成熟观念，但是移植到中国就难免出问题，因为我们不能移植别处的**整个存在**，于是那些移植过来的观念就失去了原有的历史背景、社会逻辑和整体效果，变成了一些思想碎片，甚至形成一些矫揉造作的错觉①。思想不接地气是不行的。中国现在不再缺乏西方的各种观念，而是缺乏自己的大局思维和整体理念。现代中国自己不思想，这是个后患无穷的问题，如果不能解决就会成为悔之莫及的事情。"重思中国"的历史意义就在于试图恢复中国自己的思想能力，让

---

① 近 20 年来在中国特别有影响的西方思想家有萨特、海德格尔、波普尔、柏林、哈耶克、福柯、萨义德、马克斯·韦伯等，这些思想家各有自己的独到成就，但随便用于中国问题，难免水土不服。例如，萨特曾经在 20 世纪 80 年代使许多人发现了生活的"荒谬"，于是很多人刻意去寻找荒谬的感觉，可是中国的生活是非常讲究实际的，离奇荒诞的事情虽多，但从来就不荒谬（荒谬是精神性的，是对存在感到的莫名其妙的迷惑），结果那些不接地气的模仿式的荒谬感觉很快就坚持不下去了，这可以解释为什么 20 世纪 80 年代的那些先锋文学很快就失去了市场。

中国重新开始思想，重新建立自己的思想框架和基本观念，重新创造自己的世界观、价值观和方法论，重新思考自身与世界，也就是去思考中国的前途、未来理念以及在世界中的作用和责任。这既是基本思想问题又是宏观战略问题。这决定了"中国问题"首先是个哲学问题和政治学问题。

当然，"重思中国"并不是在 20 世纪 90 年代才开始的事情，只是在当时才得到特别迅速的发展而成为运动。事实上这种思考自百年前中国受到外部世界的严重挑战时就开始了，梁漱溟应该是"重思中国"运动早期最具思想力度的人物①，他甚至相信中国文化的复兴的重要性类似于西方的文艺复兴，不仅对中国有意义，而且将决定世界未来的命运。梁漱溟如此骄傲的观点显然有些夸张，至少是不太谦虚，而且思考问题还不够深入，论证不充分，也不严格，但他仍然成功地表明了中国文化光明正大的一面。梁漱溟往往被认为是新儒家，但其实他比新儒家在思想上要广阔得多。

后来的现代新儒家运动也力推中国思想，但是现代新儒家团体②在理解中国思想上视野过于狭隘，几乎就是"独尊儒术"，甚至独尊心性之学，虽然也表达了中国文化的某些特点，但显然不能表达中国思想的完整性。这一点从根本上使现代新儒家失去了反思中国的能力。因为，中国思想的基本特色就是它的**完整性**，其中的每一种思想都是在中国思想的整体效果中才获得意义的；或者说，

① 梁漱溟．中国现代学术经典：梁漱溟卷．石家庄：河北教育出版社，1996.
② 现代新儒家团体人数众多，主要在海外，但在中国有相当影响，其中以牟宗三的观点最为典型。

中国思想中的某个"部分"不可能独立地具有思想的力量，每种思想都具有开放性，都从其他思想那里借力，都依赖着"中国思想"这个整体结构，所以必须从"整体"去理解才是有意义的。事实上中国各个思想流派之间的配合和协调远比冲突重要得多，中国从来都是综合地使用各种思想，从来都不单独地使用某种思想，比如说，在价值观方面以儒家为主，但在方法论上则主要是道家和兵家，在制度技术上又很重视法家，如此等等，从而形成系统性。中国思想只有**一个系统**，思维的综合性和整体性正是中国思想的突出优势，不理解这一点就不能表达完整的中国思维，就是个根本性的失败。现代新儒家虽然有些社会影响，但在理论上是失败的。

　　20 世纪 80 年代，兼有儒家和马克思主义背景的李泽厚代表着"重思中国"运动中的另一个方向，他对中国思想虽然充满热情，但却没有梁漱溟那样的文化优越感。在中国拼命要实现现代化的时代背景中，李泽厚也非常推崇现代化，承认物质生活的第一地位①，于是李泽厚试图把"中体西用"的模式颠倒过来，修改为"西体中用"②，也就是承认现代性在社会建构中的基础地位，而又要求按照中国文化去重新理解和实践，也就是在西方的框架里开展中国实践的问题。李泽厚考虑到了时代的需要，要求按照时代的需要去调整问题，这一点完全符合中国思维的灵活性和历史感，但这只对了一半。"以西为体"，以西方思想框架为普遍标准，这一点在

---

　　①　李泽厚甚至故意选择了"吃饭哲学"这个很粗俗的概念来表达物质生活应居于首要地位，他相信人民最喜欢物质生活，这不是任何夸夸其谈能够超越的。

　　②　李泽厚. 中国现代思想史论. 北京：东方出版社，1987.

我看来却是个失误，因为"以西为体"就必然人为地限制了中国思想的创造性和自由发展潜力，导致对中国思想的优越性的忽视。显然，"中用"毕竟在地位上不如"西体"，这样的话，"中用"就不可能消化"西体"，中国知识就难免慢慢变成对西方观念的一种地方性解释。如果中国思想不再能够"化"任何其他思想，就不再是中国思想了。中国思想的基本能力不仅在于它能够因时而"变"，更在于它什么都能够"化"之。

　　"重思中国"这一思考方式在 20 世纪 90 年代中期发展成为一个思想运动，显然与中国经济的发展有着很大的关系。在中国如此大的时空存在中发生的经济发展是最重要的中国新经验，在"重思中国"的运动中，大多数著名的中国经济学家都卷入这一反思中。从经济学角度去思考中国的比例如此之大，以至于使"重思中国"的运动具有很强的经济学背景，并且使这一到 20 世纪 80 年代还主要属于思想史和文化反思的冷活动变成了一个热运动。随着反思的进一步发展，人们又从社会学、人类学、法学、哲学、政治学以及文化理论等角度全面展开了"重思中国"的运动，这种反思已经远远超出了文化趣味而开始了精神重构，也就是说，人们希望能够给中国创造一种新的精神结构和理念，"重思中国"的运动终于深入到了哲学问题上。还值得注意的是，"重思中国"的运动不仅与学界有关，同时也是来自民间的思考，这表现了人民对时代形势和根本问题的敏感。在这个社会变迁的时代，人民需要知道和想象世界与国家的命运。当时的《中国可以说不》之类的畅销书以及大量分析中国前途和战略的图书，表明了这一思想运动的普遍性。人们似乎回想起当年梁漱溟的豪言壮语，其中不少人相信中国文化是世界未来的救星或者未来是"中国世纪"之类，当然，这些夸张的话语是华而不实和令人担心的，其中还有民族主义的过激态度。但无论如何，关于中国的严肃思想研究在混乱的社会背景中开始生长起来。

从哲学上说，"重思中国"的运动的思考对象是"未来"，是关于未来的各种方面的可能性。这一点决定了它与以前的检讨中国的运动有着完全不同的气质和志向。检讨中国的运动的思考对象是"过去"，因此具有历史批判和社会批判的气质，而"重思中国"的运动则有更多的哲学分析气质。或者，如果说检讨中国感兴趣的是"错误"，那么，"重思中国"关心的则是"创造"。批评过去和想象未来可以说是同样重要的两项研究，但绝不是可以互相替代的研究。当中国发展成为一个在世界上必须说话的大国、一个必须做事的大国、一个必须为世界负责的大国，就不得不在思想上有所创造，不能无话可说，不能无所作为，不能随波逐流。在这里别无选择，因为这不是一个愿不愿意的问题，而是所处地位和形势所迫的事情。因此，建设性的思想比以往任何时候都显得更加重要。可以借用苏力的一个非常率真的表述："在借鉴了一切外来的知识之后，在经济发展的同时或之后，世界也许会发问，以理论、思想和学术表现出来的对于世界的解说，什么是你——中国——的贡献？"①

这个思想运动由于问题重大，显然将是长期的工作，今天仍然

---

① 苏力. 法治及其本土资源. 北京：中国政法大学出版社，1996；自序.

只是开始。可以看到，"重思中国"并不是一个学派，而是中国思想总体发展过程中的一个必然步骤。那些似乎可以看作属于这个思想运动的各种观点并没有统一性，甚至互相矛盾，这些都不重要，重要的是要以中国为根据去思、去说、去做。虽然"重思中国"似乎是对20世纪初期以来对中国的大检讨、大批判运动的"拨乱反正"，但如果没有能够形成谨慎严密的思考，不进入深刻的理论分析，而仅仅满足于写作另一种叙事，就非常容易变成肤浅的话语，因为"叙事"总是包含大量有趣的材料，像故事一样引导着人们不去思想。不思想的叙事学术产生了不负责任的话语，例如激进主义/民族主义话语和后殖民/文化批判话语。激进主义的中国话语一方面表达了新兴的民族主义情绪，另一方面又采用了西方的达尔文主义的强硬逻辑，从"说不"到"崛起"都可以看到这一危险的逻辑，于是又落入了本来需要批判的观念和话语圈套中去。这样的话语对世界、对中国都是不妥当的诱导。同样，后殖民/文化批判话语也是西方套路，用它去重新叙述中国自己的历史虽然有某种反东方主义的积极意义，但这种反东方主义的意义是很有限的，现实问题和思想问题都没有因此而改变，一切仍然是在西方给定了的框架中去叙事。于是，这种假装把中国看成是个"他者"而以西方套路去重写中国社会和中国历史，与其说是中国的新叙事，不如说是类似于西方汉学家关于中国的叙事。可以说，目前的"重思中国"思想运动还只是个开始，不管表面上是什么样的姿态（即使是反抗西方的），本质上主要还是在按照西方来理解中国。至少数十年来，"西方"似乎已经变成中国的普遍潜意识——一种想要中国变成

"西方"的欲望。按照西方的"春秋笔法"所书写的中国历史是值得警惕的。

特别需要注意的是，中国不需要反对西方，需要的是以中国为根据去理解西方。如果拒绝西方思想，那就反而不是中国的精神风格了。这听起来似乎是悖谬，但这正是中国的思维特色。原则上说，中国思想不准备拒绝任何"他者"（除非是与重大利益有关而采取的特定策略）。"不拒他者"是中国的传统精神，而民族主义之类才是西方的思维。"他山之石"之类的说法，就是对中国思维比较简单的描述。来者可以不拒，甚至多多益善，但这不是所谓的"宽容"。宽容是西方说法。中国并不宽容。什么情况下才能说到"宽容"？只有当根据自己的价值观非常反感某种事情而又出于某种信念决心容忍那种事情时，才是所谓的宽容，或者按照德里达的说法，对不可宽容的东西的宽容才说得上是"宽容"。中国并非没有宽容这一态度，只是说，宽容不是中国的思维方式，不是中国的方法论，中国可以有宽容之心，但没有宽容之思。中国的思想方式是"大度"而非"宽容"。大度是不讨厌他者，宽容则是讨厌他者但是忍着。如果把中国式的大度说成"开放"，似乎要稍微接近一些，但仍然不能准确对应。开放往往意味着多样化以及对多样价值的尊重，这与中国态度虽不矛盾，但在基本理由上有所不同。中国的基本精神在于"化"，并且关键是要以己化他而达到化他为己，这当然意味着要接受多样化，但这个"多"却是由"一"所容纳的。多样性必须在某种总框架的控制中才是多样性，否则，失控的多样性就只不过是混乱。老子曰：道生一，一生二，二生三，三生万物。

那么，当"万物"中有了许多新事物，当然就需要对"一"进行创新，使之能够继续容纳万物的更新，于是，"多"和"一"之间也存在着互动关系，当"多"变得出格了，"一"就必须相应变得更加大度以增加容量。"化"是为了追求"大"，有容乃大，以至无边。当这一基本精神落实在关于世界的问题上，就是**天下无外**，表现在思想问题中，就是**思想无外**。思想也是"天下"，是观念的天下，因此，天下至大无边，思想也至大无边，或者反过来看，思想至大无边，所以天下也必须至大无边。

　　"无外"原则意味着，至少在理论上说，一切事情都有可能被"化"入某个总的框架，在外的总能够化入而成为在内的，于是，不存在什么事物是绝对在外的。这是中国特有的思维框架，而且是百家思想共有的思想方法论，并非某个流派专有的观点。它决定了中国思想从根本上有别于西方思想，简单地说，它决定了中国思想中不承认绝对在外的超越存在（the transcendent），也就是那种无论如何也"化"不进来的存在。这样，中国就不可能有宗教，也不可能有绝对不可化解的敌人。严格意义上的宗教，例如基督教，都要假定有个绝对存在，即上帝，同时又要假定作为死敌的异教徒。这样的假定并非文学想象，而是有着思想根源的。西方思想框架是人（主体）在"看"世界，在这个知识论框架中，凡是主观性"化"不进来的东西就是绝对在外的超越存在（按照康德的说法，就是主观性不能为之立法的东西），这种绝对逃逸在外而绝对异质的东西只有两种：上帝和他人。于是，上帝被指定为万物之源，而他人特别是异教徒就被认定为死敌（如果一个他人与我同心同德则只是个自己人，不算是他人）。承认超越存在的理论后果就是宗教以及与人为敌的政治理论①。这是西方思想的底牌。从个人主义、异教徒到丛林假定以及民族/国家的国际政治理论等陷世界于冲突和混乱的观念都与承认超越者概念有关。中国不承认绝对在外的超越存在，所以开拓了思想的另一天地。中国的思想假定的是，对于任何他者，都存在着某种方法能够将它化为和谐的存在；或者说，任何不和的关系都可以化成和谐的关系，任何在外的存在都是可以"化"的对象而绝不是要征服的对象。

可以看出，中国对外部世界的态度与西方有着根本的差异，中国有着完全不同于西方的世界观。可以说，西方思想可以思考冲突，但只有中国思想才能够思考和谐。这样我们就发现了在逻辑上存在着完全不同的世界观、价值论和方法论，在逻辑上存在着完全不同的政治学、经济学和社会思想，这些完全不同的思想对于未来世界很可能是最重要的建设性依据。而在中国思想中就隐藏着那种完全不同的世界观、价值论和方法论，隐藏着完全不同的政治学、经济学和社会理论，它们无法在西方思想的框架中被表述，因此需要把它们在新的框架中表述出来并且发展成为新的理论。

因此，如果"重思中国"是有意义的，它必须同时是或者说在根本上是"重构中国"。我曾经论证说，未来时代很可能是个文化重构（re-culturing）的时代，因为在文化交通变得如此发达的时

---

① 卡尔·施密特（Carl Schmitt）指出，所谓政治，其要义是"区分敌友"（参见 SCHMITT K. The concept of the political. Chicago：The University of Chicago Press，1996）。这在西方思想框架中的确是高明之见，但在中国思想框架中却不是个基础性问题。

代，无论是西方文化还是中国文化都面临着重新构造思想框架的任务。"重思中国"就是要使中国知识成为世界知识体系的一个重要基础，重思中国就是让中国重新思想，所思想的主题必须由关于中国的思想发展成为关于世界的思想，重思中国的根本目的是重思世界。

## 2. 分析框架和方法论

在这里我准备的是一种关于中国政治哲学的研究。从哲学的角度去重思中国，这决定了对中国理念的可能意义的分析，要超过对中国在历史中的实际表现以及各种观念的原来面目的复述。于是，在分析中国理念时当然就有所发挥，并不拘泥于古代的有限意义，但所发挥的新思想仍然是中国思路所蕴含的可能性，仍然是在中国思想框架中能够生长出来的思想。这样就能够超越历史的限制而深入到普遍的哲学问题中去。哲学感兴趣的不是历史事实是什么样的，而是最好的理论可能性是什么样的。

中国政治哲学首先是试图创造一个政治世界观，也就是我所说的"天下体系"理论。这个理论的框架和方法论不同于西方的政治哲学。从理论框架上看，中国的政治哲学把天下看成是最高级的政治分析单位，同时也是优先的分析单位。这意味着，国家的政治问题要从属于天下的政治问题去理解，天下的政治问题是国家的政治问题的依据。政治问题的优先排序是"天下　国—家"，与之不同，西方政治哲学（以当代政治哲学为准）中没有"天下"这一政治级别，国家（民族/国家）已经被看成是最大的政治单位了，它的政治问题优先排序是"个体—共同体—国家"。西方政治哲学框架中缺少世界政治制度的位置，这是个致命的缺陷。不过，在相当长的历史时期内，由于主要的政治问题是以国家为单位的，因此这个缺陷没有暴露出来。现代以来，随着国家之间的政治问题复杂化，这个"缺少世界政治制度理念"的理论缺陷就逐步显现出来了。西方政治学发明了"国际理论"来应付国家之间的政治问题，可是国际理论在学理上并不高于国家理论，它没有任何高于国家的理想和价值观，相反，它只是国家理论所附属的"对外的"策略研究，是国家政治理论的一个特殊附庸。由于缺乏更高的理想和更广的视野，国际理论的背后根本不存在任何深刻的哲学。尽管才华过人的康德曾经做出令人敬佩的哲学努力，他太敏锐了，或多或少意识到了世界政治这个最大的政治问题，但由于受西方思想框架的限制，他试图创造的作为国际理论基础的国际政治哲学毕竟与世界政治哲学有着难以跨越的距离。对于解决世界政治问题来说，国际理论甚至是文不对题的。

正因为西方政治哲学的眼界不能超出国家这个思考单位，因此不能正确思考以世界为单位的政治问题，不能给出从世界出发的政治理想，不能给出关于世界政治的哲学根据。尽管西方哲学相信西方的价值观是"普世的"，但这只不过是试图把西方的地方观念强加于世界，而并不是一种"以世界看世界"的理论（按照老子的说法则是"以天下观天下"）。没有哲学理念的地方，就必定是一个混乱无序的地方。由西方政治哲学所主导的世界就必定是一个乱世，事实证明如此。在今天，政治意义上的有制度、有管理、有秩序的

"世界"尚未存在，而地理或物理意义上的世界就成为一块没有人对它负责任的荒地，是可以被任意掠夺和争夺的公共资源，是进行征服的战场。这就是当今世界的最大政治难题：一个整体上无序的世界，一个没有政治意义的世界，就只能是一个暴力主导的世界（如果有时候幸免于战争，那是因为碰巧形成了国际理论最喜欢讨论的"均势"），而世界上任何一个国家，无论国家内部有多么好的秩序，它也会在世界的整体无序中受到威胁甚至被卷入无法自拔的混乱中。国际理论对此完全无能为力，至多能够掩盖问题一直到最后的毁灭。世界有可能在无法无天中毁灭，这是一个相当现实的问题，除非我们能够建立一种为世界提供整体理念的世界政治哲学，否则世界不会有世界制度，不会有世界治理和秩序，一句话，世界就不成其为世界。世界是因为世界制度才成为世界的，就像国家是因为国家制度才成为国家的。

　　由于不包含世界政治哲学，所以西方政治哲学是一个不完整的理论。这种理论上的不完整所导致的远远不只是在对世界的政治解释上的无能为力，而是整个政治哲学的困难，也就是说，西方政治哲学所定义的"政治游戏"在它的普遍可行性和普遍合法性上都是非常可疑的。例如，民主制度如果要超越国家内部民主而发展成为全球民主，就会遇到几乎不可克服的困难；同样，从国家利益出发也几乎不可能发展出全球性的公正体系，如此等等。总之，西方政治哲学所定义的几乎所有基本价值或制度都不可能发展成为全球性的共同制度——这与其他国家是否接受西方的价值观没有关系，这是一个有关理论能力和实践可能性的问题。

　　这里就涉及关于政治制度的一个方法论上的基本问题，一个政治形而上学问题。一个政治制度规定了某个政治游戏，它定义了权利、权力和利益的分配方式以及相关的实践规则，并且假定它是普遍有效的。如果一个政治制度的确是充分有效的，那么它就必须能够覆盖整个可能的政治空间。只要存在着部分逃逸在外或者说无法治理的政治空间，那么，这个政治制度就是有漏洞的，它必定有着它无法克服的"外部性存在"，这将是一切混乱和无序的根源。因此，一个有效的政治制度必须具有充满整个可能的政治空间的**普遍有效性**和通达每个可能的政治层次的**完全传递性**。简单地说，一个政治制度必须在所有地方（比如说每个国家和地区）都同样可行，同时，必须在每个政治层次上（比如从社会基层单位到国家直到世界）都具有同构性，否则就总会出现该制度无法控制和处理的致命困难。这个问题之所以没有被注意，就是因为政治哲学一直只是一种应用哲学，而没有深入政治形而上学的层次。无论是柏拉图、霍布斯、洛克，还是康德、罗尔斯和哈贝马斯，都没有能够给政治哲学建立一个形而上学基础。

　　政治制度的普遍性和传递性问题的重要性在以前的世界中没有充分显示出来，那是因为在以前的世界中，国家是个足够大的政治实体，国家的政治制度就已经是最高的制度了，而且也不存在超越了国家利益的政治问题，所谓在国家外部的问题至多是国际冲突。国际冲突只是国家利益的冲突，还没有涉及比国家级别更高的政治问题。可以说，"世界理念"和"世界制度"是个全新的政治哲学问题，它在民族/国家体系中不存在，而是由全球化逼出来的问题。

因为形成了全球化的生活，所以需要有全球政治，政治问题总是由生活问题逼出来的。由于这个世界级别的政治问题涉及了全球所有地方的所有问题，包括权利、权力、利益、资源、文化、知识生产以及游戏规则的重新制定，因此就需要建立一个世界制度来保证各种政治关系的合法性。

当政治问题的规模发展到了以世界为单位，政治问题就发展到了它的理论极致，所有可能的政治问题就都全部出场了，于是，政治制度系统的元性质，即它的普遍有效性和完全传递性，就成为一个不得不考虑的问题。任意一个政治制度的合法性的问题就是政治形而上学问题。如果没有一个能够满足普遍有效性和完全传递性的政治制度，政治意义上的"世界"就不存在，世界就只不过是个乱世。所谓政治，就是治乱，就是建立合法的社会/生活秩序。目前的世界仍然只是个"非世界"（non-world），它只是个地理存在，而不是个政治存在。现在最重要的政治问题就是如何创造政治意义上的世界，也就是创造具有合法性的政治世界。从哲学上看，这表现为如何创造一个具有合法性的世界观的问题。

在这里，世界观指的是关于政治世界的理论构思。我们有必要重新分析世界观的基本假定以及基本方法论。现代以来最有影响的政治世界观的基本假定可能是霍布斯的"丛林假定"。基于这个假定，政治问题就被理解为如何达成协议以避免无法无天的"丛林"危险，进而是如何能够最大限度地保护给定的政治实体的权利（从最小单位的个人权利到国家主权），以及如何在给定的秩序下使自己的利益最大化。这样，政治问题又会进一步突出地表现为后来施密特所谓的"敌友问题"。表面上看，西方政治哲学有着自己顺理成章的逻辑，它的问题出发点大致不错（中国早在先秦就已经意识到相当于"丛林假定"的问题①），接下来的一步一步也似乎都不成问题，于是发展了个人权利理论、国家主权理论以及民主与法治理论。可是当政治问题的规模终于发展到了以世界为政治单位时，正如前面所分析的，这个政治逻辑就不再成立了，它已经推不下去了，很显然，因为"世界"只能是一个，它是个所有人都需要分享的制度存在，它是个不可以分裂理解的完整政治空间，世界成了一个共同事业，它所需要的存在论逻辑完全变了。世界作为共同政治事业的逻辑是建设一个完整政治存在的逻辑，它不再设立对立面，不再需要敌人，按照天下理论的说法，就是"天下无外"。这个天下逻辑显然与排斥异己的逻辑是接不上的，更是排斥异己的逻辑推不出来的。于是，西方政治哲学所设想的政治制度在世界问题上失去了解释能力，它被证明不具有普遍有效性和完全传递性。

可以说，西方政治哲学从根本上就错了，它的基本方法论本来就成问题。"丛林假定"（或者按照荀子的话，可以说是"争而乱假定"）可能是个普遍承认的事实，可是对于"事实"提出的所需要解决的"问题"和解决问题的方法论，西方哲学的理解却是非常可疑的。虽然无论是中国哲学还是西方哲学都试图修正那个危险的"丛林"事实，但是各自的修正方法却很是不同。西方哲学不想修

---

① 类似的论述很多，例如荀子曰"人生而有欲……争则乱，乱则穷"（《荀子·礼论》），又如商鞅曰"爱私则险……民务胜而力征，务胜则争"（《商君书·开塞》），如此等等。

改"丛林"事实的内在逻辑（即私欲至上的逻辑），而只想修改这种逻辑的表现方式，只想把那种无规则的野蛮争夺方式修改为有规则的"市场"争夺方式，同时又默许一旦有条件超越规则就可以恢复无规则的争夺（例如，在拥有明显暴力优势时就超越国家之间的协议、国际法或联合国）。与此不同，中国哲学要修改的正是"丛林"事实的内在逻辑，它试图通过创造一种新的人际逻辑（比如由道德和礼制所定义的人际逻辑关系）以替代自发自生的丛林逻辑。有时候这种差异会被过于吹捧中国的人说成西方认可"恶"而中国认可"善"，这样的理解恐怕不太正确，而且没有学术意义，其中含有道德上的自大，而这种自大又恐怕缺乏经验证据。我们不需要这种文化论争。真正重要的差异是理解政治制度的方法论上的差异。

如果说中国的政治哲学具有优势的话，它只是方法论上的纯粹理论优势，而与道德水平无关。这种方法论上的优势就是，中国政治哲学所想象的政治制度可以保证从政治基层单位一直到国家到天下都维持同样的结构，这样，政治制度才有一致的连续性，其中所定义的规则和价值才是普遍有效的和可信的。假如一种政治制度或者政治游戏不能一贯普遍有效，那么只能证明它是个谎言，例如，一国民主制度如果不能发展成为全球民主制度，那么民主就是个谎言；如果有的国家主权可以不被尊重，那么国家主权制度就是个谎言；如果人权只能由某些国家来定义而不能由别的国家去定义，或者，有的国家的人权需要受到保护而另一些国家的人权可以忽视，那么人权就是个谎言。西方政治哲学所想象的政治制度的最大应用范围就到国家为止，而国家之外的世界就是无制度的。国家制度不能推广成世界制度，这一局限性表明，西方政治制度是个没有普遍意义的制度。人类社会所遇到的政治问题是相同的或雷同的，但是出于不同的眼界就有不同的解决方案。中国政治哲学从最大的眼界出发，从天下的规模去理解政治问题，而西方政治哲学（以现代政治哲学为准）则由最小眼界开始，以最小政治实体的权利为基础，这样的哲学只能解释如何维护个人权利和国家利益，却不能解释世界的政治制度和治理，不能解释如何维护人类价值和世界利益。

西方哲学家并非没有人意识到这个严重的理论缺陷。康德就曾经做过天才的努力，他想到了应该把国际法（international law）发展成为世界法（cosmopolitan law），于是每个人不仅具有各自国家的公民权，同时还具有"世界联邦"（cosmopolitan commonwealth）的公民权而成为所谓的"世界公民"。可是很快他又认为这个想法没有保证（比如说可能会导致独裁统治），于是他又改变想法，认为"主权国家的自由联邦"才是真正好的制度。在这里可以看出康德还是受到西方思想的限制。联合国就是康德理想的一个变种。哈贝马斯继承了康德的思想，他认为，联合国的目标正是试图把国际法转化为世界法，而人权就应该是世界的普遍精神原则。这些努力是令人赞叹的，但如果不能超越西方哲学的框架，就恐怕终究是无济于事的。因为，假如个人权利是至上而且无匹的，在逻辑上就不可能达到一个一致的政治世界整体，不会有一个为世界利益着想的世界制度，世界就一定是分裂的，一定有"敌人"，没有敌人也要创造敌人（施密特还是深刻的）。这种深刻的"分裂的政治"意识可以从许多现象看出来，从异教徒意识到种族主义，从热战到冷战，从殖民主义到人权干涉，从经济和军事霸权到文化霸权，甚至在星球大战之类的幻想中也可以看出那种莫名其妙的寻找敌人的冲动。把自己和他人对立起来，把信徒和异教徒对立起来，把西方和东方对立起来，把"自由世界"和专制社会对立起来，把所有并不对立的事情对立起来，这就是西方的基本政治意识。这样的政治意识没有世界，尤其不能对世界负责任。

### 3. 天下理论的政治问题

一般来说，政治学和政治哲学的基本问题是利益分配和权力分配，大概相当于"谁得什么"和"谁说了算"这样朴实自发的问题。政治学和政治哲学的关系极其密切，以至于没有明显的分界，当然可以说，政治学更多地研究了政治的实践和技术性方面，而政治哲学更关心政治的理论和理由方面，或者说，政治哲学尤其要研究政治制度的合法性。

在过于随便地拥护某种含有价值观的政治观点之前，有必要揭开政治问题的底牌，以免受到一些似乎过于美丽的词语的暗示，以至于把本来好意思的事情搞成不好意思的了。利益和权力几乎是人人都想要的好东西。从逻辑上说，关于利益和权力分配的合法性标准首先是公正，显然，我们想不出比公正更公正的事情。公正是最大的哲学难题之一，是伦理学、法学、政治学的共同问题。在这里不准备详细讨论其中特别复杂的细节。我们假定人们大概知道什么是公正，那么，政治公正就表现为政治制度的合法性。最严格也是最完美的政治公正标准是：

P1：一个制度是合法的，当且仅当，它是所有人都同意的制度。

在这里，"同意"意味着：在所有可能的制度选择 a、b、c……n 中，人人都自由地选择了 a。但是这个标准过于苛刻，无论是理论上还是事实上都不可能有一个完美到"人人同意"的制度。于是，退而求其次：

P2：一个制度是合法的，当且仅当，它是多数人都同意的制度。

这是现代社会的一个典型理解，它是民主制度的根据。但这个理解中有一个往往被人忽视的严重缺陷，那就是它把人不分黑白地看成是个抽象符号，是个无分别的任一变元，就好像人人都是一般货色，是一些数目。只有把人抽象成无分别、无面目的东西，才能够"加总"计算，那种数量化的投票才显得是公正的。可是事实上，人有贤愚，有善恶，有小人君子，有好人坏人。我们显然没有信心认为君子多于小人，相反，有许多迹象表明小人似乎更为多见。心理学尤其是群众心理学则指出，盲从的人、自私自利的人、不负责任的人、愚蠢的人、庸俗的人显然是大多数，而经济学对人的人品预期甚至更消极，它假定几乎人人都是见利忘义的小人，经济学的这种夸张理解当然也不符合事实，但小人比较多恐怕是个无法反驳的事实。显然，假如君子真是大多数，社会就会美好得让人们心花怒放、不知魏晋了，社会难题就会消失，或者变成微不足道的小问题，那样的话就无法理解人们每天在抱怨什么。由此可以看出，现代模式的民主是以在责任心方面比较可疑的人群作为群众基础的，并且以一窝蜂的大众选择为准。即使对于古希腊那种有限制的自由民主制度（以贵族和负责任的公民为群众基础），当时的伟大哲学家如柏拉图和亚里士多德等就不以为然，理由是，让人们过于随便自由地去选择将使社会走向堕落之路，因为人们喜欢糜烂的生活胜过有德性的生活，喜欢不负责任的生活胜过需要认真用心的生活（孔子也说"吾未见好德如好色者也"）。贵族所反对的"堕落之路"与民主所反对的"奴役之路"一样都是不能接受的。一个社会不可以是个对骗子、小人、奸人、庸人和无赖更有利的社会，否则这个社会就没有合法性，也就是中国人说的没有"天理公道"。自古以来，无论在世界上什么地方，勤劳、智慧、勇敢、慷慨和见义勇为等品质都被视为人性的最高境界，具有这些美德的人就是"精英"（这里的"精英"是由人所敬仰的美德定义的，与社会地位、职务和财富无关）。不被精英认可的制度一定是坏的。因此，P2应该修改为：

P3：一个制度是合法的，当且仅当，它是多数人都同意的制度，并且，多数人中至少包含了多数精英。

虽然P3仍然并非完美表述，但这里已经涉及一个极其重要的问题，这就是，对于制度的合法性的证明来说，"民心"比"民主"更为正确。或者说，民心才是关于制度合法性的证明，而民主根本就不是，民主只是一种操作比较容易的程序，并不能表达好的价值。可以说，民主问题是民心问题的歪曲表现。如果民主是有意义的，那么，当且仅当，民主能够准确表达民心。可是，金钱、宣传、气氛、自私、投机、一时的激情和错误的信息以及阿罗定理所揭示的选举制度的致命局限性，都使民主表达的是人民其实并不想要而被误导以为自己想要的东西。民主反而错过了民心。民心问题与民主问题的根本差异在于，民心是制度合法性的真正理由和根据，而民主只是企图反映民心的一个技术手段（还可以有其他的手段）。当以民主去替代民心，就已经搞错了问题，这类似于用现象代替本质，用信息冒充知识，用知识混同真理。更重要的是，即使人民自愿按照民主方式去选择，大众的选择也仍然不等于民心，因为大众的选择缺乏稳定性，随着宣传、时尚和错误信息而变化无常，只是反映暂时偶然的心态，而不是由理性分析所控制的恒心，所以说，民主反映的是"心态"而不是"本心"。

真正的民心是经过理性分析而产生的那些有利于人类普遍利益和幸福的**共享观念**。从形而上学角度来说，作为共享观念的民心并不存在于心理过程中，而是存在于非物质的思想空间中，它承载着人类的思想、经验和历史。简单地说，民心的存在形式是思想性的而不是心理性的。因此，民心并不就是大众的欲望，而是出于公心而为公而思的思想。那些"为公而思"的观念并不专门属于哪些人，而是属于人类，尽管通常是由精英所思考并说出来，但其所思所虑却不是为了精英集团，而是为了人类共同幸福。民心问题是中国政治哲学所提出的一个基本问题，民心的表达依靠的是自然产生而且经过考验的"公论"，所谓"自有公论"，这与人工设计的选择程序和经过商业化或宗教化的宣传诱导而产生的民主结果有着根本不同。民主的结果是不自然的，是暗示的结果。这或许能够解释为什么中国没有产生民主观念，因为中国哲学已经直接指向了比民主更深入的民心问题。对中国缺乏民主观念的指控是没有意义的，是对中国哲学基本精神的不理解。

可以看出，民心并不落实在一个一个的个体心理的加总上，并不表现为个体为自己打算的欲望的集合上。亚当·斯密的"看不见的手"是关于个体欲望能够莫名其妙产生集体好结果的神话。纳什博弈论已经证明，看不见的手其实是可以看见的（理性博弈分析），而且所谓的好结果只不过是个绝非最差也绝非最好的均衡结果。神话总是要令人失望的。纳什理论的意义非常深远。很显然，一群自私自利的人，每个人在思考问题时都只盯着自己那点蝇头小利，思想幅度如此之小，眼界如此之窄，心胸如此之狭隘，越是"理性"就越看不到长远利益和共同利益。老子的"以身观身……以邦观邦，以天下观天下"的思想原则是最高明的博弈论思维，也是最好的知识论。人并非不能为己（这是人的本性，没什么好说的），但是，追求自己的利益不等于以自己的利益为尺度去思考问题，这是两件完全不同的事情，追求自己的利益是正常的，而以自己的利益为尺度去思考问题则是不负责任的。西方政治学和经济学的致命局限性就在于混淆了行为的原则和思想的原则。思想就是为别人去想，为所有人去想，这样才能够说是思想。这就是前面说到的"思想无外"的道理。由于思想无外，永远把他人的利益考虑在内，所以就没有"在外"的东西。所以，民心就是为公而思的思想，"公思"自有"公论"。"天下为公"这句名言应该解读为：天下是天下人的天下，天下人都为天下着想。当然这是个过高的理想。

　　什么是符合民心的事情？如果说是利益和幸福，当然正确，但是人们可以有不同的价值观，因此在对利益和幸福的种类的理解与选择上未必齐一（至少总有那么几类）。因此，我们不能在政治上去规定利益和幸福，而只能去发现利益和幸福的一般条件。西方哲学的发现是"自由"，这是个必要条件，假如一个制度不能给人足够的自由，人们就无法追求自己认可的幸福。不过，仅仅有自由是不够的。中国哲学发现了另一个至少同样重要的必要条件，这就是"治"，也就是秩序。没有秩序不成社会，也没有条件开展各种可能生活，自由就成为画饼。所以中国哲学总是以"治/乱"分析模式去判断一个制度的有效性和合法性。使天下大治，就是一个制度的基本合法性。因此可以说，自由和秩序就是人民最需要的事情，因为，不管人们喜欢的是什么，都需要有自由和秩序作为能够去追求幸福的条件。这就可以理解为什么古人总是认为只要能够做到"天下大治"，就是至高无上的政绩。特别要注意的是，从逻辑上看，秩序甚至比自由更为基本，因为，如果没有秩序，那么自由将会成"乱"，而如果社会乱了，人和人之间的关系会变得无比险恶，自由就变成害人害己，也就不自由了；反过来，如果有了秩序，虽然未必就有足够的自由，但至少有了发展自由的条件，有了开展生活的基本条件。可以看出，秩序是自由的先决条件。在这个意义上，中国哲学更好地把握了政治的要义。

　　一个事情要有秩序，就需要所有事情都有秩序；部分要有秩序，就需要整体有秩序。秩序必须有一贯性，这是秩序的逻辑要求。于是，一个政治制度、一种政治秩序，如果是彻底有效的，就必须具有普遍性和传递性，能够成为遍及天下的制度。按照这一思路，就很容易理解为什么政治体系必须把天下秩序考虑在内，而不能止于国家。虽然今天已经无从知道当年周公们思考"天下制度"的原因（古人在 3 000 多年前就如此深谋远虑，的确有些令人难以置信），但从思想逻辑上却是可以理解的。这里的分析就是试图为天下观念补充上必要的思想逻辑。

　　天下是天下人的天下，天下人最需要天下大治，所以得天下民心者得天下，这是天下理论的基本价值原则。这意味着必须把世界（天下）看成是人类的公共政治空间和共同资源。这就决定了需要以世界为尺度去思考属于世界的政治问题。于是天下理论要解释的问题就可以概括为：（1）为什么世界必须成为一个最高和最大的政治单位？（2）为什么世界需要一个世界制度？（3）领导和管理世界的政治制度的设计和合法性落实在哪里？而在分析政治问题的方法论上，则必须以"以世界去理解世界"（即老子的"以天下观天下"原则）为原则，使思想的幅度与所思想的对象在规模上相匹配，这样才能正确理解所思考的问题。

　　从理论上说，天下理论改造了政治学/政治哲学的理论结构，超越了西方政治哲学的分析框架。天下理论增加了世界理论这个项目，从而使政治学/政治哲学体系变成了"世界理论/国际理论/本国理论"，并且改变了对政治问题的解释方式，在其中，世界理论是基础理论，它支配着国际理论和本国理论的解释。这样就打破了目前流行的西方政治哲学的框架，改造了其中的内在逻辑，不再以本国理论作为核心和解释的最后依据。从效果上看，在解释国家或小于国家的政治实体时，天下理论和国家理论可能各有千秋，但对于解释在全球化基础上的新政治问题，特别是在构思未来可能的世界政治制度时，天下理论可能是更为合理的。值得一提的是，欧盟模式是西方政治哲学的最新也是最有价值的推进，它也是一种超越民族/国家体系的努力，可以看成是康德理想的新版本。但从纯理论角度说，欧盟模式仍然有着西方政治哲学的局限性，不如天下理论那么逻辑一致和内在协调。

天下理论中尤其重要的"无外"原则能够有助于消除西方思想中的一个痼疾，即基于宗教非理性的"异教徒意识"而发展出来的"敌人假设"或者说"分裂的政治"。这种"敌人假设"从理论上看是没有理性根据的，在实践上又缺乏善意。世界之所以不存在，之所以是个乱世，就是因为有"异教徒/敌人意识"（在今天可能已经演变成潜意识）。按照天下理论，政治世界的规模必须能够覆盖整个世界，否则就非常容易制造出不可接受的异己和敌人。施密特的敌友理论虽然敏锐，但终将会被新的政治需要超越。与之相反，天下理论是一种"化敌为友"理论，它主张的"化"是要吸引人而非征服人，所谓"礼不往教"原则。我愿意说，在这个意义上，天下理论是一种文化自由主义。

# 上篇 "天下体系"：帝国与世界制度*

我们不应该假装认为和谐的世界模式已经具备。谁要是仍然以为和平与社会共处的思想很有市场，那也同样是不诚实的。

——爱德华·W. 萨义德（Edward W. Said）

我们眼睁睁地看着帝国正在成为事实。

——哈特（Hardt）和奈格里（Negri）

就理论可能性而言，帝国可以只是个文化/政治制度而不一定是个强权国家实体。古代伟大帝国的兴衰留下了神话般的历史故

* 本文为"普遍知识和互动知识"国际会议主题发言论文（India，Goa，2002-11-25—29）、"帝国与和平"国际会议研讨对象主题论文（France，Paris，2003-2-15—18）。原文为英文，在翻译成中文时有所增删。2002年应法国 Le Robert 出版社和 Transcultural 研究所之邀写成此文。

事，是耽于梦想的人的永远梦想。现代的"民族/国家"体系终结了古代模式的"伟大帝国"，使之成为并仅仅成为社会记忆，以至于人们现在已经非常习惯于用民族/国家作为分析单位去理解现实、过去乃至未来。其实，帝国体系曾经长时间地作为自然生成的社会制度而存在，民族/国家却只不过是现代的产物。现代不仅结束了传奇的帝国古代传统，而且挫败了各种理想和乌托邦，除了技术和经济，几乎没有别的什么事业能够在现代获得神话般的成功。

"帝国"这个概念在现代演变成为一个失去了自然朴实品质的改版概念——"帝国主义"。"帝国主义"是一个到 19 世纪后期才被创造出来的反思性概念①。在很长一段时间里，帝国主义被认为主要是马克思主义关心的论题，其中一个重要原因是马克思主义对资本主义的批判，而帝国主义被认为是最大化资本主义的方式，从列宁主义到依附理论都假定控制海外资源和市场对于资本主义自身的最大化来说是必不可少的。因此，现代化、资本主义、殖民主义和帝国主义是密不可分的系列概念。可以说，帝国主义是基于民族/国家制度的超级军事/经济力量而建立的一个政治控制和经济剥削的世界体系。欧洲传统帝国和帝国主义的共同理念都是"以一国而统治世界"——背后的哲学精神是"以部分支配整体"这样的欲望，而民族/国家的概念使帝国主义以民族主义为原则来重塑帝国眼光从而精神变得更加狭隘，不但失去了传统帝国兼收并蓄的胸

---

① 据霍布斯鲍姆的说法，"帝国主义"一词在 19 世纪 70 年代才出现，直到 19 世纪 90 年代才"突然变成一般用语"，并且"挂在每个人嘴上"。这个概念如此晚近才出现，以至于马克思都没有使用过这个如此重要的概念。（参见霍布斯鲍姆 . 帝国的年代 . 南京：江苏人民出版社，1999）。

怀，而且把帝国的强权好战发展到了极致（历史上最大规模的战争都是现代帝国主义的作品）。

今天有迹象表明世界似乎正在走向一个新的时代和新的世界体系，许多人相信民族/国家体系正在受到全球化的挑战（但并非所有人都相信民族/国家体系会被破坏①）。那么，未来将是一个新帝国时代吗？哈特和奈格里富有挑战性的热门著作《帝国》甚至认为现在就已经开始了新帝国时代，他们指出："我们眼睁睁地看着帝国正在成为事实"，"民族/国家的统治权力的衰落并不意味着统治权力这一权力事实本身（sover-eignty as such）的衰落……新的全球统治形式就是所谓帝国"②。这不是想象，而是非常值得深思的问题。正如人类所能够发明的社会制度种类并不多，所能够想象的世界体系形式也不多，事实上帝国是最典型的世界体系。帝国问题属于那种复杂的综合性问题（comprehensive problem），它几乎涉及生活和社会的所有方面，应该说是个"问题组"。大规模问题的凸现往往是面向新时代的思维特征，因为在面向新时代时，人们会试图重新思考整个世界、社会和生活理念。帝国正是这样一个理念（eidos，idea）。在这里不可能全面讨论帝国的问题，我准备讨论，在哲学的意义上，中国传统的"帝国"理念对于任何一种可能的世

---

① 例如 A. D. 史密斯（A. D. Smith）就坚信许多人过于心急地认为民族/国家体系将被打破，他认为，事实上在可见的未来里我们还很难发展出一种比民族主义更强大的精神，因此也就难以发展山新的体系。参见 SMITII A D. Nations and nationalism in a global era. Cambridge：Polity Press，1996。

② HARDT M，NEGRI A. Empire. Cambridge：Harvard University Press，2001：Preface.

界体系会有什么样的理论意义。

进一步说，不管未来是什么样的时代，至少我们知道全球化已经把所有地方的问题世界化了，几乎所有的地方性问题都不得不在世界问题体系中被思考和解决。现代性的一个一直被隐藏着的困难突然变得明显起来，那就是现代制度只是国内社会制度，而不是世界制度，或者说，现代制度的有效范围或约束条件是民族/国家的内部社会，而不是世界或国际社会。于是，即使每一个国家都成为民族/国家并且建立了标准的现代制度（民主政治和自由市场）以保证每一个国家内部的社会秩序，在国家之间也仍然是无制度的。因此，世界是无约束、无秩序或无法则的失控空间（尽管有一些国际组织在假装建立国际制度）。这种国际无政府状态完全符合"霍布斯状态"，即"所有人反对所有人的状态"。从形而上学角度看，现代世界体系在本质上是"无序状态"（chaos）。古希腊哲学认为，只有当"无序状态"变成"有序状态"（kosmos），才能形成自然和世界（kosmos 正是宇宙的词源①），而 chaos 要变成 kosmos，又首先需要发现世界的理念（eidos）。从这个角度来看，今天的世界仍然没有成为"世界"，仍然停留在 chaos 状态，它只不过是个无序的存在，是个"非世界"（non-world）。古希腊哲学的 kosmos（有序存在）所表达的也只是关于自然世界的充分意义，还不是关于人文世界的概念。在中国哲学里可以找到一个与 kosmos 相应的、同

---

① kosmos 原义为军队纪律，被用来表达有秩序的宇宙，就是说，自然必须有其"形式"才能成为宇宙。参见 BURNET J. Early Greek philosophy. London：Adam & Charles Black，1930：9。

样具有充分意义的"人文世界"概念，这就是"天下"。天下不仅是地理概念，而且还意味着世界社会、世界制度以及关于世界制度的文化理念，因此它是个全方位的完整的世界概念。这一概念的重要性正在于它与世界制度问题的密切关系。

当今天所有的问题都变成世界性问题时，就不得不思考"世界制度"的问题了。弗朗西斯·福山（Francis Fukuyama）曾经通过分析现代社会制度而得出结论，他认为现代制度虽然有缺点，但已经是足够好的制度，因此不再有制度革命的可能性，历史也就完成了（通常翻译为"历史的终结"，但不够准确①），或者说，历史最后实现了历史的最高目的。这一"历史的完成"的断言显然过于匆忙，即使不去讨论社会制度的革命可能性，而仅就任意给定的某个社会制度而言，我们也必须要求一个社会制度具有逻辑完备性，即它不仅能够处理国内社会，而且能够处理国际社会。这一逻辑其实很简单：一个社会制度不能止步于"国家"这一单位，而必须考虑到"世界"这一最大的政治/社会单位，不能对世界视而不见②。显然，一种社会制度仅仅在国家层次上获得成功仍然没有完成其最大和最终目的，如果它在世界场合中不再有效，那么就不是一个充分有效的制度。作为比较，我们可以考虑马克思的制度理论。马克

---

① 参见 FUKUYAMA F. The end of history and the last man. New York：Free Press，1992. 其中的关键词"end"的表面意思是"终结"，深层意思是"历史目的之最后实现"。这是来自德国古典哲学的观念。作为参考，马克思也是在德国古典哲学的习惯意义上想象共产主义社会的，共产主义社会也被理解为既是历史的终结又是历史目的之最后实现。

② 在"北京对话"（2003 年 3 月 17 日）会议上，我与福山教授讨论过这个问题。

思和福山都拥有黑格尔哲学背景，但马克思所思考的共产主义社会才是一个世界规模的社会。可以说，马克思考虑到了世界制度问题。毫无疑问，世界必须被理解为一个思考和分析的最大单位，否则所有国际问题或者世界性问题都不可能被有效地分析和解决，甚至，如果不能有效地分析和解决世界性问题，那么也不可能充分有效地分析国内社会制度问题，因为世界问题是任何一个国家问题的必要约束条件。我们无法想象，每一个子集都是有序的，但总集却是无序的，在这样的条件下如何能有效地理解、分析和解决问题。

在这里要讨论的主要是中国的"天下理论"，我试图论证，天下理论是任何可能的世界制度的形而上学。在这里之所以使用哲学来分析世界政治问题，是因为哲学是分析任何理念的方法。天下也是个乌托邦，不管什么样的乌托邦都不同程度地有它不现实的方面。讨论乌托邦的意义并不在于能够实现乌托邦，而在于有可能获得一种比较明确的理念，从而使世界制度获得理论根据，或者说，我们至少能够因此知道离理想有多远。

# 一、"天下"理念

## 1. 饱满的或完备的世界概念

与西方语境中的"帝国"（empire）概念不同，"天下"这一中国传统概念表达的与其说是帝国的概念，不如说是关于帝国的理念。概念和理念虽然大体一致，但有一点区别：理念不仅表达了某种东西所以是这种东西的性质（古希腊人认为是一种决定性的"形式"），而且表达了这种东西所可能达到的最好状态。在柏拉图的意义上，理念总是在本质上使得某个东西成为这个东西。于是这就逻辑地蕴含着，理念又是为某个东西所可能设想的完美化概念。因此理念（idea）就必定意味着理想（ideal）。概念和理念的这一区别对于自然事物或许是没有意义的，因为在自然事物身上，概念和理念几乎完全重合，我们不能要求石头长得更"理想"。但这一区别对于人为事物来说则有着不可忽视的意义，因为人为事物要承担着比自然事物更多的意义，我们对我们要做的事情总可以有理想，而在事实上，概念未必总能够赶上理想。这就是为什么我们不但能够知道一个东西是什么样的，而且还能够指望它成为什么样的。理想的意义就在于此。

"天下"要表达的正是关于帝国的一种理想或者说完美概念（尽管具体制度和实践永远是个难题）。每种文化和思想体系中的关键词往往都有着多层复合的意义，而且很难完全被说明，永远有着解释和争论的余地。"天下"也是这样一个概念。一般来说，它的基本意义大概是：

（1）地理学意义上的"天底下所有土地"，相当于中国式三元结构"天、地、人"中的"地"，或者相当于人类可以居住的整个世界①。

（2）它还指所有土地上生活的所有人的心思，即"民心"，比

①　古代中国的天下概念虽然在理论上的所指是整个世界，但由于实际知识的有限，因此实际上理解到的世界并不太大。最早时的理解是"九州"，只相当于今天的数个省的面积，而且按照想象，是几何上很整齐的土地，以都城为核心而向四面八方展开。不过也有眼界更大的学者，如邹衍想象的世界由多达81个"九州"组成，而中国只是其中之一。这个想象又似乎过大。参见《史记》卷七十四。

如当说到"得天下"，主要意思并不是获得了所有土地（这一点从来也没有实现过），而是说赢得大多数的民心①。这一点很重要，它表明"天下"概念既是地理性的又是心理性的。

（3）最重要的是它的伦理学/政治学意义，它指向一种世界一家的理想或乌托邦（所谓四海一家）。这一关于世界的伦理/政治理想的突出意义在于它想象着并且试图追求某种"世界制度"以及由世界制度所保证的"世界政府"。

显然，"天下"虽然是关于世界的概念，但比西方思想中的"世界"概念似乎有着更多的含义，它至少是地理、心理和社会制度三者合一的"世界"，而且这三者有着不可分的结构，如果分析为分别的意义则破坏了天下的存在形式。天下意味着一种哲学、一种世界观，它是理解世界、事物、人民和文化的基础。"天下"所指的世界是个"有制度的世界"，是个已经完成了从 chaos 到 kosmos 的转变的世界，是个兼备了人文和物理含义的世界。与"天下"相比，西方的"世界"概念就其通常意义而言只是个限于科学视野中的世界（尽管可以在比喻的意义上指任意什么世界）②，而"天下"则是个哲学视野中的世界，它涉及世界的各种可能意义，是个满载所有关于世界的可能意义的饱满世界概念（the full con-

---

① 《荀子·王霸》："取天下者，非负其土地而从之之谓也，道足以壹人而已矣……用国者，得百姓之力者富，得百姓之死者强，得百姓之誉者荣。三得者具而天下归之，三得者亡而天下去之。"

② 波普曾经把"世界"理解为三个——物质的、心理的和图书馆式的，这仍然还是科学视野中的世界。而且这一区分意义不大，似乎是画蛇添足（参见 POPPER K R. Objective knowledge：an evolutionary approach. New York：Oxford University Press，1972）。

cept of the world)。不过，在西方的世界概念里也有一个概念是涉及人文和生活传统的，或者说也是纯粹哲学性的，即胡塞尔提出的"生活世界"，它是个历史的世界或者说是关于世界的历史视界（horizon）①。生活世界是个主观性的世界，但它被认为是客观知识的原始基础，是被科学世界掩盖和遗忘的本源性经验世界，它被胡塞尔用来批评科学的"忘本"。在"天下"和"生活世界"这两个关于世界的非常不同的概念之间，其实可以发现有着一些遥远但重要的相关性，也许可以说，相对于"生活世界"来说，天下是个"制度世界"。

"天下"构成了中国哲学的真正基础，它直接规定了这样一种哲学视界：思想所能够思考的对象——世界——必须表达为一个饱满的或意义完备的概念。既然我们总是负担着制度而生活在世界上，那么，世界必须被理解为一个有制度的世界，否则就不可能说明生活。同时"天下"概念还意味着一种哲学方法论：如果任意一个生活事物都必须在它作为解释条件的"情景"（context）中才能被有效地理解和分析，那么，必定存在着一个最大的情景使得所有生活事物都必须在它之中被理解和分析。这个能够作为任何生活事物的解释条件的最大情景就是"天下"。只有当解释条件是个饱满的或意义完备的概念，才能够说拥有充分的世界观。我们将看到，缺乏充分意义的世界观的哲学（例如西方哲学）在解释世界性问题时存在着根本性的困难。

---

① HUSSERL E. The crisis of European sciences and transcendental phenomenology. Evanston：Northwestern University Press，1970.

## 2. 天下体系：世界尺度和永恒尺度

　　既然天下是个"有制度的世界"，那么，天下理想就可以理解为关于世界制度的哲学理论。它所想象的天下/帝国从本质上区别于西方的各种帝国模式，包括传统军事帝国如罗马帝国模式、现代帝国主义的民族/国家如大英帝国模式、当代新帝国主义即美国模式。最突出的一点是，按照纯粹理论上的定位，天下/帝国根本上就不是一个"国家"，尤其不是一个民族/国家，而是一种政治/文化制度，或者说一个世界社会。正如梁漱溟所指出的，天下是个关于"世界"而不是"国家"的概念①。天下理论的重要性在于它把"世界"看成是一个政治单位，一个最大并且最高的政治单位，同时也就成为一个思考所有社会/生活问题的思想分析单位，也就是最大的情景或解释条件。中国关于政治/社会各种单位的层次结构，即"家—国—天下"的结构②，意味着一种比西方分析单位结构更广阔因此更有潜力的解释框架。在西方概念里，国家就已经是最大的政治单位了，世界就只是个地理性空间。不管是城邦国家，还是帝国，或者民族/国家，都只包含"国"的理念，没有"世界"的理念。从概念体系的逻辑上看，西方政治哲学的分析单位系列是不完全的，从个人、共同体到国家，都是包含着物理、心理和制度的意义饱满概念，可是到了"世界"这个最大的概念，却缺乏必须配备的制度文化

---

　　① 梁漱溟. 梁漱溟学术论著自选集. 北京：北京师范学院出版社，1992：332.

　　② 比较早的表述更多是天下在先，如《孟子·离娄上》曰："人有恒言，皆曰：'天下国家.'"

意义，而只是个自然世界概念，就是说，世界只是个知识论单位，而没有进一步成为政治/文化单位。政治/文化单位到国家而止步，这就是西方哲学的一个重要的局限性，它缺少了一个必要的视界。

西方一直到近代才开始有似乎比国家更大的关于政治单位的想象。例如，康德关于"人类所有民族的国家"（civitas gentium）或者所谓"世界共和国"的想象，但这种想象并不认真，事实上，在康德的论文中只是被草草提及而已，只有空洞的概念，并无论述。康德认为比较现实的想象应该是弱一些的"自由国家的联盟制度"①，其潜台词是不能超越民族/国家体系（这个理由在当代自由主义政治理论中终于变得直截了当了）。不过后来马克思的共产主义社会概念则是个关于世界政治制度的认真想象，但马克思主义并没有成为西方思想主流，相反几乎是个异端。从实践上说，现在的联合国看上去几乎是康德想象的实践，但只是个准世界性的单位，即使这种准世界性也是非常象征性的，因为联合国这样的政治概念至多意味着目前规模最大的政治单位，却不是理论上最大而且地位最高的政治单位，因为它不拥有在国家制度之上的世界制度和权力，而只不过是民族/国家之间的协商性机构，所以从实质上说就只是个从属于民族/国家体系的服务性机构。

天下概念的重要性表现为这一哲学概念创造了思考问题的一个"世界尺度"，它使得度量一些用民族/国家尺度无法度量的大规模问题成为可能。这一尺度的意义在古代并不十分明显，而在今天却

---

① 康德.历史理性批判文集.北京：商务印书馆，1990.

极其突出。至于为什么古代中国在 3 000 年前就思考到这样一个世界尺度，这或许很难解释清楚，但大概可以肯定，古人不可能预料到这个理念在今天世界的意义，古人在表达这个概念时就好像它是个理所当然的理想，因此，"天下"概念在古代应该是个信仰或者是纯粹的哲学而不是经验知识，事实上当时也没有相应的经验知识可以支持它。

"天下"把"世界"定义为一个范畴性的（categorical，康德意义上）框架和不可还原的反思单位，用于思考和解释政治/文化生活与制度。它意味着一种完全不同于西方的方法论。西方思考政治问题的基本单位是各种意义上的"国家"（country/state/nation），国家被当作思考和衡量各种问题的绝对根据、准绳或尺度。而按照中国的天下理论，世界才是思考各种问题的最后尺度，国家只是从属于世界社会这一解释框架的次一级别的单位，这意味着：

第一，超出国家尺度的问题就需要在天下尺度中去理解。

第二，国家不能以国家尺度对自身的合法性进行充分的辩护，而必须在天下尺度中获得合法性。因此，天下理论是典型的世界理念，以至于可以成为判断一个理论是否具有世界理念的结构性标准，就是说，具有不同价值观的其他世界理念也许是可能的，但任何一种可能的世界理念在逻辑结构上应该与天下理念是同构的。根据这一结构性标准就很容易判断一个世界体系是否表现了一种世界理念，例如很容易看出帝国主义不是一种世界理念而是一种国家理念，因为帝国主义仅仅考虑国家自身的利益，它把自己的国家利益当成了世界利益以及判断世界上所有事情的价值标准，甚至以自己国家的利益作为判断其他国家合法性的标准①。于是有理由认为，如果一个全球体系具有世界理念，那么就是一个"天下体系"，否则就只是一个世界体系。

由于思考的基本单位和解释标准的不同，在严格意义上说，西方思想传统里只有国家理论而几乎没有世界理论。这当然不是说，西方没有关于世界的思考，而是说，由于立足点不同、尺度不同，对世界的思考方式就不同——按照古希腊人的说法就是"logos"不同，而按照胡塞尔的说法则是不同的生活世界给定了不同的"视界"。如果说西方对世界的思考是"以国家衡量世界"，那么中国的天下理论则是"以世界衡量世界"——这是老子"以天下观天下"这一原理的现代版。西方关于世界统一性的想象基于国际主义原则，基于"际间"（inter-ness）关系观念而发展出来的世界性方案无非是联合国或其他类似的各种"国际组织"，都没有也不可能超越民族/国家框架，因此就很难通过联合国等方案来真正达到世界的完整性。民族/国家的视界注定了在思考世界问题时总是以国家利益为准而无视世界性利益——世界性利益并不是指其他国家利益（如果要求首先考虑其他国家的利益，未免要求太高，也不合理，但互相尊重对方利益是必要的）。尽管世界性利益的具体内容还需要讨论和分析，但至少可以抽象地说，它是指与各国都有关的人类公共利益，既包括物质方面也包括精神方面，它是保证人类总体生

①　最典型的例子是美国帝国主义，它现在宣称它拥有"先发制人"的权利，如果任何一个国家对美国安全构成潜在威胁的话。而且它还按照自己的国家利益，把阿富汗的塔利班政权、伊拉克的萨达姆政权等定义为非法的，并以武力摧毁之。

活质量的必要条件。尽管人类公共利益的最大化在某个时段里未必能与某个国家的利益最大化达成一致（更可能出现不一致的情况），但从"长时段"（布罗代尔）去看，或者从几乎永恒的时间性去看，人类公共利益的最大化必定与每个国家或地方利益的最大化是一致的。

在这里可以发现，天下理念不仅是空间性的而且是时间性的，当它要求有一个世界性尺度时，在逻辑上就必然地进一步要求有一个永恒性尺度，因为世界性利益需要通过永恒性的时间概念来彻底表达。只有当世界被看成是个先验的（a priori）政治单位，才能够考虑到属于世界而不仅仅属于国家的利益和价值。"以天下观天下"的眼界显然比"以国观天下"的眼界更加广阔和悠远。天下理念可以说是一个考虑到最大尺度空间的最大时间尺度利益的概念。只有把世界理解为一个不可分的先验单位，才有可能看到并定义属于世界的长久利益、价值和责任。而民族/国家的眼睛只能看到"属于国家利益的世界"，而看不到"属于世界的利益"。

为什么在中国哲学中有着"天下"这个高于国家的利益、价值和责任单位，而在西方哲学中却没有？这很可能与基督教改造了西方思想有关。古希腊哲学虽然没有等价于天下的概念，古希腊的世界概念虽然是单薄的而非全方位意义的世界，但它考虑到了 chaos 必须成为 kosmos，才能成为世界这样的普遍形而上学问题，因此它有可能在逻辑的路上进一步发现意义饱满的世界概念。但是基督教的胜利把分裂的世界概念带进西方思想，它剥夺了人关于人间世界的完美的和永恒的理想的想象权利，并且将其都归给了天堂世界。于是，世界就仅仅是个科学问题，而生活变成信仰问题，所谓世界观就停留在自然的世界观上而不再发展为人文的世界观。宗教的真正危害并不在于无神论所批判的虚妄性上（幻想是无所谓的），而在于它理解世界的分裂性方式，它把世界划分为神圣的和异端的，而这种分裂性的理解是几乎所有无法调和或解决的冲突和战争、迫害和征服的思想根源。

### 3.　"无外"原则

要进一步理解天下/帝国，就还需要讨论"天子"。天子大概相当于西方的"皇帝"（emperor）概念（在中国，秦始皇以后才有"皇帝"① 之名），但就像"天下"不完全等于 empire 一样，"天子"也不完全等于 emperor。天子是天下的配套概念，天下和天子共同构成了天下/帝国的理论基础，天下主要是个世界制度概念，而天子则主要是世界政府概念。应该说，天下比天子在理论意义上要重要得多，而且更为基本，因为制度是政府合法性的保证，而反过来政府并不能保证制度的合法性。显然，政府本身有可能是坏的。事实上，中国历史上的好皇帝不能说根本没有，但也不多②。好皇帝之所以少见，就是因为制度理念没有得到很好的实现和贯彻。在中国历史上，"天下/天子"理论在实践中被贯彻得更多的是天子观

---

①　在中国古代早期，天子、皇、帝、王等称号的所指大致相同，但各自所强调的含义略有不同。商周时代，天子为王，诸侯国君称公、侯、伯等，春秋时南方的楚、吴、越诸国不合礼仪地称王，战国时各国纷纷称王。秦始皇并六国而自觉功盖三皇五帝，遂自创"皇帝"称号，后世沿用，而"王"自汉以来成为最高爵位。

②　甚至如明末清初唐甄所说："自秦以来，凡为帝王者皆贼也。"（《潜书·室语》）

念。这一片面的或残缺的实践损害了天下理论的形象，也引来了许多深刻的反思，如黄宗羲曰："三代之法，藏天下于天下者也……后世之法，藏天下于筐箧者也。"（《明夷待访录·原法》）显然，如果天下社会制度没有被实践，而仅仅单方面地实行天子政府，则天子徒有其名而无实。孔子对春秋礼崩乐坏的痛心疾首现在看来是非常深刻的，因为那不仅是乱世，而且是天下制度的破坏，事实上从春秋以后就不再有比较接近天下制度的努力了。

在天下/帝国的纯粹理论上，天子享有天下，所谓"君天下"或天下"莫非王土"①，尽管实际上从来没有一个帝国拥有过整个世界，但"天下/帝国"是个理论，在理论上则完全可以设想天下一家的帝国。天子以天下为家，因此产生了"无外"原则②。天下为家而无外，这是个意味深长的观念，很有可能就是中国思想里不会产生类似西方的"异端"观念的原因，同样，它也不会产生像西方那样界限清晰的民族主义。既然世界无外，它就只有内部而没有不可兼容的外部，也就只有内在结构上的远近亲疏关系。尽管和所有地域一样，中国也自然而然地会有以自己为中心的"地方主义"，但仅仅是地方主义，却缺乏清楚界定的和划一不二的"他者"（the others），以及不共戴天的异端意识和与他者划清界限的民族主义（中国的民族主义是引进西方观念的现代产物，是建立了现代民族/国家以来形成的"新传统"）。于是，与本土不同的他乡只是陌生的、

---

① 《礼记·曲礼下》曰："君天下，曰天子。"《诗经·小雅·北山》曰："溥天之下，莫非王土，率土之滨，莫非王臣。"

② 蔡邕曰："天子无外，以天下为家。"（《独断·卷上》）司马迁亦曰："天子以四海为家。"（《史记·高祖本纪》）

遥远的或疏远的，但并非对立的、不可容忍的和需要征服的。对于天下，所有地方都是内部，所有地方之间的关系都以远近亲疏来界定，这样一种关系界定模式保证了世界的先验完整性，同时又保证了历史性的多样性，这可能是唯一能够满足世界文化生态标准的世界制度。假如把世界看成是给定的分裂模式，那么世界的完整性就只能通过征服他者或者"普遍化"自己来获得，而这样做的代价是取消了作为生态活力必要条件的多样性。

无论如何，至少在理论上，"无外"的原则已经排除了把世界做分裂性理解的异端模式和民族主义模式。至于在实践上，"无外"原则虽然不能完全克服作为人之常情的地方主义，但也在很大程度上弱化了天下/帝国与其他地方的矛盾。清朝许多学者都自觉地利用"无外"原则来解释规模空前的帝国内部的复杂民族关系，可以看成是这个原则的一个典型应用①。也许有人会说，清朝以少数民族入主中原，所以才对"无外"这一原则特别感兴趣。这可能的确是个原因，但更值得思考的是，"无外"原则确实有着良好的实践效果。而且，中原主体民族对清朝的效忠更加能够证明"无外"原则所蕴含的宏大意识。清朝学者龚自珍甚至为"无外"原则给出了形而上学的论证："圣无外，天亦无外者也。"（《龚定庵全集类编·五经大义终始答问七》）就是说，既然"天无外"是个毋庸置疑的存在论事实，那么，天下当然也应该"无外"，这样才能与无外的天相配。而假如天与天下在形而上学原理上是分裂的，没有共通之

①  汪晖在其所著的《现代中国思想的兴起》一书中，详细地讨论了清朝学者在这方面的作为。

"道"，那么就意味着"存在"是分裂的、不和谐的，各种危险的冲突就会产生。显然，如果不在哲学上先验地承诺和谐完整的存在和世界，那么就不会有和谐的思想，也更加不会有和谐的行动。只有以"同一片天"为准，才不会产生不共戴天的分裂世界意识。

在这里，关于"内外"的问题还需要略加分析：中国自古也有内外意识，可以说"无外"意识和"内外"意识并存，但特别需要注意的是，在"无外"原则和"内外"原则中，关于"外"的概念并不在同一个问题层次上，所以并没有构成矛盾。"无外"原则是世界制度原则，所说明的是"没有任何他者作为异端"的四海一家观念，而"内外"原则是国际关系原则，说明的是亲疏有别的远近关系。自商朝开创"王畿"制度，至周朝而完善，就规定了"外服"和"内服"的亲疏关系，内服即王畿，乃天子所直辖的"千里之地"，外服即诸侯领地，围绕着王畿按五百里一圈的比例向外排开（这是理想化的规划，事实上并非如此整齐）。内外服共"五服"之多（又有时认为有"九服"）①。这种内外意识可能在后来发展成为所谓的"华夷之辨"的意识，但由于毕竟有无外原则的制约（蛮夷戎狄仍然在五服之中），所以它表达的是相互之间存在文化差异，而不是将对方视为不可共存的对立面或者异端的他者，这一点不可不察。在中国意识里，蛮地番邦或许会成为利益竞争者，但并没有

---

① 《国语·周语上》曰："夫先王之制，邦内甸服，邦外侯服，侯卫宾服。夷蛮要服，戎狄荒服。"《周礼·夏官·大司马》曰："方千里曰国畿，其外方五百里曰侯畿，又其外方五百里曰甸畿，又其外方五百里曰男畿，又其外方五百里曰采畿，又其外方五百里曰卫畿，又其外方五百里曰蛮畿，又其外方五百里曰夷畿，又其外方五百里曰镇畿，又其外方五百里曰蕃畿。"又可参见《尚书·禹贡》及《尚书·酒诰》。

被定义为意识形态和种族上受歧视者，甚至不同文化的长短得失是可以客观讨论的（"由余使秦"关于文化政治的讨论则是实例①）。这说明天下理念能够克服文化基要主义。

根据天下理论的"无外"原则，"天子"也相应地具有非专属性。中国关于身份（identity）的观念归根到底是一种责任制观念，可以看成是"名实论"的一个重要组成部分。先秦的名实论包含许多复杂论点，在此不做详细讨论，但其中特别重要的一个原则是"名有待于实"，或者通常所谓的"名副其实"原则，其中"名"远远不只是名称，而是一个关于事物或人的伦理意义结构，至少包括两个原理：

其一，任何事物都必须理解并定义为"在生活中的某物"而不仅是"在自然中的某物"，任何事物都按照它的社会位置以及该位置的社会关系来定义。于是，"名"定义的是某个社会位置的价值以及它在关系网络中的意义，而不是知识论上的一组摹状词（descriptions）。

其二，"名"所定义的那个社会位置意味着一组责任/诺言，承担这些责任和诺言是占有这个社会位置的充分必要条件，于是有：p是p，当且仅当，p做了p规定要做的事情。可以看出其中暗含着这样一个思想结构："做"优先于"是"。这个思想结构虽然没有

---

① 《史记·秦本纪》记载："戎王使由余于秦……缪公怪之，问曰：'中国以诗书礼乐法度为政，然尚时乱，今戎夷无此，何以为治，不亦难乎？'由余笑曰：'此乃中国所以乱也。夫自上圣黄帝作为礼乐法度，身以先之，仅以小治。及其后世，日以骄淫……夫戎夷不然。上含淳德以遇其下，下怀忠信以事其上，一国之政犹一身之治，不知所以治，此真圣人之治也。'于是缪公退而问内史廖曰：'孤闻邻国有圣人……'"

在古典文献中被表达，但我曾经论证它是中国哲学语法的必然理论要求，并且表述为"存在即做事"①（to be is to do）或者"做什么因而是什么"（to do thus to be）。

　　一个人（包括天子在内）是否能获得某种身份，并不取决于他的出身，而最终要取决于他的德行和作为，所谓"君君，臣臣"之类②。于是，即使是帝王，也会有渎职的问题。而一旦渎职，他就失去了任职的资格。因此，天子可以宣称他受天命而为天子，但天命并非无条件的，还需要得到经验上的重新确认，即必须有无可怀疑的称职证据（evidence）来完成其资格论证。这种称职证据，按照儒家理论尤其是孟子的理解，就是获得民心③。这个论证似乎可以大概解释为：天子虽然是天命的而不是民选的，但这只意味着天子的位置是先验的，却并不意味着具体某个天子是天定的。而先验的天子位置规定了天子以民为贵的先验义务，假如没有尽到这个义务，那么，即使他暂时利用权力窃据了天子的位置，他也已经在理论上失去了这个位置，即失去了合法性——而这正是中国革命理论的基础。革命的合法性是以获得天意民心为根据的（以汤武革命为经典模式），中国历史上针对暴君、昏君的革命总是很成功，而没有明显合法性的夺权即使获得成功也会被认为是篡位，即不算"正统"。当一个朝代之立国能够顺天命得民心从而得天下，就算正统。

---

　　①　赵汀阳. 一个或所有问题. 南昌：江西教育出版社，1998.
　　②　《论语·颜渊》曰："君君，臣臣，父父，子子。"
　　③　《孟子·尽心下》："民为贵，社稷次之，君为轻。是故得乎丘民而为天子。"《孟子·离娄上》："桀纣之失天下也，失其民也。失其民者，失其心也。"《大学》："得众则得国，失众则失国。"

成功夺取政权和土地并不等于得天下，因为"天下"远非仅仅是个地理事实，而更是个社会事实（按照这个标准，传统欧洲帝国以及现在的美国新帝国主义所推崇的征服和统治就只不过是在夺取"世界"而没有获得"天下"）。得天下意味着拥有社会承认，意味着代表了社会公共选择，所以得天下和得民心是一致的。老子早就意识到统治世界和得天下的根本区别，老子曰："以正治国，以奇用兵，以无事取天下。"（《道德经·第五十七章》）

按照中国民本主义的信念，民众的选择总是与天意吻合，即所谓"民之所欲，天必从之"（《尚书·泰誓》），又曰："汤武革命，顺乎天而应乎人。"（《周易·革》）这其中并非巧合，而是被认为存在着必然的吻合。这种必然的吻合需要论证。根据天人合一的假设，似乎可以这样分析：存在必定是整体和谐和自身一致的，否则，被破坏的存在就变成不存在；既然存在是整体和谐的，那么天、地、人就必定是和谐呼应的；而天命不可见，它是隐藏着的，但是天命这种隐性的事实必定有其显性的表现途径，否则我们就会根本不知道存在着天命（古希腊人也论证说我们不可能知道本来不知道的东西）。天道虽然遥远而不显①，但是与之呼应的人道却近在眼前，人道的表现是民心，因为天是所有人的天，所以天先验地代表所有人的选择，于是，民心就是天命的显形。以天意和民心的一致性来证明统治的合法性的理论优势在于取证的方便。天意本身虽然并非直接可见，但民心却是明摆着的确证（evidence）。因此，

---

① 这一原则自古有之，如《左传·昭公十八年》记载，子产曰："天道远，人道迩，非所及也，何以知之？"天人原则正是在天道和人道之间建立了呼应关系。

即使声称知道了天命，也必须通过民心这一确证来验证，否则就是没有得到证明。所谓"天畏棐忱，民情大可见"[《尚书·康诰》，疏谓："天威之明，惟诚是辅，验之民情，大可见矣。"（《尚书今古文注疏》）]，又有"天亦哀于四方民，其眷命用懋！王其疾敬德！"（《尚书·召诰》）。

至于"验之民情"，古代中国显然没有数字化的验证方式，比如现代的民主选举方式①，但实际上要了解民情并不需要数字化的"准确"统计，因为民情总是表现为直观的或者能直接感受到的社会气氛，而且人们关于民情的直观、对社会气氛的感受似乎从来都不会出错。原因可能是，民情的表现或流露是自然真诚的反应，直接表达了真实的社会选择。而现代的民主投票反而是民情的错误反映，数字虽然显得精确，但产生如此这般的数字的程序却往往导致失真，因为被告知进入了投票选举这个博弈，于是人们就有了斤斤计较的理性选择，就会出现所谓策略选举或不真诚选举和违心选举等情况（可以参考阿罗的"不可能性定理"所证明的完全公正选举的不可能性），而且还会受到偏心的不真诚的宣传误导。既然天命的最后证明只能落实在民心这一直观的确证上，天子保有天命的唯一方法就是"敬德"，即以民为重，体察民情。总之，天命落实在天子的位置上，而不是具体人身上。可以看出，在中国的帝国理论中，"天下"是个具有先验合法性的政治/文化单位，是关于世界社

---

① 这是个非常复杂的问题，似乎西方的民主制度一直没能获得中国人的充分支持，尽管从清朝末年就有人相信民主制度是表达民心的最好方式。尤其有趣的是，有人相信以民为贵的原则本为中国之思想发明，但是实现这一原则的方式却是西方的发明，"其惟泰西之议院"（郑观应：《盛世危言·议院上》）。

会的绝对必然的思想范畴，但是任何具体的政权或宗教统治却不具有先验合法性；"天子"这一位置也具有先验合法性，但是任何具体的皇帝却不具有先验合法性。因此，"天下/天子"意味着一种先验的世界社会和世界制度，是一种世界理论或世界理念。

既然天下/帝国的"无外"原则是个世界尺度的原则，"天下/帝国"的理念，就其理论本身而言，就意味着在整个世界范围内都不包含任何歧视性或拒绝性原则来否定某些人参与天下公共事务的权利，就是说，天下的执政权利是对世界上任何民族都开放的。天下作为一个先验概念，它在关于世界和人民的经验事实之前就已经在概念上既包括了地理上的整个世界，又包括了世界的所有人民。把经验事实当成先验概念来肯定，这在哲学上并不多见。在古代中国，人们所感觉到的或实际上知道的"世界"非常有限，但天下概念本身却事先就意味着至大无边的世界，并不依赖着关于实际世界的经验知识。这一对世界的普遍认同在结构上与罗尔斯的"无知之幕"有些类似。不同的是，罗尔斯以无知之幕为条件所导出的是人人确保自己不吃亏的自私自利原则，而中国以类似无知之幕的条件所导出的却是天下为公的原则。这表明了自由主义对生活的理解是不全面的，非常可能忽视了在个人利益和权利之外还存在着公共利益，尤其是那些与个人利益并非总是吻合的公共利益①。

---

① 比如说，交通规则属于与个人利益非常吻合的公共利益，没有人愿意取消交通规则。但是，自然资源（能源、水和矿物等）以及世界和平、世界公正和社会正义等公共利益就不一定总能与个人或个别国家的私利吻合，因此往往遭到破坏。美国便是典型，其过度地消耗了世界25％的资源而不愿意节制，还经常为自己的利益而发动战争，破坏世界公正。

天下概念这个世界观的基本性质是兼容万事，其"无外"原则是先验的，所以在中国的理解中没有异教徒①。这样就不难理解为什么中国历史上的帝国不仅像其他帝国一样没有明确的地理边界，而且没有文化边界。"天下"概念所具有的兼容并蓄的灵活性和解释力在历史实践中明显地表现出来，例如，历史上元朝和清朝统治中原数百年，它们的统治在后世（甚至在当时）能够被承认并解释为合法的天下王朝；同时，元朝和清朝统治者也都采用了天下理论来建立和解释其统治的合法性，都自认所建立的王朝属于天下/帝国这一模式和传统，如元朝统治者忽必烈把国号改为"大元"这一举动所表现出的天下意识②，清朝则甚至对作为天下/帝国的正统传承有着更加明确和提前的意识与理论论证③。历史上还有其他许多民族曾经不同程度地入主中原，如北朝政权以及辽、金、西夏，虽然只是割据一方，但大多都接受天

---

① 盛洪曾经论证说中国文明在文化上是最宽容的，而基督教是最不宽容的，尽管基督教有"爱你的敌人"这样的伦理原则，但又绝不容忍别的宗教和意识形态，这是自相矛盾的。他论证说，宽容异教徒是证明宽容的必要条件。参见盛洪．为万世开太平：一个经济学家对文明问题的思考．北京：北京大学出版社，1999：113－122。

② 1271年，忽必烈定国号为元，"盖取《易经》'乾元'之义"（《元史·世祖本纪》），"元也者，大也，大不足以尽之，而谓之元者，大之至也"（《国朝文类·经世大典序录·帝号》）。忽必烈认为蒙古概念显得是地方性的，而不足以表达他那个"大之至"的天下帝国。

③ 甚至早在清兵入关之前，满族统治者就对未来的天下帝国有了意识准备。努尔哈赤在给明万历帝的一封信中说："天地之间，上自人类下至昆虫，天生天养之也，是你南朝之养之乎……万物之天至公无私，不以南朝为大国容情……自古以来，岂有一姓之中尝为帝王，一君之身寿延千万……天命归之，遂有天下……或天命有归，即国之寡小勿论，天自扶而成之也。"（潘喆．清入关前史料选辑．北京：中国人民大学出版社，1984：289－296）

下/帝国的想象①。在宋、辽、金时代，由于各方实力相当，因此只是逐鹿天下的竞争者，而在媾和时则成为暂时分有天下的"兄弟之邦"，甚至更为"正统"的宋往往还要向辽、金进贡。无论是中原对外族的承认还是外族对中原思想的接受，都显示了天下/帝国概念的开放性。现代中国在西化的运动中更显示出极端的开放性，百年来世界的现代化运动与西化运动是基本同一的，东方国家以及几乎所有第三世界国家基本上都接受了西方的现代社会/政治制度、经济制度和物质文明，但只有中国进一步发生了文化最深层的、釜底抽薪式的文化革命。中国现代文化革命表现为在整个文化理念、基本价值观和语言上的革命——这里"革命"主要是在中国传统概念上使用，即不仅指社会制度和社会结构的根本改变，而且指这些改变合乎新的天命。因为西方文化被认定为代表着新的天命，所以其在中国可以顺理成章地获得合理地位。可能没有别的国家是像中国这样推翻了自己传统的意识形态和价值观，而代之以"他者"的意识形态和价值观②。接受一种新的物质文明并不会也并不必然要

①　后晋皇帝石敬瑭称臣于辽太宗或许是中原皇帝由外族皇帝册封的最早事例。而辽太宗进一步决定成为中原模式的皇帝，公元947年采用中原礼仪宣告成为中国式皇帝，并改国号为"大辽"，改年号为"大同"，其含义与"大元"相似，都源于"天下/帝国"理论。金太祖采纳杨朴的建议，"大王创兴师旅，当变家为国，图霸天下……愿大王册帝号，封诸蕃，传檄响应，千里而定"（《三朝北盟会编·女真纪事》），金太祖听到天下概念大感兴趣。而金海陵王试图迁都至开封，也是基于天下帝国的理由，他自认已经"君临万国"，而都城仍然偏居一隅，不能"光宅于中土"，实在不合道理（《大金国志·海陵炀王》）。

②　五四运动扛倒了孔家店之后，经过选择，中国接受了马克思主义作为基本意识形态和价值观，而个人主义和自由主义也成为一部分人的意识形态和价值观。当年陈独秀在《吾人最后之觉悟》一文中论证说："吾人果欲于政治上采用共和立宪制，复欲于伦理上保守纲常阶级制……自家冲撞，此绝对不可能之事……存其一必废其一……伦理的觉悟，为吾人最后觉悟之最后觉悟。"这多少说明了文化革命的理由。

求从根本上改变一种传统文化，中国现代发生的文化革命如此剧烈，其背后必有宏大思想根据。正是天下概念决定了中国没有文化边界。

### 4. 分析的单位及其后果

正是天下/帝国的这种开放性使得它具有完全不同于民族/国家的价值标准。天下作为最高的政治/文化单位意味着存在着比"国"更大的事情和相应更高的价值标准，因此，并非所有事情和所有价值都可以在"国"这个政治单位中得到绝对辩护。就是说，有些事情是属于天下的，有些事情是属于国的，有些则属于家，如此等等，不同层次的事情必须从不同角度加以理解。如老子所说："以身观身，以家观家，以乡观乡，以邦观邦，以天下观天下。"（《道德经·第五十四章》）老子这一原则可能是"天下体系"最好的知识论和政治哲学，它意味着每个存在单位或政治单位都有着属于自己的、不可还原的利益和主权，于是就意味着：既不能随便以一个层次单位的要求来牺牲另一个层次单位的利益，同时又意味着一个规模更大的层次单位必定存在着比小规模层次单位多出来的公共利益。按照老子的原则，既然世界存在，那么就存在着属于世界的而不是属于国家的世界利益，只有承认和尊重世界利益，才能形成对世界中任何一种存在都有利的天下体系。天下体系与"世界体系"（world-system）有所不同，尽管天下体系也可以看成是世界体系的一个最佳模式或乌托邦，但它至少与历史上存在过的世界体系有本质不同。按照沃勒斯坦的观点，世界体系是"一个社会体系，它具有范围、结构、成员集团、合理规则和凝聚力。世界体系的生命力由冲突的各种力量构成，这些冲突的力量由于压力的作用把世界体系结合在一起，而当每个集团不断地试图把它改造得有利于自己时，又使这个世界体系分裂了"①。显然，世界体系是由国家之间的冲突和互相合作形成的，其中起决定性作用的是国家利益。而天下体系强调的是，存在着某些世界公共利益，这些公共利益的力量大到"一荣俱荣，一损俱损"的程度，以至于没有一个国家愿意破坏这些利益。如果与纳什均衡进行比较的话，似乎可以说天下体系能够创造一种"天下均衡"，它是这样一种最佳均衡：不但满足帕累托最优，而且满足"一荣俱荣，一损俱损"的互蕴均衡（p iff q）。

与老子所表达的思考单位系列略有不同，作为中国思想主流的儒家的思考单位系列通常表达得更为简练②，分别有家、国、天下。一般而言，"家"和"天下"这两个概念在中国思维中最具支配性地位，并且以此形成基本的解释框架，就是说，"家"和"天下"这两个概念被赋予比其他所有可能设想的思考单位更大的解释能力或解释权力（而西方思想则以"个人"和"国家"作为解释框架）。赋予某些概念或思考单位更大的解释权力是思考社会/生活问题的一个必要的思维经济学策略：人没有无穷多的时间可以做所有的事情，所以必定需要选择，做事情需要选择，解释事情也同样需

---

① 沃勒斯坦. 现代世界体系. 第 1 卷. 北京：高等教育出版社，1998：460.

② 道家比较关心个人生命，所以老子的分析单位中有"身"（个人），对于道家来说，个人不仅是个利益单位也是个道德单位。儒家并不否认个人利益，但似乎倾向于以家庭作为伦理基本单位。当然儒家并不忽视"身"，只不过儒家是在修养的意义上重视"身"。如孟子曰："天下之本在国，国之本在家，家之本在身。"（《孟子·离娄上》）

要选择，优先被选择或被考虑的东西就具有更大的支配性权力或话语权。不同的价值排序会产生不同的社会生活，于是，选择什么样的价值排序，又成为关于价值选择的元问题（这个问题非常复杂，在此不多讨论）。比较简单地说，现代西方的价值重心落在"个人"和"民族/国家"上，其中的极端重心是"个人"，当一个事情被追问到最后解释时，问题就还原到个人价值上；而传统中国的价值重心则落在"家"和"天下"上，其中的极端重心是"家"，同样，当需要最后解释时，问题就还原到"家"。因此，在中国思维中，国就被解释为只不过是比较大的家，天下则是最大的家，所谓四海一家。在这个思维模式中，天下各国以及各民族之间的冲突实质上只是各个"地方"之间的矛盾，而不是现代理论所认为的国家和民族之间的矛盾。

"家、国、天下"这个政治/文化单位体系从整体上说是"家"的隐喻，所以，家庭性（family-ship）就成为大多数中国人理解和解释政治/文化制度的原则①。家、国、天下由于贯穿着家庭性原则而形成大概相当于三位一体的结构。按照家的隐喻，天子虽然拥有父母般的管理权力，但也必须对子民尽父母般的关怀义务②。按照这种设想，除了远古的面目含糊的圣君尧、舜、禹、汤之外，实际上的皇帝对义务的实践总是非常可疑的。天下/帝国始终是个乌托邦，是尚未实现的理想，但确实是作为理念和标准而存在。

---

① 历史上只有很少的中国思想家相对轻视家庭以及以家庭关系为基础的伦理体系，例如商鞅认为儒家所鼓吹的家庭性伦理实际上鼓励了人们不关心社会公共利益，因此社会性的法律是更重要的（参见《商君书·开塞》）。

② 《尚书·洪范》中有："天子作民父母，以为天下王。"

在选择政治/经济理解的出发点上，个人和家庭都是同样显眼的自然事实，中国思想选择"家"作为制度的最后根据，这一点往往归因于，如果从人类学和社会学的角度看，古代中国的农业社会（或费孝通著名的说法"乡土社会"）的结构，据说由于农业社会的基本经济单位是家庭，所以强化了家庭的重要性，并且赋予了其伦理意义。这是个重要原因，但恐怕并不充分。问题是，不同的选择会导致不同的理念或哲学效果。在中国传统语境里，家庭是一个具有自身绝对性的、不可还原的最小生活形式，而且任一个体都必须通过他在家庭中的存在而获得作为这个特定个体的意义（这一点和马克思主义所认为的人的本质是社会关系的总和的观点相当接近）。如果不在家庭中存在，那么一个人就无法被定义为某人，就是说，当我们说到"存在着某个体 a"，必定是在说"存在着某个体 a，当且仅当，$(a \wedge b) \wedge (a \wedge c) \wedge (a \wedge d) \cdots\cdots$"。个体 a 的意义必须表现在它与家庭的其他成员的关系中。这直接否定了个体具有自足的价值（所以中国传统主流与个人主义格格不入）。也许可以说，假定选择了"家庭"作为政治理解的出发点，由于家庭的逻辑性是"并且"（$\wedge$），那么要维护这一"并且性"就必然重视和追求"关系""和谐""责任"以及"和平"等系列概念；而假定选择了"个人"作为政治理解的出发点，由于其逻辑性是"或者"（$\vee$），于是就必然更关心和追求"权利""主权""利益"与"征服"等系列概念。

传统中国意义上的家庭不能简单地理解为西方意义上的那种由个体组成的"共同体"（community），共同体是两个以上的自足个体的协议组合，而在中国，家庭则是一种先在的人际制度和给定的生活场所，它具有纯粹属于家庭概念的先验生活形式和道德意义。简单来说，家庭是个先验形式，个体形成家庭只不过是"进入"了家庭这一先验形式而不是"组成"了家庭。个体自身不足以使他成为具有完整或成熟人性的人，而家庭正是个体将其自然本性（所谓"性"）实现为社会人性（所谓"德"或"人道"）的必要条件或前提①。像"天下"概念一样，"家庭"也成为一个理想化的先验概念，它的所指是理想化的家庭（显然实际上大多数家庭并不能达到理想指标）。按照这个理想概念，家庭应该是生活中利益计较趋于最小化的一种生态环境，应该最有利于发展人与人之间无条件的相互关心、和谐和相互责任。于是，"人性"和"家庭性"便在理想条件下被认为是一致的。就儒家思想传统而言，家庭性几乎构成了对人性的完全充分论证，所谓："上治祖祢，尊尊也；下治子孙，亲亲也。旁治昆弟，合族以食，序以昭穆，别之以礼义，人道竭矣。"（《礼记·大传》）

如果还需要关于家庭性作为人性原则的直观确证，那么可以注意到中国哲学基本上都使用了"情感证明"。孔子所以把"亲亲"看成是万事之本，就是因为"亲亲"是无可置疑的直接事实和所有情感的开端。显然，亲情是无条件的感情，人类所有其他有条件的

① 关于人的自然本性和社会人性，中国哲学家有大量的讨论。简略地说，自然本性是由告子最早定义的"生之谓性"（《孟子·告子上》）或荀子定义的"凡性者，天之就也……不可学、不可事而在人者谓之性"（《荀子·性恶》）；社会人性则是孟子定义的"人之所以异于禽兽者"（《孟子·离娄下》）或朱熹定义的"'德性'犹言义理之性?"（《朱子语类·卷第六十四》）。

情感都视与亲情的距离远近而确定。在儒家看来，感情的亲疏正是伦理规范的绝对基础，甚至所谓文化也无非是人类各种情感关系的恰如其分的制度表现①。"亲亲"的绝对性表现在它的直接性上。这一确证在结构上的完美性可以与笛卡尔"不能怀疑我在怀疑"的论证或者胡塞尔"我思其所思"命题相比。孔子关于"亲亲"的论证甚至有着更强大的力量感，因为它很可能是我们在情感事实方面所能够想象的唯一绝对的论证。而这一情感证明的文化后果是巨大的：既然在实际生活中能够找到人类情感的绝对支持，那么就不需要超越人类情感的信仰（这或多或少能够解释为什么中国人不需要宗教）。情感证明是直证，是可以实现的普遍事实，而超越的宗教世界是不可证明的②，不可证明就等于人人都可以给出对自己有利的解释，而且没有理由接受任何其他人的解释，所以宗教是形成所有不可调和的冲突的根源。

既然家庭性被假定能够充分表现人性，那么，家庭性原则就是处理一切社会问题、国家问题乃至天下问题的普遍原则。儒家声称只要人道/家庭性原则万世不移，那么在其他事情上都可以

---

① 《礼记·三年问》曰："称情而立文。"

② 在中国思想里，相信某些东西是必要的，但是信仰某些东西则没有必要。《论语·雍也》曰："务民之义，敬鬼神而远之，可谓知矣。"中国式的智慧就是在力所能及的实践范围内找到思想和行动的绝对根据。当然，人们可以信仰某种实践之外的东西，但不可以真的相信它。如果利用维特根斯坦的"不可说"的概念，很显然，我们可以信仰某种不可说的东西，但却不能相信它，因为我们不能相信某种我们不知道的东西。假如我们盲目地相信某种不知道的东西，那么，从逻辑上说，我们被正确地引导或者被误导的机会相等。关于这一点可以参考柏拉图《美诺篇》的"美诺悖论"：尽管我们遇到了我们在寻找但不知道的东西，但既然不知道，那么我们不可能知道那就是我们在寻找的东西。

根据实际需要而进行移风易俗，于是"圣人南面而治天下，必自人道始矣"①。如果理解了家庭性是处理天下万事的基础原则，就不难理解"天下"概念所蕴含的世界先验完整性和先验和谐——天下和家庭性之间构成一种循环论证。一般来说，当试图论证任何一种基本观念时，几乎无法避免地会遇到"循环论证"或者"无穷倒退"这样的情况，我们很难想象还有第三条道路，因此很难完全消除怀疑论②。但是至少可以肯定循环论证比无穷倒退要好得多，而且还存在着一种特殊的良性循环论证，它不仅不构成知识论困难，相反还构成知识的严格的绝对基础，即所谓的超验论证。天下和家庭性之间很可能存在着超验论证的结构。

家庭性所意味的幸福必定基于它的完整性和和谐，这一真理是分析性的，因此是绝对的——显然，父母与子女、夫妇之间的幸福是互为条件和互相促进的，所以家庭的完整性和和谐是每个成员各自幸福的共同条件——那么，任何不利于完整性和和谐的事情也就被先验地定义为不可接受的事情。于是有这样一个一般性模式，关于幸福、和谐或和平的唯一有效原理就是，给定一个共同体或人际制度，它必须能够满足：

---

① 《礼记·大传》："圣人南面而治天下，必自人道始矣。人道，谓此五事。立权度量，考文章，改正朔，易服色，殊徽号，异器械，别衣服，此其所得与民变革者也。其不可得变革者则有矣，亲亲也，尊尊也，长长也，男女有别，此其不可得与民变革者也。"

② 宗教的解决也许算是第三条道路，即给定一种信仰，不许怀疑，不许争论。但这不是知识论的解决而是政治性的解决。如果从知识论角度看，信仰的解决是完全不成立的，因为如果能够任意相信某种东西，那么在逻辑上就可以随便相信另一种东西，并且任何人都可以以任意的理由来拒绝其他人的思想。所以，宗教的解决是知识的堕落和意识形态冲突的根源。

（1）这个共同体的完整性是任何一个成员各自幸福或利益的共同条件。

（2）这个共同体的总体利益与任何一个成员各自的利益成正比，或者说集体利益与个人利益总是挂钩或一致，因此任何一个成员都没有反对另一个成员的积极性。

按照这一完美共同体的标准，家庭性模式是最合格的。于是，当我们幻想世界的幸福、和谐或和平，至少在理论上，就有理由把家庭性原则推广应用到整个世界。当然这一推论并非逻辑推论，即并不能由家庭的和谐模式"推理"出天下的和谐模式，这种推论是数学的"映射式"的，即既然家庭模式在形成和谐关系方面具有优越性，那么，如果把天下建设成家庭模式就也能够形成和谐关系。这种映射式的推论是中国思维惯用模式。

但是，对由家而国至天下这一推广并不是没有任何疑问。至少有一点是相当可疑的。家庭是人的情感中心，其他情感关系则围绕着这一中心按照其亲疏程度层层向外远去（按照费孝通的比喻，它呈现为波纹同心圆的结构①）。这就很容易想象，当情感关系走到非常疏远的层次时，淡化了的情感就恐怕无力再来维持家庭性模式的互相爱护了，就是说，家庭性原则会在情感的淡化过程中消于无形。看来，由家庭性而世界性的推广还缺乏某些实践条件。不过家庭性模式仍然是世界模式的理想，这一点不成问题。费孝通对家庭性模式的著名批评恐怕是对经典理论的误读，费孝通认为，《大学》

---

① 费孝通. 乡土中国. 北京：生活·读书·新知三联书店，1985：25.

里的"古之欲明明德于天下者，先治其国；欲治其国者，先齐其家；欲齐其家者，先修其身……身修而后家齐，家齐而后国治，国治而后天下平"这段经典论述意味着一个自私的制度："一个人为了自己可以牺牲家，为了家可以牺牲党，为了党可以牺牲国，为了国可以牺牲天下。"① 这样的结论在逻辑上是推不出来的（不过有趣的是，商鞅倒是早就有类似的解读："其道亲亲而爱私。亲亲则别，爱私则险"）。费孝通把"自我中心"的思维归于中国主流文化难免让人迷惑（自我中心的思维倒是西方现代个人主义价值观的典型表现，而且表现为一些典型的西方哲学概念如"个体""主体""个人权利"。中国固然也有自我中心的理论，如杨朱的利己主义和道家个人生命价值理论，但这些都不是中国的制度主张）。真实情况可能是个理论与实践的差距问题：儒家的家国天下理论是一个事实上总也做不到的乌托邦，却不能说成是一个自我中心的制度主张，由于它有着实践上的局限性，理想难以实现，所以人们观察到的社会学事实并非理想的社会主张。如何改进家庭/天下理论使得社会以至世界的和平和谐在实践上也具备可能性，这才是重要的问题。

## 5. 制度最大化问题以及作为完成式的和作为使命的世界

就历史的情景（context）或历史发生学而言，天下理论所直接设想的是一个天下/帝国，但就其理论的深层意义来说，它蕴含着

---

① 费孝通. 乡土中国. 北京：生活·读书·新知三联书店，1985：27.

关于"世界"的饱满概念和世界制度的先验理念，即作为天下体系的世界制度。天下理论最重要的创意就在于它的世界概念以及世界制度的先验理念，尽管历史上实际存在的帝国从来没有很好地表现这一理念，但这个关于世界制度的先验概念始终是天下/帝国的深层结构，而天下/帝国则是它的某个表现模式。我们无法断言天下/帝国是不是天下体系的唯一可能的表现模式，但很可能是天下体系的一个有效模式。正如前面说到的，以人类本性和生活欲望作为约束条件，我们所能够设想的社会制度的花样并不多。许多思想家都希望能够在理论上（也就是提前于充分的实践经验）分析出哪一种社会制度对于人类生活是最适宜的。通过理论分析而发现最佳选择其实可以看成是人类心智的精明之处，也最合乎经济学，因为通过实践经验来选择很可能是不能承受的代价，历史不仅是不可重复的，有时候还很可能是不可逆转的，即一旦错了就永远错下去，即使知道错了也没有条件改正错误（潘多拉盒子模式）。自马克思以来的批判理论就是在不断提醒人们，现代性所带来的社会发展是以扭曲人性为代价的，而且这种错误很可能难以逆转。不过，自由主义思想家们则致力于论证，在给定自私和贪婪人性的约束条件下，自由主义社会制度已经足够好了（所以才会有历史的终结的说法），如果有更好的，那就是不现实的。自由主义论证相当有力，但是有一个无法回避的困难：自由主义社会制度总是仅仅在"国内社会"的约束条件下有效，它不能超越国家这个约束条件，因此它不能满足制度最大化和普遍化的要求，不能成为一种对所有规模的社会都有效的社会制度。这是一个致命的问题，也是经常被忽视的问题。

　　所谓制度最大化和普遍化是指，如果一个社会制度是最好的，那么它必须能够成为一个普遍有效的社会制度，以至于能够尽可能地扩展成为在任何一个政治/社会单位上有效的社会制度，否则它就是个不彻底的社会制度。一个社会制度之所以需要成为普遍有效的，至少有这样一个基本理由：各种政治/社会单位并非各自独立互相无关，而是互相影响、互相制约着的，尤其是这些政治/社会单位之间的关系是包含关系，即按规模层次一个包含另一个，于是，规模比较大的单位就形成了比较小的单位的外部环境和存在条件（这一点在全球化时代变得更加突出），如果忽视一个社会的外部环境（尤其在今天的世界），或者说各个层次的单位之间没有一致性，几乎必然要产生无法控制的混乱、失序、矛盾和冲突。因此有理由认为，假如一个社会制度不能成为世界性制度，那么它就不是一个完善的制度，它就还没有能力建立人类生活所必需的完整秩序。社会制度的最大化和普遍化必须被看成是一个社会制度的必要指标。

　　缺乏世界性制度的原因除了历史和现实所给定的实践困难之外，思想上或理论上的原因是人们在理解世界时缺乏理论准备，没有给予世界一个世界观。只有能从世界的整体性上去理解世界，才能有"世界观"，否则就只是关于世界的某种地方观，只不过是"管窥"（the view of the world from somewhere），就不会关心世界性利益。在这个意义上，"天下"作为一种世界观的重要性就危险起来。"天下"所认定的世界是个在概念上已经完成的世界（conceptually completed world），是个已经完成了它的完整性结构的世界，它承诺了世界的先验完整性。既然世界具有先验的完整性，那么世界的存在论意义就在于保护其内在和谐。基于这种完成式的世界概念，世界的历史就不可能有一个进化论的终点，即一个要等到最后才实现其目的性（finality）的目的地①。对于天下理论，历史是维持世界先验理念及和谐状态的无穷过程。可以看出，天下的世界观深刻地影响着中国的历史观，这种历史观以理解生命和生态的方式去理解存在，即存在（being）的目的在于维持良好的存在的状态（state of being），而不是为了存在之外的某种目的。所以中国总是以存在状态的情况去分析历史，特别是以"治/乱"模式去判断一种存在状态是否良好②。

西方对世界的理解可以看成是与此不同的典型例子。西方对世界的理解，无论是帝国的还是帝国主义的，都把世界看成是分裂的，把世界的完整性看成是尚未完成的历史使命（往往同时又是宗教使命）。一旦把世界的完整性看成是"使命"而不是给定的概念，就不可避免地为了克服所想象的分裂而发动战争，进行殖民，从事政治、经济和文化的征服。西方对征服的迷恋不是出于恶意，而是出于作为意识或潜意识的"使命感"。可以看到，天下/帝国理论与帝国主义理论在对世界的理解上有着顺序颠倒的结构。天下/帝国的理论是个由大至小的结构，先肯定世界的先验完整性，然后在给

---

① 黑格尔、马克思和福山式的历史终结论对于中国哲学来说是不可理喻的，如果不假定一种 finality，就无所谓 the end of history。

② 关于"治/乱"模式，我在另一篇论文《历史知识是否能够从地方的变成普遍的？》中有更多的讨论。参见赵汀阳. 没有世界观的世界. 北京：中国人民大学出版社，2005：113。

定的完整世界观念下分析各个地方或国家的关系。这是世界观先行的世界理论，而帝国主义是由小至大的结构，先肯定自己的民族和国家的绝对性，然后以自己国家的价值观把"其他地方"看成是对立的、分裂的和未征服的。这是没有世界观的世界理论。也许我们无法比较哪种理论本身更正确（因为在社会和历史方面没有绝对真理可言），但假如我们需要世界正义、世界制度和世界和平，那么天下理论更有助于达到这些目标。

与天下这一先验概念相配，天下的完整性是依靠内在的多样性的和谐来维持的，因此又有一个关于世界和谐的先验原理，即所谓"和"。一个东西本身无所谓"和"，因为没有什么可以与之构成"和"，必须有两种以上的东西才能够形成"和"。然而，假如只有一种东西存在，不是更具典型的完整性吗？对于完整性而言，"和"似乎是多余的。关于这个问题，中国哲学在至少 2 000 年前就进行了不同寻常的深入反思，其中关键的论证是这样的：

（1）至少两种以上东西之间的和谐是任何一种东西能够生存的必要条件，就是说，单独一种东西靠它自身不可能生存，任何一种东西都不得不与另一种东西共存，于是，共存（co-existence）成了存在（existence）的先决条件。

（2）足够多样的东西才能够使任何一种东西具有魅力或者说具有价值和意义，因此，足够多样的存在方式是生活意义的基础。经典的表述有："道始于一，一而不成，故分而为阴阳，阴阳合和而万物生"（《淮南子·天文训》）；"和乃生，不和不生"（《管子·内业》）；"夫和实生物，同则不继。以他平他谓之和，故能丰长而物生之，若以同裨同，尽乃弃矣"（《国语·郑语》）。基于这样的考虑，只有多样的和谐这一模式才能够同时满足世界的完整性和生命力的双重要求。不过应该指出，这样两个论点都是出于直观的，这样的直观虽然神奇而且实践经验也几乎总能够给予验证，但却不能被绝对地证明。不过，假如再加上一个约束条件"对于人类生活而言"，这两个论点就可能在某个超验论证中被证明。

### 6. 不完美的帝国实践

天下理论显然过于完美，往往被认为只属于古老的圣贤时代（其实，即使圣贤时代的完美性是想象的，也未必真的完美）。不过重要的不在于理想不能实现，而在于理想是必要的标准。没有理想就等于没有尺子。尽管事实上的古代中国帝国的确与天下/帝国理想有相当的距离，以至于在许多方面只不过是个寻常模式的帝国，但古代中国帝国毕竟在文化追求上一直试图按照天下/帝国的文化标准去行事。至少有这样几个方面是明显的：

（1）在天下一家理想的影响下，在中国的意识里不存在"异端意识"，于是，中国所设定的与"他者"（the others）的关系在本质上不是敌对关系，其他民族或宗教共同体都不是需要征服的对象。这不是说古代中国与其他民族和宗教共同体没有冲突，关键是，那些冲突在本质上只是地方利益的功利冲突，而不是在精神上或知识上否定他者的绝对冲突，因此所有冲突都不具有不共戴天的性质。这显然要归因于"天下"与"天"一样都是不可分的公共空间和公有资源这样一个理念。

（2）天下公有而为一家的意识还抑制了天下/帝国作为军事化帝国的发展趋势。按照"天下"概念所理解的帝国不是一个超级力量的存在。事实如此，古代中国帝国在人口和经济方面都非常突出，但按照比例，其军事实力并不十分强大，以至于西北人口很少的少数民族军事集团永远成为中原帝国之大患①。天下/帝国的理想追求不是征服性的军事帝国，而是文化帝国，而且这个文化帝国也不是致力于普遍化自身的统治性文化帝国，因为中国式的文化帝国以"礼"为基本原则而形成自我限制。

（3）天下/帝国所设想的根本不是一个国家。如果说全世界变成一个国家，这个说法在逻辑上显然没有意义，那么天下/帝国设想的是一个世界制度。它把世界理解为一个完整的政治单位，这种理解在民族/国家思维模式中是不可能的。天下/帝国虽然是一个完整的政治制度性存在，但它允许按照各个地方分成许多"国"，就是说，天下制度是共享的，但是各个地方在经济、政治和文化上是独立的。

（4）在天下/帝国的理想指导下，既然空间问题（土地的征服和空间占有）不是根本问题，那时间问题就被突出。古代中国王朝帝国确实重视"时间性"问题超过"空间性"问题，即它总是优先思考帝国的持久性而不是领土的开拓。这样，帝国的主要问题就是制度的持久性，也就是所谓的"千秋万代"问题。中国帝国制度设

---

① 即使在似乎很强大的王朝如汉、唐、明、清，西北威胁仍然严重，更不用说像宋这样比较弱的朝代。但是元帝国除外，元帝国仍然是军事帝国的模式。历史上个别"穷兵黩武"的皇帝也除外，他们对军事征服的兴趣应该归于其个性，而与帝国理论无关。

想者们的思考重心显然不在经济发展速度和管理效率的最大化上，而是在生活方式的稳定性和社会和谐的最大化上，因此总是以最大限度减少社会冲突和规避冒险性发展作为基本原则。这大概是几乎所有王朝都选择了儒家制度的一个原因，因为儒家制度具有无可匹敌的稳定性。但是我们绝不能认为儒家制度是一个足够好的制度，就儒家制度所能够提供的可能生活而言，它有着非常严重甚至不可接受的局限性（我们不能遗忘鲁迅对表面温厚但处处都在"吃人"的儒家制度的深刻批判），何况这个制度在今天已经失效（回归儒家社会是个不切实际又毫无想象力的主张）。当然，我们所熟悉的儒家社会其实是以宋明儒学为原则的退化了的或歪曲了的儒家社会，并非原本意义上的（fundamental）儒家社会①。

（5）由于天下/帝国不是个国家，而是世界性政治单位，于是在天下/帝国这个概念下的"国际关系"就不同于通常意义上的国际关系。天下单位之下的"国"不是民族/国家，而应该说是"地方性统治"。在汉语中，"国"在最开始时本来指的是王都以及地方都城。商周时代人们对天下范围有着纯概念的想象：在天子的直辖地之外一圈一圈地围绕着各个伯侯之国，这些属国与天子之间存在着朝贡关系。秦始皇一统六合，虽然不能说天下尽属王土，但也几乎海内尽属王土，于是整个中原都变成了王朝直辖地，在王朝辖地之外的地方就在理论上变成了环绕着的各国。原来规模比较小的天

---

① 中国早期古代生活显然存在着很大的自由生活空间，但宋明以后的儒家原则发生了无节制的自身膨胀，以至于取消了生活的所有方面和所有细节上的自由，变成了严重压抑的社会。

下视野就在结构上映射到规模比较大的天下视野中。而由于那些遥远的地方并不属于同一文化体系，而且也较少往来，于是原来的"法定朝贡体系"就转化为"自愿朝贡体系"，即中原正统王朝虽然认为其他国家应该尊崇天下王朝而发展朝贡关系，但并不强迫他们这样做。朝贡的自愿性从表面上看似乎是由于王朝的控制能力有限，但更重要的原因应该是中国关于礼的理解，而礼被认为是处理人际和国际等一切"际间"关系的普遍原则。

### 7. "礼不往教"原则

特别需要讨论的是"礼"这一充分表达了中国心灵的实践原则。礼的精神实质是互惠性（往来），所谓"礼尚往来，往而不来，非礼也；来而不往，亦非礼也"（《礼记·曲礼上》）。这种中国式的互惠性虽然也包括经济意义上的互惠，但似乎更强调心之间的互惠，即心灵的互相尊重和应答。如果说经济上的互惠能够带来利益，那么心灵的互惠则产生幸福，所以心灵互惠是更加深刻的互惠。由礼所规定的社会关系被认为是最优的，因为据说它表达了人性基本原理"仁"。仁的直接意义是"二人"，这一语义结构意味深长。仁的更古写法为"忎"，似乎表达的是千心所共有的人性或共同认可的人性原则，可以理解为对人性的普遍意识，即仁是人的普遍要求①。因此可以想象，二人关系的人性要求就是众人关系的人性要求的最基本模式，因为二人关系是最基本的人际关系。

---

① 从千心变化而为仁，其中的理由似乎并无确切记载，但从孔子的学生不断问仁，至少可以说明孔子对仁的用法包含有新的含义，所以需要不断加以解释。

　　不过"二人模式"是可以争论的。至少从现代社会的结构来看，把众人关系还原为二人关系似乎有些太片面，更合适的基本模式可能是三人关系。一个重要的理由是，一个社会，不仅是现代社会，也总是包括陌生人的。尽管古代中国社会相对来说也是个熟人社会，但陌生人仍然存在并且同样构成问题。三人模式可以解释为"至少存在着一个陌生人的人际关系"。但如果进一步看，会发现孔子的二人模式另有道理，他试图说明的是人类所能够指望的最好人际关系的伦理条件，而不是关于社会的科学描述的经济学或社会学条件，所以在这个意义上，二人模式仍然是最优的。道理很简单，在二人关系中，另一个人必定是自己的存在条件以及生活意义的条件，失去另一个人而只剩下自己的话不仅难以生存，也没有意义。因此，二人模式是发展和谐关系的最优模式。列维纳斯也有类似的见识，在二人面对面的关系中，另一个人就不再是形同路人的"他"，而是变成了与我息息相关的"你"，因此二人模式是一种"我与你"的亲密关系模式，其中人之间的互相尊重和关心成为无条件的。不管是孔子还是列维纳斯，都是想论证道德的先验条件。正是基于二人模式的条件，孔子才能够提出"己所不欲，勿施于人"（《论语·颜渊》）和"己欲立而立人，己欲达而达人"（《论语·雍也》）这样的道德完美主义原则。

　　仁这个"二人模式"的幸福境界就成为分析社会和生活的伦理学原则与好生活/好社会的乌托邦。正如前面论证的，二人模式是发展和谐、幸福以及和平的最优条件，因为在二人模式中，要最大化自己利益的唯一可能途径就是同时去最大化他者的利益，否则必定会损害自己的利益。这就是孔子名言"己欲立而立人，己欲达而达人"的深层含义。当然，这个二人模式不是指只有两个人的社会，而是指众人之间的人际关系达到相当于二人关系的良好水平。不过，由于存在着利益冲突，所以在实际上并不能真的在所有人的关系中实现互惠，于是，仁就不得不限制在具体情景中，人们只能在某些特定关系中才能发展超越利益互惠的心灵互惠（reciprocity of hearts）。所谓"义"和"礼"就被发展为实现仁的具体规则。

有一个非常典型的义气规则是"豫让原则"①，即给定特殊的人际关系，别人给我什么样的价值待遇（不等于物质待遇），我就以配得上这种价值待遇的行为作为回报。豫让原则是伦理原则和策略原则的结合，就其行为策略来说，非常接近于在现代博弈论中据说被证明为在长期博弈中最成功的"回应性"模式，即首先采取与他人合作的策略，但以后的每个行为步骤都在模仿他人的上一个步骤基础上做出回应。这充分体现了以他者而不是以自己为思考核心的"他者性原则"。

礼方面的一个重要原则是自愿原则。这个原则一直没有被充分表述，但它是明显存在的。中国伦理强调的是"以身作则"，而不是把自己的价值观强加于人（后者是西方的"传教"模式）。中国伦理的基本原则（例如孔子原则）表面上看起来有些类似于西方的金规则，有些西方学者就这样认为②，但这是典型的貌合神离，其

① 参见《史记·刺客列传·豫让者》。
② KÜNG H, KUSCHEL K J. A global ethic：the declaration of the parliament of the world's religions. London：The Continuum Pub.，1993.

本质区别在于西方的哲学假设是主体性原则而中国的哲学假设是他者性原则。因此西方的金规则的眼界就比较狭隘，它只能按照自己的价值观去定义什么是不应该对他人做的事情，而没有考虑他人对生活的不同想象。这一缺陷使西方伦理原则只能满足形式或程序上的公正而不能满足实质上的公正。中国哲学显然考虑到了他者心灵——他人的价值观、生活想象和情感方式——是不可还原的，于是在与他者的关系中引入了自愿性原则。如《礼记·乐记》所说："同则相亲，异则相敬……礼者，殊事合敬者也；乐者，异文合爱者也。"《礼记·曲礼上》中说："礼，闻取于人，不闻取人。礼，闻来学，不闻往教。"等待别人来学与强加于人显然是完全不同的原则。于是，不管认为自己的文化多么优越，都不能因此就认为自己的文化有更大的权利去获得普遍化。这其中显示的正是他者性原则。

历史事实显示，古代中国帝国在扩大其文化影响方面的确实践了"不取人、不往教"的原则，尽管古代中国帝国连续 3 000 年保持着优势的帝国文化，但是其文化影响的扩大速度非常缓慢，基本上只影响了近邻地区，甚至几乎只限于其属国范围。相反，中国一向有吸收外来文化的传统，如对佛教和现代欧洲科学文化的引进。可以说，以"礼"和"仁"为表里而定义的天下/帝国想象的是一种能够把文化冲突最小化的世界文化制度，而且这种文化制度又定义了一种以和为本的世界政治制度。文化制度总是政治制度的深层语法结构，亨廷顿也意识到了这一点，所以在文明关系上重新审视了国际关系，可是他只看到了冲突，这毫不意外，因为这只不过是在主体性思维和异端模式主导下的通常想法。

# 二、天下理论与当代问题的相关性

## 1. 联合国模式

按照家庭性关系而想象四海一家的天下/帝国模式有时候会让人联想到今天的联合国模式，它们或多或少具有相似性，比如它们都被假定是某种世界组织，而且有义务解决国际冲突、维护世界的和平与秩序。然而它们的差异则是本质性的。就事实而言，天下/帝国模式尽管在实践中远远没有达到预期的标准，但已经在中国古代许多朝代的实践中被证明比较成功地维护了和平、社会秩序和传统的延续。而联合国的实践却不能说是很成功的，它在保证世界和平和世界秩序方面显然有非常大的局限，而且联合国几乎没有能力创造世界性的公正体系，何况它的有些成就在今天还可能面临被超级大国毁于一旦的风险。从根本上说，联合国的概念并不是一个清楚的理念，它没有提供一种世界性的社会/生活理想。在缺乏相应的世界性理想的情况下，一种世界性的制度是可疑的和没有确定性的，它不能为自身辩护从而没有能力去解释和解决世界性问题，所以与其假定的身份不匹配。而就世界的理念而言，天下理念却是基本清楚的，它是个世界乌托邦，不是一般意义上的帝国，而是世界社会制度，它指望的是有着共同的世界理念却不存在着霸权的天下体系，在其中，和谐、沟通和合作通过一个共同认可的世界制度而得到保证。当然，联合国之所以虚弱自有"各方面的"实际原因。在这里我们只分析其理论假设方面的缺陷。

为了更单纯地在理念层面上进行分析，我们回避天下模式和联合国模式在历史语境中的具体得失成败，而只考虑它们的理念和假设。天下模式预设了世界的先验一体性（oneness a priori）。如前面所论证的，既然天下是个先验理想，那么，世界中的所有可能生活就被认定为天然合法的，因为生活方式的任何可能性都是世界一体性的可接纳部分，甚至是构成生活意义的必要条件。当然，这一逻辑包含着一定的危险性，因为的确存在着某些可能生活是危险的或有害的。这一点可以这样解释：天下理想在可能生活上并非完全没有限制，凡是与天下理想得以成立的条件（至少包括"世界完整性"原则以及"和谐"原则）相冲突的生活方式就被认为是不可接受的。那些危险的生活既需要获得天下模式的支持又准备破坏天下模式本身，而按照"超验论证"的标准——任何一个东西 p 不可以构成对 p 所依赖的某个条件 q 的否定，既然反对自身的存在条件是不成立的，那么就证明 q 是必要的约束条件——那些危险生活就被排除了。由此我们可以更准确地理解天下模式的有限性：所有可能生活，如果与天下模式的存在条件没有冲突，那么都是天然合法的。

从理论立意上说，天下的概念默许了世界的多样性。不同的生活就仅仅是不同的生活而已，而不是某些必要修改或必须消灭的异端，因为任何一种所谓不同的可能生活都分有着世界的先验一体性。按照老子的理论，多样性是一体性必然需要生长出来的，否则世界就什么也没有①。把"多"看成是"一"的存在需要甚至是存在的条件,这一哲学原则几乎是所有中国哲学共同强调的,如前面讨论到的所谓"道始于一,一而不成,故分而为阴阳,阴阳合和而万物生",以及"夫和实生物,同则不继。以他平他谓之和,故能丰长而物生之,若以同裨同,尽乃弃矣",等等。既然世界的一体性是先验的,世界就是一个完成式的概念,既然世界多样性成分是一体性的必要生存条件,那么就不可能把其中某种东西理解为不可兼容的、不可接受的异端,无论它多么陌生和异己。因此,天下模式不包含"普遍化"(universalisation)的要求。这里需要分辨的是,普遍化并不等于标准化。标准化的确建立了各种普遍统一的标准,但是那些普遍化的标准基本上都是生产、社会管理和政治制度所必需的实用性标准。正因为实用性标准是生活所必需的,所以任何文化都包含大量的普遍性标准,即使是特别强调灵活和变通精神的中国文化也不例外②。所以"普遍化"不包括物质层面的普遍标准,而是指统一精神和心灵的企图,即试图把属于自己的价值观和意识形态、观念体系和知识体系进行单方面的推广,从而剥夺其他观念和知识体系的生存空间。由此来理解,秦始皇的"书同文、车同轨"应该属于标准化而不是普遍化(不过,秦始皇"焚书坑儒"以及汉朝的"独尊儒术"则属于意识形态方面的普遍化,可以说是天下模式的反例。什么事情都会有反

① 《道德经·第四十二章》:"道生一,一生二,二生三,三生万物。"
② 参见翟光珠.中国古代标准化.太原:山西人民出版社,1996。中国古代的标准化涉及文字、纺织、农业、道路、车辆、度量、货币、建筑、航运、桥梁、工程等方面,标准化的范围和项目与其他文化大同小异,可见标准化出于生活需要而并非文化风格。

例，这倒不奇怪）。

与天下理论的单纯性不同，联合国模式表面上是众多国家的联合机构，但实质是第二次世界大战后对世界权力关系的重新规划。联合国在发展其多种功能的过程中也发展了许多混杂的思想观念，其中特别包括了多元论和普遍主义这两个有严重分歧甚至互相矛盾的原则。当然，联合国模式本来就是以众口难调和"什么都要照顾到"的复杂情况为背景的，一方面，它要以各国所"共同认可"的原则为基础来把各国联合起来追求某些"普遍的"价值和目标；另一方面，既然联合国并非一个"世界国"或严格意义上的世界性单位，各国就必定仅仅考虑或至少优先考虑自身的利益，这样的联合性或"合同性"的制度显然不可能形成，甚至不可能去发现属于世界整体的价值观、世界性利益和世界性理念。那些所谓的"普遍"价值和目标一方面是伪装成普遍价值的超级大国的利益，另一方面又被各国多元地解释，显然只不过都是各自利益的表述而已。多元论和普遍主义本来应该是"或者"的关系，但是在联合国那里似乎被伪装成了"并且"的关系。

也许可以更准确地说，联合国根本不是个世界性制度（institution），而只是个世界性组织（organization），是关于各国利益的一个谈判场所或机构，而且还是个不健全的谈判机构。原因是明显的：当不存在一个世界性制度时，就不存在超越国家利益和力量而做出解释/决定的可能性，也就不存在超越民族/国家的游戏规则，而且也没有能力去控制一个超级力量滥用实力，比如说超级大国单方面地普遍化其自身的利益、价值和知识，而剥夺他者的发展机会甚至发动战争。这里并非在批评联合国，事实上联合国已经尽了很大的努力试图通过理性对话来减少可能发生的战争或严重冲突，但由于这一模式在理论上的局限，它不可能减少世界中的利益冲突和世界性的不公正，相反，它维持着世界上各种不合作博弈和自私的最大化者思维。无论从理论准备上说，还是从实践来看，联合国模式不但没有超越民族/国家思维，而且是附属于民族/国家体系的一个服务性组织。由于联合国模式关于世界的概念以及对世界中政治/文化关系的理解从属于民族/国家体系，因此，联合国必定为各个民族/国家的国家利益所约束，它要照顾的并非世界这个整体的利益，而是各国的利益，也因此，事实上它很容易被某些甚至某个特别强大的民族/国家的帝国主义利用——即使它不愿意被帝国主义利用，帝国主义也有能力超越它。所以，就联合国的概念而言，它不可能把世界引向一个新的体系、新的国际社会和新生活，相反，如吉登斯所指出的，联合国似乎没有削弱而是加强了作为现代政治形式的民族/国家体系[①]。可目前的问题是，今天的全球化运动已经使世界制度问题成为一个迫切问题。世界从来没有像今天这样需要一个世界制度，也没有像今天这样难以创造一个世界制度。这可能就是前面讨论到的那种不可逆转的历史性堕落。

## 2. 现代游戏

作为现代性的最重要特征之一的民族/国家体系在基本价值观

---

① GIDDENS A. The nation-state and violence: volume 2 of a contemporary critique of historical materialism. Berkeley: University of California Press, 1987.

上与西方思想中"个体"或"主体"这样的基本概念或者基本思考单位是一致的，并且存在着映射关系，只不过民族/国家单位更大。我们可以看到从个人主义到民族主义或国家主义、从个人权利到民族或国家主权之间的一致逻辑，即有意义的存在形式总是某种自身独立的单位（个人或国家），而且，任何一个独立单位的思维模式必定是并且仅仅是对自身利益的最大化。按照这一逻辑，各个独立单位之间的冲突是不可避免的，因为其他独立单位，不管是他人还是他国，都被先验地假定为"负面的外在性"，而且利益的最大化是个永远的过程、无休止的过程，所以冲突永远不可能消解。就民族/国家体系而言，如果一个民族/国家足够强大，那么它就会发展成为帝国主义（列宁早就分析了现代世界为何必然要产生帝国主义，尽管他的论证不很充分①）。

不过我们没有必要对某一种游戏进行价值批判，不能认定这一种游戏本身是错误的，而只能说由于不具备适合开展该游戏的充分条件而导致游戏不成功——意识到这一点很重要，否则就会陷入无助于解决实际问题的意识形态批评。真正的问题是，给定某种游戏，这种游戏在它的制度设计或规则体系上是否有能力去避免这个世界所不能承受的各种困难、危险甚至毁灭？如果这样去思考，我们就能够把价值或意识形态的立场之争转换为能够从无立场角度去

①　列宁努力论证帝国主义是资本主义的必然产物。不过，尽管资本主义和帝国主义之间存在着历史事实上的密切关系，但是否存在着绝对必然关系则仍然需要更充分的论证。或许资本主义只是其中一个因素，而观念和文化传统——包括宗教意识——可能也需要考虑在内，甚至有可能是更深层的因素。参见列宁的《帝国主义是资本主义的最高阶段》。

分析的问题。当意识到帝国主义与民族/国家以及民族主义的关系，当意识到"利益最大化"思维与无止境竞争的关系，当意识到对他者的否定与异端思维的关系，我们就会发现今天世界的危险根源，就会意识到以主体性原则、经济人原则和异端原则作为元定理而设计的现代社会游戏根本没有维护游戏合理性的能力。应该说，人们对"现代游戏"（任何单位意义上的利益最大化运动）的危险性已经有了明确的认识，因此，不管在社会制度问题上还是在世界体系问题上，人们都希望能够有一个足以避免危险和毁灭的制度设计，而这也是公正、规则、法律、权利、权力、秩序、对话和合作等能够成为今天世界的关键"问题"的原因所在。

那么，现代游戏是否能够通过自身完善而发展出一个足以保证游戏正常运作和合理性的制度？一般来说，现代的制度想象是这样的：如果有一个由合格的法律和政治制度所保证的个人或任何独立实体的政治权利、社会秩序和自由市场，那么个人的利益最大化行为不但不会导致互相的损害，反而会在"看不见的手"的指引下增进共同利益。或者说，只要制度在技术上（程序上）是公正的，那么就可以规避危险的直接冲突而形成公平的市场交易，进而使各方都能获利。这个亚当·斯密式的推论其实非常可疑，因为没有论据能够证明利益冲突形式由直接的暴力争夺变成和平竞争就必然能够导致互利。这一论证的缺陷居然长期不被觉察，一直到纳什均衡被证明才被普遍意识到①。甚至现代民主政治制度本身也被发现存在

---

① 纳什均衡证明了由于自私的个体互相不信任从而形成不合作的博弈，结果不可能形成共同利益的最大化，或者说，由互相受害转向互相得益的帕累托改进总是不可能的。

着理论上的严重缺陷，阿罗的"不可能性定理"说明了不存在完全公正的民主选举方式①，尽管据说实际的选举并没有那么不可救药。现代民主政治和自由市场制度尽管存在许多缺陷，但仍然被大多数人认为是种比较好的制度，而且要寻找一种明显更好的制度似乎并不容易，这正是福山宣称"历史的终结"的重要理由。

我们在这里不打算卷入关于现代制度作为一种国内社会制度是否合理的讨论（当然这是非常需要讨论的，尤其是现代制度绝不像通常想象的那么乐观），因为这里所讨论的是世界制度的问题。只要面对世界性问题或国际问题，就很容易发现，到目前为止还没有一个实际存在的世界制度，所以不可能有效地解决世界性问题或国际问题。联合国的概念并不是一个世界制度（the world institution），而只是一个试图解决世界性问题或国际问题的"国家间机构"（an international organization）。正如前面所论述的，它的思考方式和利益分析单位仍然以民族/国家为标准，它至多只能照顾国家而不是世界。人们虽然"被抛入"世界，但是人们不看护世界。迄今为止，"世界"仍只是作为一个地理事实而不是作为一个制度事实和文化事实存在，这意味着世界还没有完全充实"世界"这个概念。"世界"在西方一直是个很单薄的哲学概念，一直没有被充分地、全方位地、多层次地加以思考。而中国的"天下"则是个丰厚得多的哲学概念，在其中，地理和人文、制度和情感是浑然一体的。当思考世界制度时，天下概念显然是个重要资源。

---

① 许多政治学家和经济学家试图通过一些有限的条件修改来克服阿罗定理所证明的困难，但是困难并没有得到真正的解决。

正因为世界还没有一个以世界为单位的制度，所以国际问题最后在实质上只能通过国与国之间的对话、协议或者冲突来解决，联合国的"决议"的实质仍然是国与国的协议，因为它最终可以还原为国与国的协议，或者说和国与国的协议等价，而在这种协议的背后只不过是国与国的利益博弈，并不存在高于民族/国家概念的世界制度依据。许多人以为，人权可以成为世界普遍的法律基础，所以有了"人权高于主权"这个貌似世界性原则的口号。但人权是个非常空洞的概念，对它的具体内容的解释权就成了问题。显然，人权概念并没有获得一个世界性的解释，而是由各个国家各自做出解释，于是就出现了"解释的解释"这样的知识论的元解释问题，还出现了福柯式的"知识/权力"知识政治学问题。简单地说，关于人权的解释本身就是一件缺乏世界性依据和世界性公正的事情。即使仅就西方主流认可的人权概念来说，"天赋人权"的基本假设也存在着严重的逻辑错误[①]。

现代制度的局限性在世界性问题或国际问题上暴露得特别明显。现代制度是以民族/国家为思考单位的产物，它所设计的是一个国家内部社会的制度，所考虑的人民也是国家内部的人民，它本来就没有或几乎没有考虑到世界整体的利益。既然现代制度只是国家制度而不是世界制度，那它也就没有能力处理世界问题。尽管现代制度所推崇的种种主要观念如"民主""自由""平等""公正"等看上去似乎应该是普遍有效的，但是这种"普遍性"实际上只在

---

① 参见我的"预付人权"理论，见赵汀阳. 赵汀阳自选集. 桂林：广西师范大学出版社，2000：191 - 203。

国家内部社会有效，而不能在世界范围内普遍有效。诸如"民主"和"公正"这些原则从来都不被应用于国际关系中，那些现代的"普遍"原则只要一进入世界性问题或国际问题就立刻化为乌有。当考虑到现代制度不是一个世界制度时，现代制度就更加不容乐观了。现代制度不具备处理世界性问题的能力配置、义务或责任界定以及道德与德性理想，而在全球化时代，几乎所有国家内部社会的问题都已经无法避免地与国际问题联系在一起了。在这个世界上，现在已经不可能有与世界无关的"自己的"问题，这一点决定了现代制度不是一个充分的社会制度，也说明了世界社会需要有一个世界制度。

### 3. 遗弃世界

由于文化上的偶然，中国最早思考了世界制度的问题，即"天下理念"。中国的"天下"概念是严格具有世界眼光的世界理念，即能够达到老子的标准——"以天下观天下"。有一些西方近现代思想家，例如康德、马克思、罗尔斯，也都思考过这个问题，但是除了马克思，西方思想家并没有能够发现一个超越了国家眼光的世界眼光。马克思的思想在西方传统中多少显得独辟蹊径。马克思超越了国家概念，发现了普遍存在于各个社会中的"阶级"以及全球化的阶级剥削[1]，于是马克思想象总有一天"全世界无产阶级联合

---

[1] 《共产党宣言》是最早讨论全球化的文献之一，它宣称，"资产阶级，由于开拓了世界市场，使一切国家的生产和消费都成为世界性的了……物质的生产是如此，精神的生产也是如此。各民族的精神产品成了公共的财产。民族的片面性和局限性日益成为不可能，于是由许多种民族的和地方的文学形成了一种世界的文学。"（马克思恩格斯文集：第2卷．北京：人民出版社，2009：35）

起来"建立一个没有国家的共产主义世界性社会，而这种超越了国家的世界人民的联合之所以是必要的，是因为马克思主义论证说只有解放全人类才能真正解放自己。马克思主义在西方之外特别是在"东方"被接受并不是偶然，因为，尽管关于世界的理解不同，但马克思主义呈示出一种世界尺度的思维，这一点至少与中国思想在"形式上"有所沟通。不过，马克思主义在西方并不太成功，西方主流思想，更喜欢民族/国家这个概念，人们在思考世界问题时仍然会以国家为最大的独立单位去计算，因此，所谓世界问题就只不过是"国际问题"，而不是以世界为单位的世界整体问题。西方的这种主流思维在实践上表现为联合国等国际组织或国际契约，在理论上则典型地表现为康德-罗尔斯观点。

罗尔斯很大程度上继续了康德的工作，如果说他多少有些新意的话，那就是他突出了美国式的政治自由主义和人权高于主权的观点。康德的思想则的确是开创性的，康德关于"世界公民""各民族的联盟"（foedus amphictionum）或"和平联盟"（foedus pacificum）的理论基本上涉及了以个人权利和民族/国家权利为准则所能够想象的国际关系最优模式①。罗尔斯在细节上发展了康德的观点，并且进一步提出了部分类似于一种世界制度的"万民法"（the law of peoples）②，但他在康德没有考虑的两个问题上提出了非常危险的两个观点：

（1）适合于国内社会的公正原则不适用于国际社会，特别是涉

---

① 康德. 历史理性批判文集. 北京：商务印书馆，1990.

② 罗尔斯. 万民法. 长春：吉林人民出版社，2001.

及分配公正的那一条有利于弱者的"差异原则"是万万不能在国际上使用的。在一个自由社会里，差异原则用来限制不公正的社会关系，即使不从伦理学上去论证，而从经济学的角度去看，差异原则也是维持社会秩序的必要条件，因为维护弱者的生存条件是一个社会必须付出的代价和投资，否则活不下去的弱者就会成为破坏者。当罗尔斯在国际社会中取消了差异原则时，就等于取消了国际公正，也就鼓励了弱肉强食的国际社会。而差异原则是保证一个社会免于退化成为弱肉强食社会的唯一条件，取消差异原则的危险结果是绝对无法辩护的。

（2）假如给定的只有弱肉强食的世界，别无选择，那么按照弱肉强食的逻辑，弱者就没有义务与强者合作去维护强者的压迫和剥削，而一定会奋不顾身、不择手段地反抗，这是强者不愿意为秩序投资而导致的必然结果。这样危险的世界从对等性上说也算是正常的和公正的。可是罗尔斯还是决心彻底取消国际公正，他想到了其他解决方法，他认为应该剥夺弱者的不合作或反对的权利和力量，不是让弱者不想反抗，而是让弱者没有能力反抗。在这一点上所依据的是"人权高于主权"的干涉主义。他说，如果必要的话，法外国家将被"强行制裁甚至干涉"，理由是在万民法之下，自由和合宜的人民有权利不去宽容法外国家①。罗尔斯的理论等于主张了一种新帝国主义。这种新帝国主义就是美国现在所推行的，美国不愿意为国际社会的秩序投资，却愿意为战争投资。其实康德关于世界

---

① 罗尔斯. 万民法. 长春：吉林人民出版社，2001.

契约的理论本来是相当谨慎的（尽管存在着民族/国家思维的局限），康德的头脑异常清楚，他已经提前反对了罗尔斯式的国际理论：“双方中的任何一方都不能被宣布为不义的敌人（因为这就得预先假定有一种法庭判决）。”①

　　要保证契约的有效性就离不开制度的支持，而一种制度是有效的，就必须有一个权力体系而不仅仅是一个权力契约作为支撑。现在世界上的国际组织，比如说联合国，之所以不像国家那样有效，就是因为没有相匹配的有效的世界制度作为支撑，进一步说就是没有一个只属于世界而不属于任何国家的权力体系的支持。因此，一个有足够实力的强国只要愿意，就可以超越联合国之类的国际契约性组织。这就是问题关键之所在。在“个人”“民族”“国家”“宗教”“异端”等计算单位所构成的概念体系中不可能理解和解决世界性的问题。这些概念不是为世界而准备的。只有新的概念体系才能够产生新的知识体系。马克思曾经以“阶级”这一概念作为旧概念体系的突破口而发现了世界性问题。类似地，今天的哈特和奈格里以新马克思主义的姿态通过“帝国”和“普众”（multitude）这些概念再次试图突破旧概念体系的框架来重述世界性问题。他们论证说，全球化会产生出“普众”来消解新帝国，从而最后建立起全球的民主社会（这听起来有些类似于马克思所说的资产阶级自己生产出了作为资本主义掘墓人的无产阶级）②。不过，当年马克思主义那样狂风骤雨般的观念革命，并没能完全超越西方思维模式。

---

① 康德. 历史理性批判文集. 北京：商务印务馆，1990：102.

② HARDT M，NEGRI A. Empire. Cambridge：Harvard University Press，2001.

"阶级"定义了另一种意识形态和另一种异端，阶级虽然是在任何
国家都存在的，它以一种横切面方式解构了民族主义而制造了国际
主义，但是仍然假设了世界的分裂性和斗争性（阶级斗争）。自从
基督教征服了古希腊文明，西方就形成了固定的异端模式思维，它
以各种方式把世界看成是分裂的和战争性的。可以说，基督教在
西方哲学中毁灭了"世界"这一概念，使"世界"在精神上和理
论上失去了先验给予的统一性和完整性，"世界"变成了一个永
远没有完成的使命——甚至在逻辑上也永远不可能完成，因为按
照异端模式思维习惯，即使某个异端被消灭了，也必须把其他事
物定义为异端，否则就不知道该与谁进行斗争了。冷战的结束也
是"共产主义异端"的结束，但亨廷顿马上就发现了新的异端和
文明的冲突。

　　正如前面讨论到的，天下这一概念所承诺的世界一体性是先验
给予的整体性，而世界的先验一体性又构成了对世界内部多样性的
承认，因为多样性不但是既定事实，而且是任何东西的存在条件，
必须有某些东西可以"和"，才有各种东西的"生"。世界的先验一
体性之所以重要，就在于它在理论上剔除了"异端""战争""冲
突"这样的危险思维。从哲学上说，天下是关于"世界"的全方位
概念，不仅是地理概念，而且是文化和制度概念；从政治学和经济
学角度说，天下是危险性最小的世界制度理念，它拒绝了把物质上
的统一世界在观念上又理解为分裂的至少两个世界（或许多个世
界）。假如未来需要一个世界制度，或许天下理论就是一个适宜的
理论基础。

# 三、结论或者开始：世界还不存在

今天的全球化是正在解构还是正在加强民族/国家体系，这是个非常暧昧的问题。但几乎所有人都承认，在今天，任何一个地方的本地问题都联系着世界上的所有问题，任何一个地方的生活都联系着其他地方的生活：跨国公司、全球市场、网络、知识推广、文化交流、跨国迁徙①和新帝国主义政治等。但是在"一个问题和所有问题"或者"一个事情和所有事情"的知识、利益和权力互动结构中，"世界"还不存在，我们看不到"世界"，看不到一个具有属于世界整体的世界利益、世界制度和世界秩序的"世界"，就是说，在作为地理事实和财富资源的物质世界之外，还不存在一个精神、制度和价值意义上的世界。一个没有世界制度和世界利益的世界仍然不是世界。今天世界的各种问题已经形成了对世界制度和价值的迫切需求，而且这一需求正在变得越来越强烈，于是我们需要一个全方位意义的"世界"概念，同时需要一个相应的世界事实。西方哲学没有完整意义上的世界观，在西方概念体系里，国家已经是个具有完整意义的最大概念，西方的世界概念虽然比国家更大，但却不是全方位的世界概念。天下概念作为全方位的"世界"，显然是重新思考今天世界问题的一个重要思路。

―――――――――――

① 不必是传统意义上的移民，更多的情况是，许多人持有其本国护照，却在世界各地工作。

帝国以及帝国主义就其理念来说总是世界性的，但是除了天下/帝国模式，其他的帝国模式都没有世界观，都只有国家观，只是以国家为主体单位而试图扩展至整个世界，无论扩展到什么程度，其利益、价值观以及制度设想都是基于国家尺度的视界。这里不妨对几种典型的帝国模式进行简单的比较。

### 1. 罗马帝国模式

这是具有普遍性的典型的古代帝国模式。帝国（imperium）原义指罗马执政官代表国民利益的行政统治权力，分内政统治和对外征服两部分责任。一般来说，这种帝国是领土扩张型的军事大国，往往包括多民族。就其公开声称的或者隐蔽的目的而言，假如条件允许，它将扩张至全世界。于是，这种帝国只有临时性的"边陲"（frontiers）而没有法律明确认定的"边界"（boundaries）。这种古代帝国不管在实践上还是在理念上，从现代民族/国家时代以来就已经不可能了。

### 2. 大英帝国模式

这是基于民族/国家体系的典型的现代帝国主义。它总是表现为一个帝国主义的民族/国家，以民族主义、资本主义、殖民主义为帝国理念和行动原则。帝国主义就是以现代化的方式来实现民族/国家利益的最大化。现代化本身可以理解为一种"最纯正的帝国主义"，现代化推行普遍主义来"生产一种全球规模的形式或结构上的同质性"，但是，"资本的全球扩张却绝不产生真正实质上的同质性，而是产生了不均匀和断层的全球体系，因为不平等的发展就是资本主义的一个最基本的要求"①。这种帝国有着明确划定的边界，不过明确的边界并不意味着帝国主义准备自我克制，边界的意义在于用来禁止其他人随便进入而危害帝国或分享帝国的利益。与古代的领土扩张主义有所不同，帝国主义在控制世界方面主要表现为：首先，在条件允许的地方开拓境外殖民地；其次，在不容易通过征服而变成殖民地的地方，则强行发展不平等贸易（"大英帝国的性格是商业性"，它是个国际贸易体系②）；最后，通过现代性话语重新生产关于事物、社会、历史、生活和价值的知识或叙事，以此把世界划分成中心的、发达的、有神圣法律地位的主权"国家"和边缘的、不发达的、没有自主性的"地区"，划分成"有历史的和进化的"世界和"没有历史的或停滞的"世界，通过这种不平等的知识生产来造成其他地方的知识退化。二战之后殖民地纷纷独立并加入民族/国家体系，同时世界各国都强化了民族主义意识和主权要求，于是现代帝国主义也就转变为全球化帝国主义。

### 3. 全球化帝国主义就是美帝国主义模式③

全球化帝国主义尽量继承了现代帝国主义能够被继承的特性，

---

① MAKDISI S. Romantic imperialism：universal empire and the culture of modernity. Cambridge：Cambridge University Press，1998：177 – 182.

② ARMITAGE D. The ideological origins of the british empire. Cambridge：Cambridge University Press，2000.

③ 哈特和奈格里论证说，新帝国与欧洲老帝国非常不同，它产生于美国的宪政主义（American constitutionalism），它更像罗马帝国而不是欧洲帝国主义。参见 HARDT M，NEGRI A. Empire. Cambridge：Harvard University Press，2001。

主要表现为对其他国家的政治霸权、经济支配和知识霸权从而形成
"依附"格局①。依附的政治和经济格局虽然是现代帝国主义的特
性，但只有在全球化时代才可能被强化到极致，以至于全球化帝国
主义能够形成对世界的全方位控制和霸权，按照美国自己喜欢的说
法则是"美国领导"（American leadership）。这种"美国领导"被
J. 奈（J. Nye）生动地解释为"硬力量"和"软力量"的双重领导②，
即由美国领导和操纵的全球政治权力体系、世界市场体系和世界
文化知识市场体系，而且这些"世界体系"都取得了仅仅最大化
美国利益和仅仅普遍化美国文化与价值观的效果。也许 J. 奈是对
的：建立文化知识的统治比建立政治和经济的统治更一劳永逸。因
为只有文化知识的统治才能够通过使其他文化知识传统作废而达到
使其他心智（the other minds）作废的目的。要达到这样宏大的目
标，如果仅发展现代帝国主义的手段，显然是不够的。于是，全球
化帝国主义创造了一种超越现代帝国主义的新游戏。如果说在现代
帝国主义游戏中，帝国主义能依靠强大实力而永远成为赢家（比如
说总能够签订不平等条约），那么，在这个全球化帝国主义新游戏
中，帝国主义不仅由于强大实力而永远是赢家，而且还是唯一有权
选择游戏种类的主体，也是游戏规则的唯一制定者。于是，美国就

---

① 所谓"依附"，就是指"一些国家的经济受制于它所依附的另一国经济的发展
和扩张……依附状态导致依附国处于落后和受统治国剥削这样一种局面"。参见多斯桑
托斯. 帝国主义与依附. 北京：社会科学文献出版社，1992：302。

② J. 奈呼吁美国加强它的软力量以补充其硬力量，尽管美国已经是"自罗马帝国
以来最强大的力量"，但单靠硬力量还不足以"在世界上为所欲为"。参见 NYE J. The
paradox of American power：why the world's only superpower can't go it alone. New
York：Oxford University Press，2002。

成功地成为世界游戏中唯一的法外国家。很显然，当集参赛选手、游戏规则制定者和游戏类型指定者这三个身份于一身，就必定是个法外选手。不过美国的无法无天并非完全归因于美国的野心，更重要的原因应该是世界缺乏世界理念、世界制度和足以支持世界制度的力量，而这正是这个时代提出来的严重问题。

## 4. 天下模式

在思考或许可能的世界制度的问题上，天下模式至少在世界理念和世界制度的基本原则上具有哲学和伦理学优势（virtue），它具有世界尺度，所以能够反思世界性利益，它又是一个冲突最小化的模式，最有利于保证世界文化知识的生态。由于天下概念意味着先验的、完成式的世界整体性，因此它是个全球观点（globalism）而不是全球化要求。必须强调的是，虽然天下理念是中国提出来的理论，但天下体系的理想不等于古代中国帝国的实践。由于古代中国帝国仅仅部分地而且非常有限地实践了天下理想，所以这一不完美的实践主要是形成了专制帝国，而并没有形成一个今天世界所需要的榜样。显然，天下理念只是一个理论准备，它仅仅是个值得研究的问题和值得利用的思想资源，特别是天下理念所包含的世界先验一体性观念、他者哲学以及和谐理论。

世界制度在现实性上尽管遥远，可它又是世界的迫切需要，这一点存在某些悖论性。美国对伊拉克的战争本身就是这个世界作为"问题世界"的集中表现。为了不卷入烦琐的论证，在这里我们不讨论哪一方比较正义或不正义，重要的是，这一事件说明了这个世界没有能力解决世界性问题。世界的无能在各种冲突还没有极端化的时候并不明显，因为人们似乎可以指望"对话"，尤其是哈贝马斯想象的满足了理想商谈条件的长期理性对话。但是哈贝马斯忽视了两个致命的问题：其一，有一些事情无论经过什么样的理性对话都是不可互相接受的，即"理解不能保证接受"的问题；其二，还有一些事情涉及当下利益，假如不马上行动就会错过机会而使利益受损，即"时不我待"问题，它说明了在对话上的时间投资会导致利益上的损失。于是，当问题以话语的方式提出来总是不太严重的，而当问题以行动的方式提出来，世界就茫然失措，因为没有什么样的话语能够回应行动的问题。这就是"对话哲学"的破产。

传统哲学曾经试图独断地给出关于事物的真理，但是各种文化和不同知识体系的存在使单方面的真理无法成为可能，于是当代哲学的一个努力是把真理的证明转化为观念的对话，"同意"（agreement）优先于"真理"。但是现在我们又看到了对话哲学的破产，当行动提出话语无能力回应的问题时就破产了。哲学在追求真理与知识，以及追求利益和对话的路上走到了头，现在有理由认为，我们通常用来表述和分析各种问题的"概念体系"很可能存在着严重缺陷，以至于不能正确地理解事物。概念体系构成了思想的"计算单位"，假如计算单位不合理，即使思想的计算在逻辑上都是正确的，仍然可能错过重要的问题。前面的分析正是试图分析西方概念体系中的一种偏好，它总是选择诸如"个体"和"民族/国家"这样的实体作为决定性的计算单位，这种计算单位隐藏着一个内在的秘密：它的利益是独立的，不必与他者的利益挂钩。于是，对自身的利益最大化就可以：第一，不把他者的利益考虑在内；第二，如果涉及对他者的利益的计算，那么就只想损人利己。这种行为不是伦理上的无耻或缺陷，而是一个利益能够单独成立的存在单位的存在论逻辑（ontological necessity）。假如给定生活目的的是利益，那么这种个体存在论（the ontology of individuals）是合适的，但是假如生活的目的是幸福，那么那种个体存在论是不成功的，因为，幸福的存在论条件是"关系"，幸福只能在成功的关系中产生，幸福只能是他者给的，自己不可能给自己幸福。中国哲学概念体系所偏好的"计算单位"往往强调一种存在论单位的关系结构，典型的如家庭和天下。中国哲学更为关心的是关系存在论（the ontology of relations），具有关系结构的存在论单位所提供的是关于幸福的逻辑，即它假定他者是自己的幸福条件甚至存在条件。基于"关系"而不是"个体"的哲学便形成了"无立场的眼界"（the view from every-where）而不是"特定角度的眼界"（the view from somewhere）。这样的概念体系对于分析和解决世界性问题是必需的，否则甚至不可能发现世界性问题的症结所在。

不过，传统天下理论还只是关于世界制度的初步理论准备，仍然有大量疑难问题存在，尤其是目前缺乏足够的实际条件来实现一种世界共同认可的世界制度。其中尤其缺乏的是能够形成世界性利益的社会结构，就是说，现在世界上的社会运动和人们的行为基本上都趋向个人利益和国家利益，而很少去发现和发展世界共同利益，所以很难形成人们之间或国家之间的"正面外在性"，即各方的行为碰巧在客观上形成互惠结构配置，也就是各方之间存在着利益的互相依附关系。许多人追求世界各国或各地在政治社会制度上的同质性，这种做法很可能无助于解决任何冲突，因为政治制度的同质并不逻辑地蕴含实际利益的对等和公正。因此，对全球政治社会制度同质化的追求也许不是错误的，但很可能是无效率的。各地人们所能够普遍满意的真实条件其实是物质利益和权力、知识和话语的发展水平的等量化，这样才能消解世界上的冲突、矛盾和战争。简单地说，凡是仅仅能够兑换成权利（rights）的东西都是虚的，凡是能够兑换成权力（power）的东西才是实的。

世界性利益不能仅仅是观念，而必须是实际存在的利益，否则没有人有追求它的积极性。如果在将来也不能慢慢地形成客观利益上的互惠结构，那么世界制度就遥遥无期而仅仅作为理想而存在。即使如此，理想仍然是重要的，它至少能够让我们知道自己错在什么地方了。

# 下篇 "天下"概念与世界制度的哲学分析*

## 一、世界仍然是一个非世界

我们所谓的"世界"现在还是一个非世界（non-world）。

全球之所以尚未成为一个世界，这既是因为它一直持续着的霍布斯状态（按照古希腊哲学的概念，类似于还没被组织成 kosmos 的 chaos），也是因为它现在还没有一个被普遍接受的世界制度，因此也就没有被组织起来形成整体性，而没有整体意义的状态也就不

---

　＊　该论文应 Le Robert 出版社之邀用英文写成，准备编入《帝国与和平》一书。现由陆丁译出。由于受英语表达方式的影响，这里的中文表述与作者通常的文风略有些不同，还请见谅。

是一个真正一体的世界社会。对于形成世界的整体意义,世界制度是必不可少的。显然,目前所谓的"世界"至多只能表达地理学意义上的整体,还远远不能表达政治学意义上的世界整体性。因此,到目前为止,世界仍然不是一个具有完整的、全方位意义的概念,谈论到"世界"完全不像谈论到"国家"那样能够显示出自身统一的意义和归属感,人们只在地理学意义上属于世界,而在政治学意义上只属于国家。于是,世界就成为没有人对它负责的、可以随便滥用和掠夺的"公共资源"。世界不属于哪个国家,也还不属于世界,更不属于人民,而只是被争夺和被损害的生存空间。

把地理学意义上的"全球"以政治的方式组织成一个"世界"应该是人民的最好选择。但是目前人们还缺乏关于世界的理念,甚至缺乏关于政治世界的自觉的世界意识。对于建构一个世界,显然需要有由新的哲学提供支持的世界制度,否则就没有根据和方法去组织世界。关于整体世界的制度构筑,目前看起来有两种现成的可能模式:一种是建构一个世界/帝国,另一种则是建构一个众多甚至全部国家的国际联盟。可是不幸的是,这两种模式都遇到了大量的尚未被驯服的困难,结果使"世界"一直是个空洞的词语而非一个事实。当然我们总能用各种历史条件的局限性和历史中各种偶发事件来解释这两种模式所遇到的种种失败,但这些只不过是具体原因而不是普遍理由。显然,历史解释对于解释历史是不够的,而对于设想未来就更加不够。虽然历史研究对于所有人文社会科学是必需的,却绝不充分,因为人们毕竟不是根据历史而是根据思想的可能性来进行思维和做出关于未来的决定的。我们必须分析历史行为背后的理论失败，必须注意到人们为"世界"这一政治概念所做的哲学准备是多么贫乏。实际上，哲学准备上的贫乏必须被看成是世界失败的深层原因。现在我们所面临的真正严重问题并不是在世界中存在着所谓的"无效国家"（failed states）[①]，而是一个"无效世界"（failed world）。假如存在着一个有效世界，那么，即使出现了某些无效国家也仍然是有救的；如果世界是一个无效世界，而且无望地作为无效世界存在下去，那么，世界上的任何一个国家都不可能获得长久的成功，因为没有一个自身足够成功的国家能够一直成功地克服它的负面外部性，或者说，它不可能有足够的能力去应付与之不协调、不合作的整个外部世界，它最终也会变成无效国家。无效世界是谁也承担不起的，它太重了。

马丁·怀特（Martin Wight）在 1966 年的一个引人深思的发问与我们在这里所讨论的问题密切相关："为什么实际上还没有国际理论？"[②] 怀特在这篇挑战性的论文中论证说，我们还没有准备好一种合格的国际理论，相反，我们现在有的只是那些被称为"政治理论"的东西，它们首先在本质上只不过是关心国家事务的国家内政理论，其次就只是一些从属于国家理论的关于如何形成国际"力量均势"之类问题的贫乏得可怜的"附属性"理论。他由此推

---

① failed state 是现在的一个流行概念，尤其是美国人的一个见解。它往往被翻译成"失败国家"，虽然不算错误，但不太准确。它主要是指一个国家在功能上基本失效而导致社会混乱。

② WIGHT M. Why is there no international theory? // BUTTERFIELD H, WIGHT M. Diplomatic investigations: essays in the theory of international politics. Cambridge: Harvard University Press, 1966: 17.

论说，所谓的国际理论还是虚假的存在，人们根本就不知道国际性到底是什么。不过，怀特如此敏感的批评虽然很有道理，但有点不大准确。国际理论恐怕并非真正问题之所在。如果怀特曾经听说过中国关于世界政治的天下理论，他也许会或多或少修改一下他的批评。天下理论的焦点落实在世界性（world-ness）而不是国际性（internationality）上，而世界性的问题从各种意义上说都已经把国际性问题包括在内，它意味着一个最大化视野的政治理论。我们有理由说，国际性并不是理解世界政治的最好视界（horizon），因为它无法超越"际间"思维模式，也就无法超越国家视界，而国家视界对于世界问题来说无疑太小了，而且不可能是个公正的视界，尤其是它甚至不可能为自身的合法性提供合法的论证，因为它不可能为世界着想。考虑到我们现在已经被抛进了一个新的问题背景即全球化和新帝国事实，怀特的问题似乎应该被改进为："为什么还没有世界理论？"

只要想到哈特和奈格里在广受关注的《帝国》一书的开篇就陈述的那个事实——"我们眼睁睁地看着帝国正在成为事实"①，帝国问题成为当下的热门焦点就并不非常令人惊讶了。哈特和奈格里令人印象深刻地论证说，正在出现的新帝国是个全球性帝国，它可以看成是古代世界性帝国的继承者，而又借助全球化运动来更新了古代帝国模式，它与古代帝国一样是无边界限制的，全球化这一新的手段使它更加得手应心地建立起无边无际的全球统治——新帝国

---

① HARDT M，NEGRI A. Empire. Cambridge：Harvard University Press，2001：Preface.

就像是某种以新造型出现的罗马帝国。这一理论固然有道理，不过，我们还应该进一步意识到新帝国更加复杂的成分和意识形态资源。它远远不只是继承了古代帝国的理念，在它的精神成分中还包含基于民族主义意识形态的民族/国家观念和由此发展出来的现代帝国主义，还有基于文化普适主义的基督教帝国观念，以及或多或少暗含着军国主义和宗教激进主义倾向的列奥·施特劳斯（Leo Strauss）式的新保守主义①。应该说，美国帝国模式是个非常成功而又非常危险的帝国模式，它成功地兼收并蓄了各种帝国模式的可能性而重新塑造了最危险的新帝国概念。在美国帝国之前，没有一个帝国能够自觉又明确地建立一个从政治、经济、军事到知识、文化和生活方式的全球总体统治模式，而且在以上所有方面（其实就是人类生活的所有方面）都不准备留给其他文化任何余地。作为现在越来越清楚地显示出来的情况，新帝国的概念终于变成了一个悖论：以和平的名义发动战争，以自由和民主的名义来摧毁自由和民主，以人权的名义来迫害他人，以各种道德的理由来否定道德②。这个悖论产生于这样一个幻觉：在好的名义下就可以任意妄为。显然，如果"好"就蕴涵一切行动的合法性，那么"好"就被消解

---

① 关于列奥·施特劳斯对美国帝国的影响其实是个相当暧昧的问题。尽管他被宣传为美国新保守主义的教父，但他实际上从来没有特别关心过美国政治。不过他对古代精神的推崇碰巧符合美国帝国的想象，即在极端的现代物质文明之上形成古代式的统治权威。

② 美国的"先发制人"政策宣告了一个新的时代，一个军事帝国和失序世界的时代。参见 The White House. The national security strategy of the United States of America. September 2002。

了，因为"好"必定蕴涵了"坏"①。

　　当下世界形势中另外一个极为重要却仍然处于模糊状态的事情是欧洲所指望的复兴，它被哈贝马斯和德里达称为"欧洲的重生"②。这其实是欧洲数十年来一体化努力所试图实现的包括政治、经济和文化的复兴与创新在内的宏大理想，只不过在最近似乎成为一个尤其强烈和急迫的主张。但这个可能真正联合起来的欧洲到底会变成什么样子现在仍然是未知的，甚至是否可能都是个问题。不过，不管这个理想是否会实现，它都意味着一个重要的理论问题，即一个与帝国同样宏大的而又以和平为基本原则的超级共同体是否可能。它大概是——至少在理论框架上是——康德理想下的具有和平意志的超级国家联盟。可以说，这样一个超级联盟或者会成为另一种新帝国模式，从而在理论上改写帝国的含义，或者会是一种克制帝国的国际形式。但是这一康德式的理想自康德以来到今天的哈贝马斯一直就没有获得在实质意义上的充分理论说明，按照康德的句型，这一理想"是如何可能的"这个问题并没有被回答，特别是在其中还没有看到政治制度和文化理念的创新。目前欧洲所想象到的价值观和社会形式仍然是现代性体系中的观念，而并没有关于新社会和新生活方式的理念。对于一个社会来说，政治和文化理念是

---

　　①　我们知道，有个逻辑定理声称假命题蕴涵一切命题，其中当然包括真命题。这虽然有些古怪，却恰好表达了逻辑的推论性。但是，假如反过来说真命题蕴涵一切命题，真的概念和逻辑性就会崩溃。与此同构，如果"好"蕴涵一切行为的理由，那么"好"就蕴涵坏事，"好"的概念就会崩溃。

　　②　在哈贝马斯和德里达的联合宣言"After the War: The Rebirth of Europe"（5月31日同时刊载于德国的 *Frankfurter Allgemeine Zeitung* 和法国的 *La Libration*）中，可以看到欧洲知识分子对发展出一种关于世界的成熟理解的强烈愿望。

决定性的，如果没有新的政治和文化理念，就不可能有新的社会和生活。

全球化进程正将我们带向**某个**新的时代，但是它在本质上是个盲目的运动，它是没有控制的经济和文化激流，而人们还没有为未来时代准备好新理念。全球化特别地表现为经济运动与政治理念之间的失调，表现为文化运动与价值观之间的失调。虽然全球化一般被认为是对民族/国家体系的冲击，但实际上却还没有形成一种全球化政治。全球化还没有把我们带出民族/国家的游戏，我们仍然停留在这一游戏中。结果，所谓全球化对民族/国家体系的冲击就造成一种变态的刺激，它不但没有减弱民族/国家游戏中的冲突，反而强化了这种游戏的残酷性。这一点很容易理解，全球化意味着所有国家在所有方面都更深地被卷入同一个游戏中，不仅政治和经济需要斗争，文化和精神也需要斗争，不再有藏身之地也就意味着死无葬身之地，所有冲突和竞争都变成了背水一战，胜者通吃的规律比任何时候都更显眼。全球化运动方式加在民族/国家游戏之上就是使这个游戏进入最后的疯狂，所增加的当然只是国家与文化间的冲突（正如亨廷顿当年所发现和预料的），而不是世界的普遍利益和人类的普遍发展。在这个意义上，全球化（globalization）同时也意味着全球分化（global-breaking）。所以到现在仍然无法发展出一种普适的世界人民概念以及一个共享的世界社会。正如现有的仅仅是**全球**而非**世界**一样，现在所能够定义的也只是各个民族的人民，而不是世界人民。事实上，当今世界正被一些由美国制造的、带有歧视性内容的话语引向错误的方向。比如，"文明的冲突""无赖国家"和"无效国家"。这些话语非法地将美国对世界的错误领导和非正义统治进行合法化。当关于世界的非法理解可以被合法化，世界就必定成为一个**无效的世界**，而这一结果远比世界中有几个无效国家要糟糕得多。一个国家的无效可以被一个世界限制和挽救，而世界的无效则可能最后毁掉整个世界。我们必须从现在开始就严肃地对待无效世界的问题，以免准备得太晚而使世界丧失最后的自救机会。而如果想象在真实世界之外存在着纯粹精神性的"上帝的世界"作为最后拯救的机会，就难免是从实践上到哲学上的自我欺骗。从哲学上说，无效世界源于我们对作为**世界的世界**（world qua world）以及**作为人民的人民**（peoples qua peoples）的无知。这种哲学上的缺陷长期隐藏着，它终于导致了今天世界的思想错乱。就像我们必须认真对待权利、国家和社会一样，我们还必须认真对待世界。

当代新帝国是世界体系中的支配者，这就像沃勒斯坦在他的《现代世界体系》①中所分析的：在现代世界体系中，一个强力的民族/国家或者民族/国家集团对其他弱势的民族/国家在政治、经济、文化方面进行支配，一个世界体系就是一个权力支配体系。其实历史上所有类型的西方帝国或者领导性国家都是**支配**式的权力中心，因为西方文明的基本原则就是"支配"，无论是支配自然还是支配社会。但是必须意识到，并非所有文化都是这样理解帝国这一

---

① WALLERSTEIN I. The modern world-system：capitalist agriculture and the origins of the European world-economy in the sixteenth century. New York：Academic Press，1976.

概念的。例如，从中国哲学观点来看，西方式的帝国概念就是完全不可接受的、不合法的，它所指称的只不过是政治上非法的**霸道**大国而不是具有政治合法性的**王道**帝国。按照中国对帝国的理解，帝国的义务是建立世界之"**治**"（order），而不是**支配**（dominance），或者说，世界性统治的合法性在于最大化全部人民的利益，而不是最大化自己人民的利益。这一点正是帝国合法性的一个根本根据。不过遗憾的是，尽管很多人知道中国有过几千年的帝国史，但是由于西方在话语和知识上的支配地位，关于帝国的中国理论几乎被完全忽视，甚至根本就不为世界所知。

一个世界必须处于"治"的状态，否则世界中的所有东西就都会因失其本位而相互冲突乃至相互消解，结果是所有东西的利益普遍都受损。根据这一相互性（reciprocity）原理，中国哲学对那种胜者通吃的观念持有一种天生的怀疑态度。这样一个真理几乎是显然的：如果胜者没有给他者带来任何好处，那他最终会失去他所赢得的一切。因为人们的集体性选择的偏好排序一定是这样的：双赢，各得其所；两败俱伤，胜者通吃。所以，人们宁愿两败俱伤也不愿意单方面吃亏，这样就不会忍受胜者通吃的结果（恐怖主义正是这种心态的表现）①。关于世界秩序或者世界之治，就其理论的可能性而言（尽管都未经最后证明），可行的方案似乎是建立某种合法的世界制度以及执行这个制度的世界政府，或者是某种形式的

---

① 这是单纯意愿上的偏好排序。假如按照非合作博弈论的策略计算，据说双赢是不现实的，所以相互不吃亏就已经是现实可得的可以接受的结果。但无论如何，胜者通吃一定是最差的选择。罗尔斯在《正义论》中提出的"差异原则"或多或少也指出了胜者通吃不可能是公共选择，因为人们不得不做最坏的准备。

世界帝国，或者是世界民主政府。看起来没有什么其他更好的选择（无政府主义的世界是不现实的，因为不得不假定没有足够多的人成为坏人，或者说假定没有人试图最大化自己的利益，否则好人也只好变成坏人，于是就不可能有一个可以接受的社会。可是这样的假定是幻想，因此没有意义）。在已经过去的几个世纪中，一些野心勃勃的西方超级大国曾经试图通过帝国主义支配或者通过某种被称为"领导权"的霸权来建立世界秩序，但终究是徒劳，因为霸权必定会在对霸权的反叛中被消解。而在过去的几十年中，联合国同样徒劳地试图把世界从无序中拯救出来。联合国只是由各国的权威所承认的，而绝不高于国家权威，因此联合国必定只能服务于霸权而不可能克服霸权。全球化的急速发展同时也加速了世界上各种危机的发展，因此，世界秩序或者"世界之治"也越来越变成一个急迫的问题。值得特别指出的是，美国利益和美国意识形态正在将"世界秩序"这一概念歪曲为"对世界的支配"。这里并非专门在批评美国——美国试图最大化自己的利益，这对美国来说并没有错——重要的不是美国，而是美国所代表的那种关于世界的意识形态，这种意识形态极有可能使人完全错误地理解世界。

所谓历史，总是由一些事与愿违、阴错阳差的故事组成的。各种时代的局限以及各种偶发事件在表面上看来似乎应该为我们在创造世界秩序方面的失败承担责任。然而如果深刻追问的话，我们会发现这一失败的主要原因从根本上说是缺乏一种**为世界着想**而去思考世界的哲学，也就是，一种以**世界本身为标准**而不是以任何国家为标准去考虑世界问题的哲学。人们似乎长期以来并没有任何意向（无论是在意识层面还是在潜意识层面）想到要去为世界本身而考虑世界，更别说为世界社会准备一种深思熟虑的哲学了。相反，人们通常关于世界的理解一直都局限于国家利益，总是从国家这个视点出发去看世界。尽管这是再正常不过的理解方式，而且没有理由认为这样的思维是不正确的，但是，问题在于，这种思维是不够的，它不足以理解世界。如果说我们需要正确地理解国家，那么同样需要正确地理解世界，因为世界和国家一样都是政治问题，但却是不能混为一谈的问题。实际上，无论是从国家去看世界，还是从世界去看世界，这首先都不是自私还是无私的价值问题，而是对事情的理解是否充分的知识论问题。尤其是当所有人都被抛入全球化这一共同的运动中时，除了人们各自的命运，显然还形成了人类共同的命运，这正是不得不从世界去理解世界的理由。过去说到的"人类的命运"在全球化之前或许只是一种文学夸张和修辞，但是现在居然真的变成了严肃的问题。我们无须等到世界垮掉才意识到这种严肃性。我愿意坚持这样的理解：哲学关乎人类的命运，而不是关于事物的描述。

众所周知，当今世界上最通行的意识形态仍然或是普适主义或是多元主义。前者作为绝大多数发达国家从国家利益出发的占优策略，其本质实际上是带有侵略性的民族主义；而后者作为欠发达国家从本地利益出发的现实主义策略，其本质则是带有抵抗性的民族主义。普适主义和多元主义只不过是民族主义的两面。就其概念本身而言，普适主义似乎应该比较接近世界观，但问题是，人们实际上所推崇的那些普适主义从来都不是代表了人类共同意愿和利益因而能够得到普遍认可的严格普适主义，因此只不过是国家主义的策略表达。显然，一种普适主义本身必须是能够被普遍接受的，这是普适主义得以成立的逻辑标准。当不能满足这个标准时，普适主义就和多元主义一样都只是地方性策略。当下的这种普适主义 vs. 多元主义的策略组合所产生的结果无非是一种让我们无法在世界和平、共同福祉和互惠发展上达到任何帕累托改进的纳什均衡。这表明，现在世界上只有出于国家利益的**关于**（of）世界的哲学，而没有代表普遍利益的**为了**（for）世界的哲学。世界政治的失败归根到底是哲学的失败。

所以有必要强调在"**关于**世界的哲学"（a philosophy of the world）和"**为了**世界的哲学"（a philosophy for the world）之间的微小然而重要的差别，这是因为这一差别直接关系到一种世界观（world-view）的合法性问题。从权利和逻辑的可能性上说，每一个人都可以并且能够从自己的视野出发形成一套自以为是的世界观，同样，每个国家也都可以根据各自的国家利益来看待世界。但是我们必须意识到，各种作为"关于世界的哲学"的世界观对于**世界本身**（world qua the world）仍然处于一种无知和漠视的状态，这就意味着任何一种"关于世界的哲学"缺乏知识论和伦理学上的合法性，而不具有合法性的世界观没有能力解决世界性的问题。我们之所以还没有拥有"世界"，就在于我们缺乏一种代表着世界自身的世界观。

到这儿，适合开始关于世界和帝国概念的中国理论的讨论了。

在此准备论证的是，中国哲学的世界观正是一种"为了世界的哲学"，而且中国的政治哲学有助于为当今世界的混乱局面提供一种寻找解决方法的方法论——当然只是方法论而不是具体方案，因为具体方案永远只能是在特定条件下的创造。更进一步说，中国政治哲学还为政治问题的哲学分析提供了一套西方尚不熟悉的政治哲学框架。这套分析框架有着与现在通行的分析框架非常不同的架构，它具有更大的分析尺度和更远大的视野，因此能够揭示那些原来隐藏着的、似乎不在场的政治和社会问题。世界如其所是地存在着，也许我们不能改变世界，但可以改变世界观。

## 二、天下观点与世界尺度

"天下"这一核心概念同时包含三层意思①。（1）世界整个大地。大体上相当于中国存在论的基本结构"天、地、人"中的"地"。当然，与地在同一平面存在的江河湖海也属于"地"的概念。地为世界所有人所共有，人民拥有对大地的先验权利，所以是最大的公物，是公共财产。（2）世界上的全体人民。在存在论语境中大体相当于"天、地、人"中的"人"，而在政治社会语境中又相当于"民"。人也是天之下的存在，而且是核心存在者。准确来

---

① 关于"天下"的语义和文献细节，可以参见我的相关论述：《"天下体系"：帝国与世界制度》，或者 "A Semantic and Historical Introduction to All-under-heaven"（将见于 Le Robert 出版社的 *Empire & Peace*）。在此就不详细讨论了。

说，应该是指所有人的人心所向，即总体上的民心（general heart），有点类似于"公意"（general will）。显然，得民心才算得天下。天下大地只是天下的物质表现，而天下民心才是天下的精神含义。（3）一种世界制度。这是天下概念最具理论意义的一层意思，它意味着世界治理的方式或者说世界所以成为世界的存在条件。混乱的政治存在实际上是无效的存在，只有良好治理的世界才是个合格的和有效的世界，所以，拥有天下制度的世界才有资格被定义为"世界"，否则将是个"无效世界"。如果说在天下概念中，天下之地是其质料，而天下之心是其价值，那么，天下制度就是天下的存在形式。

通过语义上的三位一体，天下概念暗示着一种理论规划，在其中，大地、人民和政治制度之间被假定有着某种特定的不可分割的必要联系。"天下"因此就成为一个意义饱满的**厚重概念**（thick concept）①。一个厚重概念不仅拥有全方位的综合语义，它同时还构成一种内在于这个概念的哲学语法，这种哲学语法规定着它所包含的各种含义之间具有互为条件、互相配合的关系。对于"天下"概念来说，它的三重含义，即"世界""人民"和"世界制度"，表现为这样一种互为约束条件的关系：物理世界如果要成为一个具有人文意义的世界，那么这个世界就必须被理解为一个政治存在，而且是由某种世界制度所统一治理的政治存在；这个世界制度又必须能够代表全体人民公意，因此能够被普遍接受而且获得人民长期稳

---

① 这里引入的"厚重概念"这个词，多少与赖尔和格尔茨所说的"浓描"（thick description）有关系。不过，含义不尽相同。

定的支持，否则世界就只是一个物理事实而不是一个有价值的事实①，即自然事实必须被价值化，否则就不是人专有的世界；同时，一个普遍有效的政治制度又必须在全世界范围内实现或者说在整个大地上实现。换句话说，作为大地而存在的世界要成为作为文化事实的**世界**，当且仅当，存在着一个依照世界人民共通心意的世界制度来创造出世界一统性（oneness）。被人文化了的或价值化了的世界必定是政治性的，一个政治上破碎的世界并不是世界，一个还没有世界制度的世界就还不是世界，而世界制度必须是众心一致（public mind）的选择。

"天下"概念对世界的理解便因此构成了这样一种世界观：在其中世界被理解成是物理世界（大地）、心理世界（人民的共通心意）和政治世界（世界制度）的统一体。在这样一个三重世界统一体中，任何一个因素都是其他因素的必要条件，无论缺少哪一个因素都不可以说有了一个完整意义的世界。从哲学上说，一个世界观是合格的，当且仅当，它的意义是充分和完备的，即它必须给世界这一概念构造出全方位而且和谐一致的意义，或者说，彻底阐明了世界。从另一方面说，如果一个世界是完全的，那么它必须同时实现世界的全部含义。显然，除非世界的地理的、心理的和制度的含义能得到全面而且互相一致的说明，否则我们不可能建构一个世界。按照这个要求去看，世界目前还不存在，尽管有了世界的质料，但是没有世界的形式，而且也还没有世界之心（人民的一致意

---

① 正如荀子所说的："取天下者，非负其土地而从之之谓也，道足以壹人而已矣。"（《荀子·王霸》）

愿）。于是"全球"就不得不被看成是一个非世界、一个未成世界，因为它还没有拥有一种能够代表人民的共通心意的世界制度来形成世界的形式。所以说，创造一个世界首先需要的是一个合法的世界观，特别是一个包含着关于世界制度的构思的政治世界观。从语言的角度说，"世界观"是一个西方的而且主要是德国的概念，而假如按照我们的习惯，中国的世界观就必须被称为**天下观**。而天下观所强调和突出的正是世界观的政治性。天下观可能是唯一纯正的政治世界观，在天下观的基础上，我们最有可能发展出一种能够全面充分地构思世界的世界观。

"天下"这一概念为适合世界问题的广度而创造了一种**世界尺度**。世界性的问题只能在世界语境中以**世界标准**而不能在本地语境中以**国家标准**去分析和衡量。这正是老子提出的知识论原则："以天下观天下。"换成现代的表述则是，从世界去看世界，或者，世界只能按照世界尺度去理解。而"以天下观天下"可以被认为是解决治理天下问题的知识论条件。这个知识论原则暗示着一种不寻常的知识论理解，它不是科学的知识论，而是**政治的知识论**。这种知识论可能会让人们想起亚里士多德在 phronesis（实践智慧）和 episteme（知识）之间所做的区分，不过在中国思想系统中，政治知识比自然知识有着更高的地位。

# 三、政治知识论的理由

可以说，政治知识论充分显示出中国思考方式的特点——在这种思考方式中，世界总是首先被看成是一个政治存在或政治学对象，而不是一个物理存在或科学对象。这当然不是说中国思想否认自然世界的重要性。相反，在中国文化中，自然存在具有最高地位，类似西方的上帝的地位，正因为地位最高，所以不是研究的对象，而是必须遵循的原则。自然的运动方式（道）在中国思想中就有着最崇高的地位，总是被推崇为事事需要顺应模仿的总则。正因为自然之道意味着最高道理，所以反而不是科学对象①，就像西方的上帝不是科学对象一样，这很容易理解。越崇高就越不是知识问题，因为面对绝对的原则，我们就问不出问题了。所谓"天道远，人道迩"，其道理就在于此。既然自然是崇高的，那么它同时也就不是也不应该是人的征服对象，而是生活方式、伦理和美学的依据，所谓人道合于天道或者天人合一。既然人对自然持顺应的态度，那么人与自然之间也就基本上没有需要解决的冲突了。思想所能够而且应该去解决的只是社会、文化和政治问题，从本质上说就是人际关系。人之间的利益和权力分配、义务和权利的界定、生活的合作和配合，这些政治问题都是最重要同时也是最难的问题。中国哲学因此把政治问题看成是哲学的第一问题（列奥·施特劳斯认为政治哲学是第一哲学，这与中国哲学可以说是所见略同，尽管对问题的解决非常不同），天子和圣人优先考虑的都是如何治理天下——这决定了中国式的知识论在根本上是政治知识论。

---

① 中国关于自然的思想，例如最著名的"阴阳"论，并不是关于自然的知识，而应该说是关于自然的信念，这种信念与其说是对自然的解释，还不如说是以关于自然的信念对人文世界所做的解释。

中国人对政治知识偏爱之深，使得中国思想对关于自然的真理少有兴趣，因此对理论科学也就没有什么重要贡献，这在科学上是个缺点，但在哲学上却未必。按照中国思想的逻辑去论证，大概可以有这样的理由：世界是由**物**和**事**组成的，但是只有事——我们的所作所为①——才决定着我们的生活，因此才是我们需要处理的真正问题。至于物，它只是在我们的决定之外自己存在着，因此根本就不是**我们的**问题。简单来说，就是自然自行其是，而社会则是人为所致。关于事的问题实质上就是人际关系的问题，因为没有一件事情只与一个人有关，而必须与至少两个人有关。至少两个人才能构成事，也就有了伦理关系，有了"仁"。仁所以被认为是伦理学的基本问题，道理就在于此。两个人还不是社会，社会总是三人以上的人际关系，于是伦理问题马上被卷入政治问题中。所以世界的问题在实质上也就总是政治/伦理性的。如果说科学研究物，那么哲学就是关于人事的研究。事实上，哲学在研究物的问题上没有优越性，甚至没有合法性。

如果说任何一种哲学都有某种元理论的关切作为基本根据的话，那么中国哲学的元理论倾向就是以"心事"（heart）和"关系"为基本问题的人性基础研究（meta-humanities）。而西方哲学则是以"心智"（mind）和"真理"为基本问题的"形而上学"（metaphysics）。当然，重要的不是比较，而是比较可能暴露的问题。比如，在中国哲学中像"真理"这样的概念可能没有什么地位。真正

---

① "事"这个中国概念的定义是"所作所为"，非常接近于西方的factum。见《淮南子·氾论训》："所由曰道，所为曰事。"

重要的问题是如何与自然、与他人达成一种恰当的或合适的关系，而这正是生存以及幸福的条件。于是，所有事情都必须在"关系"中被描述、衡量和判断，否则无法对一件事情进行任何真正有意义的断言。例如，如果我们对待某人友善，我们会发现他**是**一个友善的人，而如果我们错误地对待他，我们关于他的知识就会**变成**完全不同的样子，比如发现他**是**个恶人。如果不在关系中而仅仅根据独立的实体去做出判断，所谓"什么**是**什么"很可能是无稽之谈，因此是无效的知识。因此，是关系（relations）而不是本质（essence）在规定着实在的性质。

从中国观点来看，对人类关系的探究才是政治科学的基础。不过研究人类关系所要达到的目标却不是一个科学知识论的结果，不是为了判断"什么是什么"。关于"谁是敌人谁是朋友"的知识可能对于卡尔·施密特来说是政治学的根本，但这种知识对于中国政治理论与其说是根本的知识还不如说是初始问题，因为中国政治理论所假定的任务是寻找"化敌为友"的方法而不是获得"区分敌友"的知识。中国政治理论和西方政治理论所承认的给定事实似乎是相似的，即都承认"资源稀缺，所以人们争权夺利"这个基本前提，但是所选择的解决方案却南辕北辙：西方的选择是明确各自的不可侵犯的权利，一旦公正受到强势力量的威胁，那么就设法制造均势；中国的选择则是明确相互的互惠义务（所谓正名），并且试图创造一种制度安排使互惠义务的好处大于个人自由的好处。总之，西方关心的是合法争夺是如何可能的，中国关心的是和谐相处是如何可能的。中国的政治理论总是同时又是伦理学，因为只有伦理方法被认为能够最终化解政治困难。政治和伦理的一体化问题看起来有些接近苏格拉底的"德性之知"的问题，它表明了关于知识的责任感的信念：知识不应该仅仅显示什么是真的，还必须同时显示什么是好的，如果知识不能显示什么是好的，那么真理是没有价值的。从整个人类生活来看，这两个政治原则都是必要的，而且恰好是互补的。似乎可以说，如果没有个人权利原则，那么不可能有好的社会；如果没有相互责任制度，那么不可能有好的世界。

## 四、以天下为核心概念的世界政治哲学框架

按照中国的政治知识论，关于世界的社会知识是比关于世界的科学知识更重要的世界知识。**每一件事情**之所以都必须从政治的角度来考虑，是因为每一件事情都无可避免地牵涉到人际关系，因此也就必定会产生政治问题。"一切问题都是政治问题"这一基本意识直接引向了关于世界政治体系的想象，显然，假如没有一个与自然世界同样规模的政治世界，就等于在世界中留出了一个无政府空间，它必然蕴含着各种潜在的危险。既然我们必须政治地理解个人和国家，就必须进一步政治地理解世界；既然国家必须在某种制度中得到治理，那么世界也必须在某种制度中得到治理。这里有一种逻辑连贯性，如果不承认世界制度的必要性，就同样有理由否认国家制度的必要性，等等，最后只好否认任何社会制度的必要性。

中国政治哲学分析框架的特别贡献在于以"天下"作为最基本

的政治概念和初始政治原则，即世界制度优先于国家制度。按照我的理解和演绎，其基本原则大概可以简单地表述如下。

## 1. 世界制度的优先性和先验性

正如通常所认为的，每一个政治存在（entity）都需要拥有一个有效的内政制度来防止它陷入无政府状态，否则它就不能享有秩序与和平。不过事情没有这么简单。事实上，一个存在总是置身于一个更大的外部环境之中，政治存在也是一样。那么，当整个世界陷入无政府状态时，在世界中的任何一个政治存在也就不可能独善其身，它迟早会被卷入不可救药的混乱大环境而与世界一起崩溃。我们没有任何理由反对这样一个整体论的真理。因此，即使某个政治存在独自拥有了充分理性和有效的治理制度，来自外部因素的政治与社会混乱仍然是每一个政治单位不得不面对的问题。因此，即使仅就某个政治单位内部的秩序与和平而言，一个有效的内政制度仍然是不充分的，它还需要一个能够保证外部环境的秩序与和平的外部制度。这就意味着，一个政治单位事实上总是受制于某种更大规模的政治体系，而且总是需要这个更大规模的政治体系来维护它的外部环境。或者说，一个更高层级的政治单位总是必要的，因为需要它来保证次级政治单位的秩序与和平。从逻辑上说，除非一个政治存在自身就是最大的或者说处于最高层级位置上的政治存在，否则它就需要一个更高层级政治存在的治理，不然的话，它的政治秩序就得不到最后的保证。一个政治存在要能被证明是最高层级或最大空间的政治体系，其充分必要条件就是它居然只有内政制度而不再有任何外部制度，即它的政治规模如此广阔以至于把所有政治存在都包括在内。政治上的"无外"或者"王者无外"原则①正是中国政治哲学的基本标准，它是对任何一个具有完整性和绝对性的政治体系的制度要求，而这种要求蕴含着关于世界制度的构思。

在哲学上我们通常相信自然中的任何事物都是按照自然的总秩序而被组织起来的（尽管当代科学表明自然至少在某种程度上其实是混乱的，但这并不能证明自然没有总秩序）。这一哲学的直观对于人类社会同样有效，而且应该说是必要的。因为，如果人类社会是混乱的，那么每个人都将不得不面对危险可能性的最大化和获得幸福可能性的最小化，没有人能够承担混乱的社会，同样，没有哪个国家能够承担混乱的世界。所以，人类社会必定需要在某种秩序中被组织起来，而整个世界构成了人类社会的最大空间，也就需要有某种世界制度来形成世界的总秩序。正如前面所分析的，规模比较大的政治体系是属于这个政治体系的那些规模比较小的政治存在所以有序的必要条件，就像子集必须以总集为条件一样。因此，规模最大化的政治制度不仅是必要的，而且还是逻辑优先的。就是说，世界制度既然是次级政治制度的一般必要条件和保障，因此它就具有了理论上或逻辑上的**优先性**（priority）。尽管世界社会和世界制度在实践中还不曾真正存在，但它在逻辑上的优先性已经意味

---

① 蔡邕曰："天子无外，以天下为家。"（《独断·卷上》）司马迁亦曰："天子以四海为家。"（《史记·高祖本纪》）龚自珍又曰："圣无外，天亦无外者也。"（《龚定庵全集类编·五经大义终始答问七》）司马光引荀悦曰："春秋之义，王者无外，欲一于天下也。"（《资治通鉴·卷二十七·汉纪十九》）

着它的**先验性**（apriority）。

世界制度优先于国家制度，这可能是中国政治哲学中最具特色而且在今天最富意义的原则。尽管古代中国通过"天下"这一概念去想象世界制度时很可能主要是出于哲学的直观和理想化的想象，而与当时的实际历史需要没有必然的关系（这一点当然可以讨论），但在今天看来却是一个伟大的预言和制度设计。既然天为一，道也为一，天下当然也应该为一，所以必定需要一个天下制度来保证世界社会的统一性。这种眼界虽然在哲学直观上非常自然，但对于实践来说无疑是极端超前的。更值得注意的是，古代中国居然把这样一种超前的世界理论应用到实践中去，在比世界小得太多的中国土地上实践了想象的世界制度，尽管实践与理想之间仍然存在很大距离。一般认为周朝体制比较多地表现了想象的世界制度的基本精神，尽管周朝体制绝不像后人所以为的那样优越，但它的制度设计显然有某些方面比较符合天下制度的理论构思，而且也肯定有一些制度安排上的优势，否则孔子等思想家不会对它思之怀之。在这里没有必要卷入历史分析，因为中国古代的制度安排只是天下理论在特定历史条件下的一种应用，并非永远的典范，而今事过境迁，天下制度留给我们的主要是理论意义和理论创新的基础。所以这里需要讨论的是，天下理论作为关于世界制度的理论设计，它对于我们今天的世界有什么意义。

既然世界秩序是必需的，世界制度就是必需的；既然只能依靠更大的政治空间的秩序去调整、安排和治理被它包含的较小政治空间的秩序，那么世界制度就优先于其他任何次级制度，比如说国家制度。这在逻辑上说明了，是**世界**而不是**国家**才构成了政治哲学的第一概念，世界应该是政治理论的合法起点，而国家则是政治理论的错误起点——尽管国家往往是政治历史的事实起点。因此我们有理由怀疑政治历史的发展顺序是错误的，它也许应该为今天的政治混乱负责。当世界没有被理解成一个绝对必需的政治存在并且成为政治体系中的最高政治存在，当没有一个作为全体人民的选择的、能够治理世界的世界制度，那么世界在政治上就仍然是无效的，就只能依靠霸道来控制世界。按照中国的政治理论，霸道政治，即某个国家充当世界领导并且把自己国家的利益强加于整个世界，是一个根本性的政治错误。显然，以国治天下而不是以天下治理天下，至少在理论上不具有合法性。

中国的世界理论明确地主张，在一个总体的政治系统中，各个政治层次之间存在着明确的逻辑从属关系，即政治制度的治理次序是自上而下的，只有这样才能够有效保证任何一个政治层次的秩序。正如前面已经论证过的，世界制度是任何其他次级制度的必要条件和保障——无论是民族/国家，还是城邦/国家，抑或是什么别的政治共同体。天下理论所构思的政治体系的逻辑从属关系把整个政治系统分成至少三个级别，即"天下、国、家"①。这与西方政治体系的层次——"国家、团体、个人"——非常不同。对于西方的政治体系来说，天下理论几乎是一种颠覆性的主张。它对政治哲学和政治学的重要贡献就在于它为政治分析提供了 个更加宏大的

---

① 孟子曰："人有恒言，皆曰'天下国家'。"（《孟子·离娄上》）

思考幅度和分析框架，在这个突破了通常分析框架的政治空间中，各种政治问题和价值都不得不被重新定义和重新解释。

从中国这种将政治单位分为天下—国—家的体系来看，西方政治哲学至少在理论结构上是很不完备的——"世界"这一最高政治存在的缺席正是西方政治理论的根本失误。世界制度的缺席——这可以归因于缺乏一个完备的世界观——导致了政治体系的不完整，它缺少一个最重要的必需的政治层次。在今天的政治实践上，西方所发明的现代民族/国家体系已经成为在世界上被普遍接受的政治系统。但是，正是缺乏一个高于主权国家的政治权力制度，导致了国际无政府状态和国际领域中的各种无法克服的冲突①。事实表明，多少表达了康德式理想的联合国或者某种由民主国家所组成的国际联盟都无法解决世界的无政府状态和各种国际冲突。

很显然，联合国以及其他现有的国际组织根本就不是某种高于民族/国家体系的政治存在。国际组织**本来的意图和任务**只不过是去解决发生于国家与国家之间的问题，因此它最多只是民族/国家体系中的服务性和辅助性组织，从本质上说它从属并且受制于民族/国家体系，它不可以真的拥有超越民族/国家的政治权力。因此，国际组织从理论上来说只不过是在帮助各个民族/国家争取各自的国家利益，而从实践来看，国际组织只不过是服务于大国自我推广的野心，而绝不表达世界普遍的和共同的利益以及世界普遍理

---

① 国际不可调和的冲突比比皆是，而巴以冲突是最典型的模式，它几乎包括了所有冲突的因素，而且充分表现出冲突无法解决的那种绝望。

念。任何**国际性**的政治系统都不会有能力去解决世界上真正严重的冲突，它最多能解决那些鸡毛蒜皮的、本来就不严重的冲突。简单地说，没有任何一种国际理论能够发展出超越民族主义或者国家主义的视野。归根到底，在关于世界的哲学思想中，"国际性"（internationality）这个概念本身就是误导。"国际的"并不能表达"世界的"，国际就只是关于国际的，属于世界的问题必须在"世界性"（worldness）的视野中被理解。国际性只能被理解为是比世界性低一级的政治问题。国际问题是国家之间的问题，它与国家政治在同一层次上，难怪在通常的政治哲学框架里，国家政治总是被看成是主导问题，而国际政治则附属于国家政治。但正是总是以国家政治为主导，导致国际政治理论无法有效地分析世界性问题。所以，一个超越了国际性的世界性分析框架是必需的。

如前所述，怀特所提的"为什么没有国际理论"的问题多少是有些误导性的，因为真正的问题所在不是"国际性"难题而是"世界性"难题。世界性问题或国际问题之间的区别远不仅在词语上，它直接关系到问题的分析框架以及辨别关键问题的方法论。国际性不仅处理不了世界尺度的问题，而且还遮蔽和歪曲了世界性问题。除了通常政治理论框架中的国家内政理论（domestic theory）和国际理论（international theory），我们有理由说，必须加上**世界理论**（world theory），它对于政治理论体系来说是必不可少的，而且是政治理论体系的根本部分。如果没有世界性视界，政治哲学和政治科学将是不完整的。只有在世界性的全盘视界中，世界的政治问题才可能最终得到理解。天下理论的目的就是建立一种世界主义

（worldism）而不是国家主义（statism）的政治理解方式，以便重新定位那些一直被误以为是"国际的"而其实是世界性的问题，如世界秩序、全球治理、全球发展、文化冲突与世界和平等，并且由此建立以世界理论（既不是国家理论，也不是国际理论）为核心的政治理论。就像主体间性（inter-subjectivity）并不能解决主体性（subjectivity）问题一样，国际理论也不可能成为那些以国家利益为借口而制造出来的国家问题的解决方案。天下理论的根本创意就在于它的"无外"原则，它把整个世界都看成是"内部"，从而消解了不可调和的"外部"。

国际理论以及民族/国家意识形态都是建立在《威斯特发里亚和约》的精神上的。这一精神决定了在它的视野中不存在任何高于或者大于民族/国家的政治单位和政治利益，国家的政治至上性使世界变成非政治性的存在，变成一个自由争夺的生存空间。希特勒当年曾经坦白地或者过于坦白地说出了其他国家不好意思说出来的"生存空间"理论，希特勒的表述虽然粗鲁，但确实指出了西方思维所理解的国际政治的根本意义——如果不说是唯一意义的话。当然，在当今世界，各个国家所争夺的生存空间已经主要不表现为土地这一对象（巴以之类的小国除外），而是表现为经济生存空间、政治生存空间和文化生存空间。生存空间含义的扩大把国际冲突升级为从物质到精神的总体战。亨廷顿关于文明冲突的理论虽然在论述上有些粗糙，但的确指出了当今生存空间争夺战的深层结构。按这样的理解方式去对待世界，世界就消失于无形而变成了以国家利益为名制造国际冲突的一个无主空间，而所谓"理性的"国际关系只不过是国家之间利益的讨价还价和权力之间的暂时平衡。国际理论实际上是一种博弈论，这种博弈论的主题就是如何将国家利益最大化的策略想象，以及在迫不得已的条件下达成均势的策略计算，而绝不是为世界利益着想的合作理论。国际理论的局限性就在于它没有把世界看成是一个最高的政治实在，而这一对世界的误解又主要是因为缺少一种反映世界自身需要的世界观。

天下理论的重要性就在于它能够提供一种高于任何国家观点的世界观，它把世界看成是个有精神意义的存在，而不仅仅是个物质存在，把世界看成是自身具有目的和理念的存在，而不是无目的性的对象。只有从这种世界观出发才能够以世界尺度去衡量世界，才能够真正理解世界是我们无法置身在外的生活条件。

## 2. 政治制度的一致性和传递性

以世界理论为核心的中国政治理论对于纠正流行的政治理论的结构性错误十分重要。在西方的政治理论结构中，核心理论是内政理论，国际理论则是附属性理论。这样一种政治理论结构是一种哲学上的错误。不难看出，这种政治理论体系自身是不协调的，它没有一贯的逻辑。在内政理论和国际理论这两个层次之间显然不一致甚至互相矛盾。内政理论的宗旨是关于社会治理的合作思想，而到了国际理论那里，却变成了关于敌友问题的斗争哲学。这一理论结构其实并无新意，无非是基督教对待基督徒和异教徒的双重原则的翻版。这样的思想结构之所以是不合法的，是因为它不是**无条件地**为所有人或者全人类着想的思想，它不能**无条件地**承认各种文化存在的合理性和文化权利。因此，这样的思想也就没有先验性或者说普遍必然的合法性。这种不协调必定导致许多难以克服的实践性困难。例如，民主在内政理论中通常都被视为当然，而一进入国际理论，国际民主（或者说全球民主）却往往被认为是不可接受的。这一政治原则的断裂造成了支离破碎的政治理论体系，它意味着仅仅承认国内社会，而不承认世界也是个社会。如果不承认世界是所有人享有的社会，那么任何最危险的事情都可能发生。

从理论的完备性要求来看，假如一种政治制度不具有普遍有效性或者普遍可贯彻性，不能贯彻到所有政治层次上去，按照中国的说法就是，道不能做到"一以贯之"，那么将是一个理论上的致命错误和实践上的无解困难。任意给定一种政治制度，无论它是民主的还是专制的（民主好还是专制好则是另外一个问题），假如它要具有理论上的一致性从而经得起理论质疑的话，那么它必须能够在任何政治层次上被普遍化，也就是说，能够被普遍地贯彻应用于所有的政治单位，并且在给定的政治系统中的各层次之间具有传递性。否则，它就是理论上不完备的。例如，尽管在国家以及国家内部的各个共同体这两个层次上民主都已经得到了良好的应用并且被证明是比较有效的，但是，如果民主不能进一步被扩展成为全球民主，那么这将证明它不是所声称的普遍制度而只是一个有限范围的策略，也就不具有合法的权威性。这也正是美国在全世界越来越失去其精神权威性的原因之一，因为它在国内政治领域和国际政治领域玩的是不同的政治游戏，采用的是不同的政治规则，这只能证明它所声称的价值没有普遍性。

与之不同，中国政治哲学首先寻求的正是政治制度的普遍性和传递性，也就是所谓的道之"一贯性"。根据这个原则，只有当一种制度可以适用于从最低到最高的各层政治制度并由此形成一个普遍的政治系统时，它才是一个普遍好的制度。所以中国的政治理想是建立可以从最高层次（天下）到中层（国家）再到草根层次（家庭）传递的普遍有效治理，它试图消除各政治层次之间的冲突和不协调，由此创造出一种建构性的"政治连续统"。中国关于政治系统的一般方案，就其简化的形式而言，是由天下（世界制度）、国家（诸侯国而不是民族/国家）和家庭组成的。在这一方案中，它通过建立一种结构性的映射关系（mapping）来保证各个政治层次的一致性，即一个政治层次可以结构性地映射到另外一个层次上。于是，世界、国家和家庭的治理方式尽管在操作方式上有所不同，但在本质上是一致的：它们只不过是同一种制度的不同表现。因此，整个政治系统就形成了一种**自我证明**：整个系统的结构可以映射到它所统辖的任何一个层次的结构上，每个层次的结构又可以映射到其他任何一个层次上，而所有层次的互相映射正好证明了这个系统的内在和谐。

这说明，在一个内在和谐一致的政治体系中，其政治的治理必须具有从最高层次到最低层次的有效传递性，这一点对于政治的合法性是至关重要的。因为一个小规模的政治社会总是以较大规模的政治社会为其存在语境和约束条件的，较小规模的政治社会总是受到作为外部环境的较大规模政治社会的影响、限制和导向。于是，较大规模的政治社会的秩序与和平总是较小规模的政治社会的秩序与和平的必要保证。而世界是最大的、无所不包的政治社会，一旦世界完全成为无效世界，就没有哪个国家能够置身事外。这一点是中国政治哲学自古以来的一个共识。例如，墨子曾经做过这样的论证：当天下没有统一的政治领导，而人民以及各个共同体之间产生了意见冲突而充满矛盾的时候，这个世界就会失序，而要让这个世界获得秩序的唯一方法就是让它由一个统一的制度和政治原则来加以治理，因此就需要一个世界帝国制度。不过世界太大了，难以由天子一个人来管理，所以世界应该被分成很多诸侯国，然后诸侯国再进一步分成更小一些的政治单位。至于有效治理的政治形式则必须满足从上至下而不是自下而上的一致性和传递性。因为，把好的家庭加在一起并不一定能产生好的社会，显然好的家庭之间还是有着利益冲突，而且冲突不会变少；同理，把好的国家加在一起并不一定就有好的世界。所以只能优先创造一个好的世界制度，然后才是国家制度，等等。只有自上而下的政治治理传递性才是创造有效世界的根本条件①。墨子的理论看起来是对国际"联盟"、联合国或者类似的政治体系的反论。这样的理论思路在西方可能是比较另类的，但在中国却是正宗思路。中国哲学通常都会坚持世界制度之下的世界治理的优先性和首要性，同时会坚持自上而下、由天下而国而家的政治体系。天下—国—家这一模式绝非儒家一家之见，而是几乎所有中国传统理论的共识。

---

① 参见《墨子·尚同上》："一人则一义，二人则二义，十人则十义……人是其义，以非人之义……天下之所以乱者，生于无政长……天子、三公既以立，以天下为博大……故画分万国……壹同天下之义，是以天下治也。"

可见，中国政治哲学的理论逻辑是，世界理论必须被看成是政治理论的核心理论，而内政理论和国际理论则都被看成是世界理论的亚理论，或者说，以天下原则为政治总原则，再以此去理解分析各种具体的政治问题。这个"尚同"模式（即治理规则层层向上看齐的政治制度）显然在建构政治一致性和世界和平上具有明显优势。这种表达为天下理论的中国政治哲学，至少在学理上对认同民族/国家体系的西方政治哲学形成了挑战。当然，西方并非没有反对民族/国家制度的政治理论，例如但丁在他的《论世界帝国》中提出了在某些方面类似于天下理论的世界理论，尤其有趣的是，但丁关于世界帝国的必要性和优越性的论证与墨子的论证在逻辑上惊人地相似。不过但丁又论证说罗马人最为优越，因此应该统治世界，还认为世界帝国必须以上帝为精神领导，这就有些站不住脚了，因为这些论点在价值观上可以是某种文化的一家之见，但是在纯粹理论上却不具备合法性，因此不应该成为理论论证的一部分①。从纯粹理论上看，世界制度既然是世界性的，或者说是被承诺为普遍的，它就不可以拥护某种意识形态，无论是宗教的还是什么主义。只有天下理论在这一点上才真正是彻底的，它把制度的合法性仅仅落实在人民共同意愿和普遍人性上，而与特定价值观无关。但丁的理想在西方特别是在现代西方显然不是主流思路甚至是不合时宜的，而更多属于古代思想，他在西方积极地准备进入现代社会时提出了世界帝国理论，难免不受重视。

①　但丁. 论世界帝国. 北京：商务印书馆，1985.

　　天下理论如果仅仅从政治治理的有效性上去论证世界政治制度，那它就仍然是片面的理论。显然，如果仅仅考虑治理的效率，那么最有效的制度仍然很可能是个坏的制度。无论如何，政治制度绝不只是为了组织和管理社会，它必须同时成为好生活的条件，它必须同时是关于好生活的一种制度设计。因此，天下理论就其理论逻辑来说，除了政治合理性论证，它还必须拥有道德有效性的论证。可以这样理解和推测，周制度已经为天下理论的政治合理性给出了基本论证（至少孔子等思想家在极度推崇周制度时就等于假定了这一点，尽管事实上周制度是否像孔子等所想象的那样合理，仍然是相当可疑的），那么，孔儒的贡献就在于为天下理论补充了道德有效性论证（尽管孔子愿意把一切归功于周礼，但孔子思想显然比周朝的观念更丰厚深入，所以可以假定孔子或许已经意识到了天下理论在道德论证方面需要补充）。现在看来，孔儒所发展的关于天下理论的道德论证无论在理论逻辑上还是在社会实践中都是至关重要的。

　　儒家对周思想的发展使天下理论具有结构上的完全性。一个具有普适性的政治制度不再是单纯的政治策略，其政治合法性必须源于伦理合法性并且由伦理合法性而得到证明。由伦理来论证政治显然使政治更接近民心。不过这种伦理合法性又显然需要有不可怀疑的证明。要证明一个抽象命题比较简单，因为只需要考虑形式上的必然性，但是要证明一种有具体内容的生活方式是普遍的，这显然无比困难，它等于要求证明某种特定的生活是人们最需要的。关于这一点恐怕不存在绝对的证明，但中国哲学所给出的证明可能是其中最好的一种。大概是这样的：家庭关系被认为是最容易产生人类之爱、和谐、关怀以及义务的自然基础或者是无条件被给予的基础，同时也是那些人们最需要的人类情感的存在证据，因此**家庭性**就被认为几乎穷尽了人道的本质（"人道竭矣"）①，以至于被说成是世界上唯一万世不变的生活本质，而其他所有文化性的规则和知识则都可以因时而变，与时俱进②。这个"家庭性论证"（family-ship argument）的价值在于，在这个共同体内，对他者的爱和义务的最大化碰巧最有可能与自身利益的最大化达成一致，从而最有可能形成人性的最好发挥和最好循环。这就是秘密所在。但是有一点需要注意，家庭在这里既是一个真实的生活模式又是一个理想的象征性模型，即孔子所推崇的"仁"的人际关系模型。真实的家庭人际关系未必都好过与外人的人际关系，但作为理论模型的家庭模式仍然是人性条件最优化的环境。而且"家庭"也必须从广义上加以理解，它指的是人类亲密关系共同体而不一定是法律规定和承认的家庭。因此，家庭关系作为一个最优伦理范本而被认为可以普遍地应用于社会的各个层次，按照映射的方式从家庭到家乡到国家一直到世界。既然众望所归的伦理关系被理解为政治治理的深层结构，那么政治制度的伦理合法性就获得了证明。由于这一伦理的合法性是从家庭这一社会基层开始推广的，因此就必定表现为一种**自下而**

---

① 《礼记·大传》："上治祖祢，尊尊也；下治子孙，亲亲也。旁治昆弟，合族以食，序以昭穆，别之以礼义，人道竭矣。"

② 《礼记·大传》曰："圣人南面而治天下，必自人道始矣。人道，谓此五事。立权度量，考文章，改正朔，易服色，殊徽号，异器械，别衣服，此其所得与民变革者也。其不可得变革者则有矣，亲亲也，尊尊也，长长也，男女有别，此其不可得与民变革者也。"只有少数中国哲学家对家庭关系持反对态度。比如，商鞅说家庭关系的伦理鼓励自私和邪恶，而不是仁善，而且他认为法律是最重要的东西，参见《商君书·开塞》。

上的推广顺序，即由家至国再到天下，与天下—国—家的政治顺序
正好颠倒。按照管理家事的原理来管理国事甚至天下事，这在中国
是被普遍认可的原则①。而这意味着，除非天下能按照家庭的模式
进行治理，否则它将不能得到和平与和谐，因为家庭被看成是整个
社会的基础版本。

天下—国—家这个自上而下的政治方向和家—国—天下这个自
下而上的伦理方向构成了一个标志着政治与伦理之间相互肯定的政
治-伦理循环。这一互惠循环似乎构成了某种**先验论证**。在实践中，
政治制度和生活伦理形式依据其互惠的理论结构而互相为对方提供
了所需要的条件，即政治制度为伦理制度提供权力保障，而伦理制
度为政治制度提供民心支持，或者说，政治为伦理提供效率，而伦
理决定政治的合法性②。

按照中国古代的理想，天下理论所设想的世界制度就是以家庭
性为伦理本质的普世帝国，或者说是作为最高政治存在的**帝制世界**
（imperial world），它以从圆心向外全方位展开的形式将世界上所有
民族都先验地或理论先行地囊括在内③。单纯就理论本身而言，在

---

① 《大学》："身修而后家齐，家齐而后国治，国治而后天下平。"以及《墨子·尚
同下》："治天下之国若治一家。"

② 孟子论证说，人民要比政府重要得多，而且，人民的支持是对统治的终极认
可。他坚持认为，如果失去人民的支持，君王就会失去自己的统治力量，而如果他反对
人民的心意，他就会失去人民的支持。《孟子·尽心下》："民为贵，社稷次之，君为轻。
是故得乎丘民而为天子。"《孟子·离娄上》："桀纣之失天下也，失其民也。失其民也，
失其心也。"《大学》也说："得众则得国，失众则失国。"

③ 按照周制度，中心是王畿，环绕王畿分布着各个诸侯国，大约为五或九环的地
带，直至情况不明的四海。

天下之内诸国之间的关系只有远近亲疏之分，而无所谓对立且不可调和的异己，没有不共戴天的"他者"，因为只有同一个天，也就只有同一个天下。当然这不等于说在天下帝国里不存在敌友关系（例如，在进入春秋时期之前，周朝也有许多冲突和战乱），天下模式没有把握消除国家之间的**政治/经济性矛盾**，但至少可以消解**文化性的冲突**。这一点是无比重要的，因为在政治/经济上并没有永远的敌人，政治/经济的冲突有可能通过谈判、对话、让步和调整来达到相对合理的解决。所以从长期来看，政治/经济的冲突不是根本性的，文化冲突才是根深蒂固的。文化是价值观，是精神，它比利益和物质要深刻得多，文化上被征服等于心灵被征服，也就等于彻底被征服。所以，文化冲突是最难解决的。在这一点上我们不得不承认亨廷顿关于文明冲突的见解。由于天下模式只承认政治一致性和人性普遍性，而不再更多地承认其他原则，尤其是否认了任何意识形态（特别是宗教）的普适性，否认把任何特殊价值观强加于人的合法性（所谓"礼不往教"原则），否认把特定价值观普遍化的合法性，从而认可了各种文化的自由存在和自然存亡。

在今天，也许世界上有许多国家有着良好的国内政治和社会秩序，这一点很大程度上掩盖了世界的危险境况。天下理论可以被发展成为一种新的分析框架来重新思考当今的政治问题，同时成为一种思想资源来为未来的世界创造新的哲学理念。全球化现在正把我们引向**某个**新的时代，而目前还没有任何可以用来想象一个新时代的成熟理念。当我们不得不面对整体世界的问题时（这个问题的语境显然比国际事务大得多），我们是盲目的。这是个严重问题。

尽管天下理论在古代中国没有获得充分的发展，但它的潜力无可置疑。它的哲学原则，无论是明确表述的还是隐含其中的，可以概括如下：

（1）世界必须成为一个政治存在，否则不存在一个完整的政治体系。

（2）世界的治理需要一个世界制度。

（3）如果一个政治体系由多个层次所组成，那么世界制度必须是这个系统中的最高政治权力制度。

（4）不同层次上的政治制度必须在本质上相同，或者说，政治治理原则必须在各个政治层次上具有普遍性和传递性。

（5）政治制度必须具有伦理合法性。

（6）政治制度的伦理合法性在于符合全体人民的公意。

# 五、与当代问题的相关性

天下模式可能会使人联想到联合国。它和联合国模式确实有某种相似的意图，它们都是试图解决国际问题而保证世界和平与秩序的世界性组织。不过，这两者之间的差别可以说是毫厘千里，何况还不只是毫厘。当然，也许将天下和联合国相提并论本来就有点离谱，联合国是通过"合"而创造出来的一个世界中心机构，而天下模式却是由世界政治中心通过"分"而创造的政治网络。尤其是，联合国根本就不是个统治性的世界机构，不过，天下制度就其理论本质而言也不是一个帝国制度，至少不必是严格意义上的帝国制度，而是宽泛意义上的世界社会的统一治理系统。我们只是为了进一步揭示世界性问题才把它们放在一起分析。

严格来说，联合国只是一个国际组织，它不是世界政治制度，更不是一个以世界本身为目的而建立起来的世界制度，就是说，它关心的不是"世界性"而仍然是"国际性"。它是一个以假想的各国权利平等为基础而建立起来的联合组织，以便各国可以为各自利益进行谈判，可以说是个试图变暴力为交易的制度。但是问题是，通过联合国仍然不可能达成任何真正合理的协议，因为没有人会对公正感到满足。道理很简单：既然每一方都被定义成理性的，而且一心对私利进行最大化，那么就不会有人把公正的事情**看成是**公正的，只有对自己比较有利的事情才会理解为是公正的。为了调和这种分歧，联合国已经做出了巨大的努力，试图用理性对话代替非理性的冲突，但并不如人们所期望的那么成功。无疑，理性对话减少了战争（这也是有疑问的），但它却从来没能减少冲突和矛盾，即使它能够鼓励各方达成某些均衡，也无非属于非合作博弈意义上的纳什均衡，而很少是人们喜欢幻想的"双赢"。联合国是一个没有实质性权力的组织，因此不能阻止超级大国在全球范围滥用力量而获得支配地位。

联合国模式背后的哲学是对国际民主以及理性对话/交流理论的信念。但是我们有理由说明，这样的信念是无效的或者是不完善的。当然，目前联合国本来就还没有达到国际民主的水平，不过，假定有了民主，仍然不必然会蕴含好的结果。众所周知，民主会被强势力量、金钱以及市场扭曲，民主制度并不能减少一个社会中的任何坏的势力，而至多是改变了坏势力的运作方式。也就是说，人们只不过换了一个方式来做坏事，这一点不可不察。正如阿罗的不可能性定理所证明的，民主会被策略性投票（非真诚投票）误导，所以，不但没有一种程序公正的民主能够达到实质公正的结果，反而该民主可能会产生非常可怕的结果。例如，当年民主选举出来的希特勒德国以及现在美国帝国民主决定的加诸世界的种种灾难。在今天，民主越来越不可信任，因为"民主"这个概念在当代已经在实质上被替换为"商业"，它仅仅表达了商业社会的运行方式，是由商业所重新定义了的市场民主，早就不是古希腊意义上的在各种意见之间进行公正选择的理性民主了。

以中国的概念来表述，就是**民主不能有效和必然地表达民心**。所以中国从来都把思考的重心落在"民心"而不是"民主"上，因为民心才是实质内容，民主只是用来表达民心的一种可候选的方式，不可以颠倒过来以民主去定义民心。我相信"民心"问题对于民主理论是釜底抽薪的挑战。无论在理论上还是在实践中，民主都并不必然蕴含着正义、善以及其他美好价值，所以民主**本身**是靠不住的，除非已经有一个公正又正义的世界作为事先给定条件。人类的正义和美德与民主制度的关系应该是，前者是后者有效运转的前提，而不是相反。但是那种理想状态从来没有出现过，恐怕以后也未必会出现。于是有个悖论：因为没有好的社会，所以人们希望通过民主来产生好的社会；可是如果要保证民主是好的，又必须事先有个好社会。到目前为止我们还没能跳出这个悖论的方法。

至于理性对话理论，同样面临非常大的难题。考虑一种处于理想状态的对话或者交流，比如满足了哈贝马斯理论所设想的那种完美对话条件，是否就能够产生好的结果？按照目前所想象到的约束条件，这种对话很可能产生**相互理解**，但显然不足以达成**相互接受**。由于欠缺某些必要条件（到底缺少多少必要条件，这需要详细分析），所以不存在从相互理解到相互接受的必然转换，即人们在心思（mind）上的相互理解并不能保证在心意（heart）上的相互接受，众所周知，知识的一致不能推导出价值的一致。当然，理性对话仍然非常重要，它不仅能够减少一些不必要的、意气用事的冲突，而且还至少能够让我们意识到在理解与接受或者在心思与心意之间的鸿沟有多深、多大①。

联合国所假定的国际社会在结构上与由个体所组成的社会有着映射关系，所以它承袭了——如果不说是放大了的话——由个体所组成的社会的各种难题。国际选择问题就是社会公共选择问题的翻版。甚至情况可能更糟，因为现在仍没有一个和国内社会民主同样有效的国际民主。事实表明，超级大国总是有各种机会，也有能力来反对或者超越联合国这样的国际组织。问题就在于联合国只不过是一个服务机构而非权力机构，所以联合国模式不是一个世界治理的有效模式，它只能是权宜的协商模式。联合国模式的理论局限就

---

① 可以在我的论文 "Understanding and Acceptance"（Les Assises de la connaissance reciproque. Alain Le Pichon，ed. Le Robert，2003）中找到对哈贝马斯交往对话理论的批评。

在于它只是"国际性"概念而不是"世界性"概念下的制度设计，因此必定受到所有民族/国家利益的约束，也就只能在民族/国家时代去对付民族/国家之间的国际问题，而不可能导向一个世界政治制度，不可能超越民族/国家体系。正如吉登斯所指出的，联合国看起来不是削弱了反而是增强了民族/国家体系这一现代政治形式①。

公正地说，联合国的**本来目的**就仅仅是处理国家之间的利益关系，而不是创造世界共同利益。所以联合国不应该被批评，世界需要的是政治理念和政治制度的创新。现在，能够为世界利益着想的**世界制度**仍然悬而未决，而世界已经在全球化进程中盲目前进。因此，"世界"这一问题变得十分迫切，我们需要重新理解"世界"的含义。不过理念创新是极其艰难而且冒险的事情，很多人仍然宁愿把希望寄托在联合国身上，正如彼得·辛格（Peter Singer）在分析了联合国的各种失败与错误之后所说的，"联合国仍然是而且应该继续成为国际秩序的基础"，但是"它确实应该进行改革"②。问题是应该进行什么样的改革。比如说显著地增进联合国的权力，但是有足够权力的联合国会不会成为某种新帝国？我们不得不重新思考墨子和但丁的论证：只有世界帝国才能有效地实现世界治理。不过，从现今世界的发展情况来看，帝国很可能不再是个合适的政治制度，人们普遍对帝国没有什么好印象。也许应该换个方式来提

---

① GIDDENS A. The nation-state and violence：volume 2 of a contemporary critique of historical materialism. Cambridge：Polity Press，1985.

② 参见彼得·辛格在 2003 年伊斯坦布尔举办的第 21 届世界哲学大会上的演讲 "Human Right，the State and International Order"。

出问题：要达到世界治理，显然需要发展一种新型的、在治理能力上等价于世界帝国的世界制度。我们不能总是回避这个问题，因为世界已经被深深卷入了全球化进程。

事实上，全球化已经不是什么新鲜的事情了。从现代开始，普适主义就是资本主义和现代工业的意识形态，同时也是反对资本主义的力量（共产主义）的意识形态①。甚至还可以追溯到基督教试图成为"世界宗教"的意识形态。所谓普适主义，无非是试图最大化自己同时最小化他人。有趣的是，现代性不仅以普适主义作为意识形态，同时又合历史而不合逻辑地以民族主义作为意识形态。现代性从一开始就形成了这一自相矛盾的意识结构。通过这一自相矛盾的结构，就可以理解为什么现代会产生帝国主义这样能够混合两种意识形态的制度（它既是民族/国家，又具有帝国功能）。这一当年的"制度创新"虽有混油于水的功效，却把灾难强加给了其他国家，使世界开始成为无效世界。而当某个帝国主义国家获得难以置信的巨大成功，就自然而然地准备真的成为新帝国，这就是美国当下所做的努力。一个新帝国时代似乎来临了（最近又有人认为美国帝国时代将会如昙花一现般遭到失败，不过这种看法似乎有些夸张）。在这个背景下，我们就不得不重新反思帝国理念，以便想象

---

① 《共产党宣言》是最早对全球化有所讨论的文本之一。"资产阶级，由于开拓了世界市场，使一切国家的生产和消费都成为世界性的了"，以及"物质的生产是如此，精神的生产也是如此。各民族的精神产品成了公共的财产。民族的片面性和局限性日益成为不可能，于是由许多种民族的和地方的文学形成了一种世界的文学"（马克思恩格斯文集：第 2 卷．北京：人民出版社，2009：35）。而且，共产主义认为，它的任务就是取代资本主义而让自己在全球实现。

一种世界制度。

最现成的世界新政治形式是美国的"帝国"模式①。它继承了现代帝国主义的很多特征，不过，它通过霸权，或者美国人自己乐意说的"美国领导"，把现代帝国主义的直接控制转换为现在这种隐性的但更全面、更彻底的全球支配。这种全方位帝国（omni-empire）不仅在政治和经济领域，而且在文化话语以及知识生产上滥用权力②。但是美国人还不满足，正如 J. 奈所说，美国帝国的问题与其说是经常受到指责的"帝国的手伸得太长"，不如说是"帝国还有鞭长莫及的地方"③。这个大全帝国和现代帝国主义之间的区别在于，它不仅想成为游戏的赢家，还想成为游戏规则的制定者。这在政治上是完全非法的。这种新帝国只能制造无效世界。按照美国帝国那种"胜者通吃"的原则，所谓"历史的终结"只不过是世界之死。

欧洲知识分子对"欧洲的重生"的期待，似乎表达了某种模糊的政治雄心。但有一点比较明确，欧洲试图发展成一个大规模的统一的政治共同体，尽管这个共同体在地理上只是欧洲，但其政治制度的性质却表达了世界性原则。这是在康德的政治共同体想象之上的发展。但是有个问题，欧洲正在由现代政治意识走向后现代政治

---

① 哈特和奈格里曾经在他们的《帝国》一书中论证说，当今的新帝国与欧洲帝国主义并不一样，与欧洲帝国主义相比，这种新帝国更像是罗马帝国。

② 但是美国帝国看起来对它的"领导权"还很不满意。J. 奈号召美国增强它的"软力量"作为其"硬力量"的补充，据说这样才能彻底统治世界。NYE J. The paradox of American power：why the world's only superpower can't go it alone. New York：Oxford University Press，2002.

③ NYE J. U. S. power and strategy after Iraq. Foreign Affairs，2003（4）：60 - 73.

意识，所以需要新的政治定位。欧洲的政治和文化身份将会是什么，是否会有什么新欧洲？欧洲又能够创造出什么样的理念和概念？其实对此欧洲人现在还没有清楚明确的想法。因此，在美国看来，欧洲只不过是个没有什么创造力的"老欧洲"，而欧洲自我感觉却又是在发展比美国更进一步的后现代政治意识，这里显然有种意识反差。德里达和哈贝马斯的"欧洲的重生"宣言似乎想说：欧洲应该有一条与美国不同的道路，欧洲才是真正的西方，欧洲有能力进行制度创新。不过这个想法仍然很空洞。欧洲政治的后现代化和后民族国家化仍然只是个意图而还不是个明确的制度。不过，政治的后现代化确实是个非常重要的新问题。所谓后现代一直都只是一种文化运动和生活风格，它只不过是现代性的自身反思形式而不是超越现代性的实践，因为后现代一直没有属于自身的制度而寄生于现代制度上。假如将来后现代运动发展出了后现代政治制度，这倒是一个划时代的改变，只是现在一切都还不明朗。

关于世界的未来，其基本理论问题是——至少在我看来——如何为创造世界秩序准备好一个世界制度的理念。正如前面所论，如果还不存在一个世界制度来掌管世界秩序的话，那么世界就还**没有**在场。世界制度是世界出场的一个存在论条件，所以我们的问题是如何想象然后创造一个世界制度，以便世界能够从无自觉意义的存在（being）变成有自身意义的存在（existence），也就是让**世界诞生**。在某种意义上，一种文化的产生，一种伦理或者一种宗教的产生，都意味着世界准备诞生，但是如果不能建立一种保护世界的制度，就很容易导致世界分裂甚至**世界之死**。文化和宗教的冲突会使世界即生即死。世界之死比上帝之死更加危险，如果说上帝之死造成了精神世界和价值准则的危机，那么无效的世界则非常可能导致人类生活和命运的彻底失败。所以，世界必须有一种政治意义上的诞生并且获得政治的保护，这样才是成功的世界诞生。当年康德在思考了知识、伦理和宗教等问题之后又转向了政治和历史哲学，并且把"永久和平"看成是最重要的哲学问题，这绝非偶然，而是深思熟虑的追问。可以说，康德早就为哲学想象了一种政治哲学转向。

政治哲学转向需要创造一种新的世界观和一种新的政治分析框架，以便能够按照世界本身的目的去理解世界，同时，按照世界的尺度去重新诠释关于世界的各种问题。而这样的政治原则正是中国天下理论所强调的根本原则，即天下是天下人的天下，天下的选择必须是天下所有人的人性选择，而不可以是某种意识形态、宗教和文化或者某个国家和民族的选择，不可以由国家、民族和特定文化来代替世界。或者说，世界必须由世界人民来定义，而不能由某些人民来定义。

对于中国哲学，却无所谓政治哲学转向，因为中国哲学本来就是以政治哲学作为出发点的，而且一直保持政治哲学作为第一哲学，更准确地说，是政治/伦理哲学的综合格式。以天下理论为哲学核心的中国政治哲学无疑是关于世界制度最深厚的理论准备。当然，今天的世界可能再也不需要帝国了——既不需要一个美国那样的危险帝国，可能也不需要中国古代天下帝国那样的和平帝国。但是，天下体系很可能通过某种转换而成为适合于未来的世界制度。

在这里我们所讨论的仅限于天下理论的哲学问题，至于未来可能的世界制度模式，则是非常复杂的实践问题，远非哲学所能预告。

（陆丁　译）

# 相关阅读

## ——关于《天下体系》的争论

# 附录一　我们时代的大问题：
# 从民族国家到全球共同体

### ［印］森迪普·瓦斯里卡[*]

赵汀阳教授是中国的哲学家，他提出了这样一种建议，即在构成社会组织的各种单元或者说单位中，占据首位的应该是"作为世界的世界"（"the world"）[①]　而不是民族国家。可以说，这一建议已经造成了一场思想的激荡。他对国际体系采取了一种拒斥性的立场，因为这种体系是以民族国家间的关系为基础的，而他所主张的是某种具有全球性的体系。在他的哲学框架中，这个星球上的所有人或者人民，都应该对"作为世界的世界"有一种忠诚（loyalty），并且，在

---

[*]　森迪普·瓦斯里卡（Sundeep Waslekar）：印度著名哲学家。

[①]　作者在行文中区别使用加引号的"'the world'"和不加引号的"world""the world"。前者特指赵汀阳理论中作为政治建议和哲学概念的"世界"，后者则是一般意义上的世界。但是，在中文中如果仅以引号进行区别，由于中文引号的多义性，则容易引起误会，而且也无法反映此处定冠词那种通过对"唯一者"进行标记而将日常词语概念化的功能。因此，在本文中统一将引号中的"the world"译为"作为世界的世界"以示区别。——译者注

参与全球事务的时候，要作为全球公民（global citizen）——而不是代表着他们自己的民族——参与到那个"作为世界的世界"的事务中。在这样的一个世界中，联合国的各种组织显然处于一种无关紧要的位置。事实上，赵教授更倾向于建立某种不同形式的世界政府。

不出意料，赵教授的主张招致了一些学术界的批评。有些作者指责他是在推销一种由中国来进行主宰的世界体系。而另外一些人则将他归入浪漫主义理论家的行列，认为他的这些观念反映出他缺乏对于人类的本性和弱点——具体来说，就是贪婪、报复以及拉帮结派的欲望——的充分理解，并因此认为他的理论是异想天开的。确实，在赵教授的文本中也许过多地征引了中国的历史、文化和哲学来解释他的理论。他也确实认为，在西方思考中存在着一种帝国主义的意图，并且也确实不认为自由主义和人道主义或者人文主义的思想流派是值得被认真考虑的思路。而且他也确实没有告诉我们应该如何去做，才能让我们从那种贪婪的、各自为政的思想定式中摆脱出来，切换到那种真正可以被称为"人的"、全球性的思维中去。但是，无根据地为赵教授的工作添加某种"动机"，或者仅仅因为他就职的机构是中国社会科学院，就认定他是在为中国的重要地位做某种战略宣传，显然是有失公平的。相反，在我看来，在他所提出的建议中存在着一种我们必须去讨论的实质性内容，即在这样一个日益整合、全球性日益增强的世界中，存在着这样一种需要，一种从民族国家转向某种全球共同体的需要。

就在离我们不太远的过去，康德曾经在 1795 年提出过这种主张。不过，康德并没有完全地抛开民族国家。组成他的世界的，是诸共和制国家的共存，以及某种形态的世界公民身份。而这样一个世界，从来没有真正实现过。相反，我们却经历了各种或大或小的战争，各种以民族国家的名义发动或者为了民族国家的利益而进行的战争——导致差不多2亿人死亡的战争。事实上，当超级大国成功地研发出某种热核武器这一事实被公众知晓时，爱因斯坦和罗素曾经在1955年发表了一个宣言来呼吁放弃战争，让民族利益从属于人性的未来——否则，我们面临的将是整个人类被毁灭的危险。而从1985年开始，哈桑·本·塔拉勒（Hassan bin Talal）就一直在鼓动人类接受一种新的、人道主义的国际秩序——他的主张也出现在各种联合国决议和报告中。尽管如此，虽然我们确实躲开了也许可以被称为另一次"世界大战"的战争，也确实在广岛和长崎之后对核武器的使用进行了限制，但冲突却仍然以"祖国"的名义影响着我们的生活。如今，某些团体则用宗教和种族取代民族国家而为其对暴力的宣扬来提供名分大义。可以说，哲学的时钟不是在向前走，而是在倒退。

这样的一个背景，是我们在审视赵教授的主张时必须考虑的。而当我们这样做的时候，我们就会发现，他实际上是在呼吁一种忠诚的转移：把我们对于民族国家的忠诚，转移到对于人性的忠诚上去。没错，那种把世界看成某种社会组织单元的"作为世界的世界"概念，并不是一个容易理解或者消化的概念，因为在这个世界上还从来没有存在过一种全球性的社会或者文明。事实上，就历史现实而言，所有超出民族或者国家的社会组织框架，无一例外地，不是以地理区域为其基础，就是以某种宗教教区作为其基础。在人类的历史中，存在过的是各种地理区域性的文明，比如阿拉伯、中国、印度、玛雅和欧洲文明。也曾有过各种宗教和革命，囊括了诸多民族，或者是有过各种相互竞争的、横跨诸大陆的帝国（及其殖民地）。而近些年来，虽然有过关于利用"普世价值"，用那些被神圣地记录在《世界人权宣言》（Universal Declaration of Human Rights）中的种种原则来约束各人类社会的争论，可是这些思考仍然是把民族国家当成社会组织的首要形式。也就是说，迄今为止还从来没有存在过一种全球性的文明，或者一种全球性的共同体。这也就意味着，没有任何一种经验性的、实在的经历（empirical experience）能够被用来检测这个"作为世界的世界"概念。

不错，一种以人类的自利性假设为基础的秩序，就我们过去所拥有的经验以及现在所处的状态而言，确实可能会显得比较实际或者现实。但是，未来却未必就非得以过去作为其唯一的指引不可。事实上，民族国家这个概念，尽管历史学家们会把它的诞生上溯至1648年的《威斯特发里亚和约》，但实际上是在1871年德国统一，甚至要到1919年第一次世界大战结束之后，它才真正存在。而在当时，民族国家也并没有被认为是什么神圣不可侵犯的东西。虽然在当时那种地缘政治占上风的形势下，它确实是一个有效的概念。但是，现在无论是金融欺诈、气候变迁、全球性犯罪还是恐怖主义以及各种传染性的疾病，都在动摇它的可信性。

而且，让我们不要低估了人类在创造概念和进行概念化方面的能力。就在不久之前，电力、飞机、互联网、人工合成的细胞以及其他一些发明还都是一些无法想象的东西。虽然相比起社会组织方式，技术方面的创新要容易得多，但是，如果把时间的尺度延长，那么我们会发现，社会进行组织的方式确实是在变化的。5 000 年前，像城邦、商人国家和宗教自治领地（religious dominions）是无法想象的。1 000 年前，共和制国家不可能出现在任何政治展望中。500 年前，我们不可能预期这个世界上会出现"义理国家"（doctrinal states）①。而现在的我们也无法预见到一种全球性的社会单元。但是，这并不意味着永远都不可能存在某种全球性的共同体。而至于这样的一个全球共同体体系到底应该具有一种什么样的基础，是以康德那种共和制国家联盟加上世界公民身份的二元结构为基础，还是以赵教授所设想的全球社会单元为基础，又或者以某种完全不同的东西为基础，则正是我们必须加以讨论的问题。如果人性这种东西在今后的 500 年内还能存活下来，我们就将生存在一种后自然演化、后人类以及后地球的世界中。而这样的一个世界，也当然会不得不汇聚到一种后民族国家的、全球性的思维模式中。诚然，批评家们可以把焦点集中在经验性经历的缺失上。但是，批评家虽然知道如何批评，但却不知道如何创造，而这却恰恰是那些具有前瞻性眼光的人的任务所在：筹谋与打造出种种与那个具有全球性的未来有关的概念。

（陆丁　译）

［原载于《战略展望》（*Strategic Foresight*）2010 年 6 月刊］

---

①　似指类似于苏联这样以某种"义理"（doctrine）而建立起的国家。——译者注

# 附录二　联合国大学"全球正义"访谈系列之一对话赵汀阳——以"天下"观天下

让-马克·夸戈①：您好，欢迎来到本期联合国大学（UNU）访谈系列的"全球正义"专题。

赵汀阳：很高兴在网上和你们见面。

让-马克·夸戈：我是 UNU 的让-马克·夸戈，我在纽约。今天我们请到的是赵汀阳教授。赵教授的教学和研究领域是哲学，他现在是在中国社会科学院哲学研究所工作。他已经在哲学领域工作了 20 多年。在 2005 之前，赵教授就已经在哲学领域建立了他的地位。而他在 2005 年出版的《天下体系：世界制度哲学导论》一书，则让他成为中国智识圈的一颗明星。这本书已经被翻译成多篇英文

---

① 让-马克·夸戈（Jean-Marc Coicaud）：时任联合国大学驻纽约联合国总部办事处主任，联合国系统学术委员会董事会成员，曾任哈佛大学国际研究中心、哲学系和法学院研究员。

论文出版。这本书的出版，也让他的影响力不只局限于哲学，而进入了国际关系研究的领域。他这本关于天下体系的著作，其中的一个主要内容，就是要建立一种稳定而公正的世界秩序。他在 2009 年出版的新书《坏世界研究：作为第一哲学的政治哲学》也同样延续了这一工作方向。这就是为什么我们的"全球正义"访谈系列这一次会邀请赵教授的原因。那么，赵教授，首先，感谢您抽出时间来跟我们见面。

**赵汀阳**：跟您讨论哲学对我来说是很高兴的事情。

**让-马克·夸戈**：不如让我们从您的背景开始？能不能在这方面简单地说两句。

**赵汀阳**：我出生在中国的广东省。广东出商人，在世界各地都能见到成功的广东商人。不过我对经商一无所知，相反我选择了哲学这个与商业相去甚远的行当。哲学家可以以身处世外的方式去看待或者观察这个世界。这种事情我喜欢。

**让-马克·夸戈**：那么，您就跟我们说说您是怎么成为哲学家的，还有，当您在 20 世纪 80 年代或 90 年代初学习哲学的时候，当时到底是怎么一种情况。

**赵汀阳**：我是在中国接受的哲学教育，那是在改革开放初期。在那个时候，大学里所教的是不那么有趣的哲学。因此我决定去遵循古代先哲的做法，像古代那些最早的哲学家那样去思考，就是说，去直接面对哲学问题，像他们那样直接思考。对我来说，重新体验那些伟大心灵所体验过的东西，是一种巨大的愉悦。

**让-马克·夸戈**：在作为一个学习哲学的学生时，您主要接触的是东方或者中国哲学吗？

**赵汀阳**：中国哲学当然是的，不过东方哲学就不多了。

**让-马克·夸戈**：那么西方哲学呢？

**赵汀阳**：我从柏拉图、霍布斯、笛卡尔、休谟、康德、胡塞尔和维特根斯坦等许多西方哲学家那里学到了许多东西。

**让-马克·夸戈**：您的哲学兴趣，主要是在道德哲学和政治哲学领域？

**赵汀阳**：没错，政治哲学和道德哲学。不过形而上学同样也是我的兴趣所在。我曾经提出过一种本体论，即关于"事之世界"的共在存在论（ontology of coexistence for the world of facts），这是一种与政治哲学以及伦理哲学相关联的存在论，它是这两者的存在论基础。在我看来，一种政治哲学，如果没有一种能够解释生活事务的存在论来为它提供支持的话，是不可能获得一种完善的论证根基的。

**让-马克·夸戈**：现在让我们来谈谈那本让您获得声誉的著作，也就是《天下体系：世界制度哲学导论》那本书。这本书的核心观念是什么？

**赵汀阳**：在那本书中，我主要是尝试利用"天下"这个概念来发展出一套关于永久和平的新理论——用它来替代康德式的和平理论，因为康德理论无法应对亨廷顿所提出的文明冲突的问题。我的主要想法是要让世界处于某种普世体系的管理之下，而不是像现在这样，仅仅是一个由各种"国际"即国家间组织所构成的、其实只是为民族国家私利服务的国际体系。另外，在那本书中我还提出并论证说，仅仅使用国家政治和国际政治这样的概念，并不能很好解释当下所面临的全球问题。因此，我们需要以"世界政治"作为第三种视域，也就是世界性的政治视域。在这个视域中，"世界"是一种具有"世界性"的存在，而不仅仅是国家和个体的集合。

**让-马克·夸戈：**能不能这么说，您的著作也在很大程度上做着这样一种努力，即要去重新思考中国与世界其他部分之间的关系？

**赵汀阳：**我的理论更多关注的是世界普遍利益，而不是分属于某个民族或者国家的利益。有些学者把我的理论跟"中国威胁"联系在一起，这种理解是不对的。

**让-马克·夸戈：**当代的中国哲学，大多数都是以西方哲学或者马克思主义为其基础的，而您的思考似乎主要是基于传统的中国哲学和概念，就比如说"天下"。

**赵汀阳：**您说得对。我之所以选择"天下"概念并对它加以翻新，是因为它是分析世界政治的最佳概念，而在西方哲学中找不到这样一个概念。顺便说一句，我并不贬低西方哲学的价值，相反，我非常钦佩古希腊哲学，还有休谟、康德和维特根斯坦的哲学。在我看来，在国家政治方面，西方哲学有各种很棒的想法。我对哲学资源的选择，取决于我所要处理的是什么样的问题。

**让-马克·夸戈：**那么，为什么选择以中国传统哲学为基础来建立现在这个政治理论呢？

**赵汀阳：**在我看来，就政治哲学和道德哲学而言，中国古代的思想资源是非常丰富的，它的一些理念甚至可能是最优概念，比如说"天下""和""仁义"等。所以，我在政治哲学方面的资源选择，就会更多地开发中国的理念。

不过，如果您读过我在知识论方面的讨论的话，您就会发现那些知识论的讨论是非常西化的，比如我对柏拉图的"美诺之问"的分析，还有对胡塞尔的 noema（意向对象）概念、维特根斯坦的"遵循规则"问题等的分析就非常西化。这是因为中国哲学在知识论方面比较贫乏，所以讨论知识论问题时就较少利用中国哲学资源。

**让-马克·夸戈**：现在，让我们来更具体地谈一谈您在《天下体系：世界制度哲学导论》这本书中的核心观点。首先，"天下"这个概念在您的思考中是占据核心地位的。您用这个概念是想表达一种什么样的想法呢？

**赵汀阳**：所谓"天下"，是指一个作为政治存在的世界，它拥有普遍有效的世界制度，在这种世界制度治理之下形成普世的和平合作。

**让-马克·夸戈**：您书中说这个概念包含着三个要素：第一，它指涉的是整个地球，或者说，是天空之下所有的土地；第二，它指一种由所有人、所有民族普遍同意而建立起来的世界政治体系；第三，它指涉着全球性的管理制度和机构。

**赵汀阳**：是的，"天下"的特殊意义就在于它意味着一个三位一体式的复合世界：它是物理世界、心理世界和政治世界的重合。

**让-马克·夸戈**：按照这三个层次，请您逐层地具体给我们解释一下。

**赵汀阳:** "天下"这个由三种意义合成的饱满的"世界"概念意味着:(1)天空下的大地(这是它的日常语言用法);(2)由世界上所有人或者所有民族,即万民,所做出的关于这个世界的共同或者公共选择,这代表着万民在心意上的普世一致(这是源于儒家对这个概念的诠释);还有(3)一个属于世界并为世界服务的,即以世界为其目的的普世体系,其中包括了旨在建立和保障普世秩序与普世正义的制度安排(这是源于有周一代的政治发明)。这里的关键在于,天下体系的目标,是要让我们现在所生活于其中的这个政治无政府状态的物理世界变成一个和平有序的政治世界。

**让-马克·夸戈:** 在您的天下体系中,另一个重要原则是"无外"原则,即任何人都不应该被排除在这个体系之外这样一个原则。这样说来,天下体系是一种最具容纳力的体系?

**赵汀阳:** 是的。这个原则也可以说是歧视最小化同时兼容最大化的原则。这意味着,在这个体系中,没有人被定位为异端、精神敌人或者卡尔·施密特所想象的那种"不可或缺的敌人"。事实上,要想达成永久和平,必要条件就是一个体系必须能够兼容各种不同的文化和民族——而不像康德所要求的那样,各民族国家必须在政治上相似。

在我看来,人们最大的错误,无过于对最简单、最基本的真理视而不见或者置之不理。比如说,孔子有这样一条"金律":"己欲立而立人,己欲达而达人。"按照这个原则,富人应该允许其他人富起来,富国应该允许其他国家变得富裕起来。可是,如果我没记错的话,几年前曾经有一位欧洲政治家却在担心中国人也喝牛奶了以及印度人每天吃两餐而不是一餐了。在我看来，这种考虑问题的方式，不仅违反人权，而且，这种与人敌对的思维也将是自我挫败的。

**让-马克·夸戈**：您似乎在您的著作中设想了某种形态的世界政府，是这样吗？

**赵汀阳**：如果未来需要的话，就可以有。

**让-马克·夸戈**：如果是这样，这种世界政府会以怎样一种形式存在呢？

**赵汀阳**：对未来进行预测，预见未来需要什么，这是无比困难的。不过，从理论上讲，一个世界政府应该以一部能够在同一水平上同时保证人权与人义（human obligations）的宪法为基础，我的意思是说，这部宪法必须能够保证权利与义务之间的平衡关系，这样，使一方面个体的消极自由可以得到保障，而另一方面必要的合理集体行为也能够形成，否则世界治理是不可能的。

**让-马克·夸戈**：那么，归根到底，您所展望的这种世界体系，实际上会是一种没有霸权存在的、以和谐为基础的世界体系？

**赵汀阳**：没错。和谐就是存在于所有文化和所有民族之间的普世兼容关系。从这个角度说，和谐应该被看成一个和平有序世界的基本价值。

**让-马克·夸戈**：为什么对您来说确保霸权不能得逞这么重要呢？

**赵汀阳**：就我所见而言，每一种文化都具有不可还原、不可替换的价值。文化宰制，或者说文化霸权，会让人类的文化和生活变得贫乏无聊，再者，用亨廷顿的话来说，会导致文明之间的冲突。

**让-马克·夸戈：**对于西方过去几十年所发展的正义理论，您的著作持有的好像是一种颇具批评性的立场。说得更具体一点，您似乎对美国哲学家约翰·罗尔斯的工作持有一种颇具批评性的看法，而他的理论可能是我们这个时代最著名的正义理论了。在您看来，罗尔斯的哲学到底有哪些不足呢？

**赵汀阳：**我很尊敬约翰·罗尔斯，不过我认为他确实有几个地方是可疑的。比如说，罗尔斯以"无知之幕"为条件的原初状态，实际上并不能必然导出他所偏好的那一个解决方案。特别是，并不会必然导出他的"差异原则"。就我所见，对于罗尔斯的问题，至少存在三种同样合理的理性解决方案，而罗尔斯只讨论了其中的一种，这对其他两种合理方案来说是很不公平的。具体来说，那两种被罗尔斯忽略的理性方案，一种是完全的平均分配，即每个人都分得同样的利益份额；另一种方案则是按照每个人贡献的多少来按比例进行分配。这两种方案的合理性并不弱于罗尔斯所选择的那种方案的合理性，所以至少应该得到同等考虑。进一步说，如果所谓"合理性"是指博弈局面下所做的理性选择的合理性，那么，从风险规避的角度来看，绝对平均主义显然还要更合理一些，因为这才是最强的风险规避。这对罗尔斯的理论来说可不是什么好消息。

但这还不是全部问题，对于他的理论来说，还有更糟糕的消息。如果按照个体主义或个体理性的方式来进行考虑，当人们从原初状态中走出来进行第二轮博弈时，有些人就会意识到他们自己实际上更有天赋，或者实际上处于某种更有利的位置之上。于是，他们就会按照利益最大化原则去努力改变、解构或重构原来在盲目状态下所签订的契约，因为在他们看来，这个契约缩减了他们本来可以得到的利益。换句话说，当"无知之幕"消失之后，冲突会恢复原状。

**让-马克·夸戈：**您的《天下体系：世界制度哲学导论》从根本上来说，是在讨论全球秩序和全球正义的各种原则。在您看来，要想达致一种全球秩序，就不得不严肃对待全球正义的要求。可是，我们究竟要怎样做才能让您所提出的这些原则在现实中被真正实行呢？

**赵汀阳：**这是一个大问题。您说得很对，全球秩序的正当性必须得到全球正义的证明。可是难题是，我们现在手头并没有现成可用或者令人信服的方法来建立和完善全球正义。因为，无论是通过超级势力或者实力（不管软硬）来建立全球正义，还是通过全球民主来建立全球正义，这些途径实际上都颇为可疑。假定建立一个全球契约，恐怕也还是不稳定和不可信任的，因为世界的无政府状态不能提供任何担保。至于那种基于交往理性的对话，也就是哈贝马斯所推荐的方案，其实无力解决世界上那些真正严重的问题，比如说，文明之间的冲突，以及涉及各种根本利益和价值的争端。事实上，要理解全球正义问题的难度，我们不妨来看看巴勒斯坦和以色列之间的争端这个例子。如果我们确实能够为这种严重争端找到某种真正的解决方案，那么这种解决方案肯定就蕴含着通向全球正义的一条有效途径。但显然现在我们没能找到这样一种解决方案。这就是问题所在。简而言之，我们现在离全球正义还有一段颇为遥远的距离,因为我们对类似"囚徒困境""搭便车""公地悲剧"或"反公地悲剧"这样普遍存在的问题,根本没有解决的办法。

关于如何能在这个世界中建立一种天下体系以达成全球正义这个问题,我考虑了很长时间。我目前的看法是这样的:要想能够采取某种有效而合理的策略来解决上述种种问题,我们首先必须改进我们自己的理性——我们必须发展出某种"关系理性"来平衡个人理性。关系理性是这样的:它所优先考虑的,是如何将各方对彼此的伤害最小化,而不是像个体理性那样,优先考虑如何将排他利益最大化。在我看来,通过关系理性来开展"二次启蒙",我们就能达到康德所说的那种更为"成熟"的状态。

**让-马克·夸戈**:那么,从这个角度来说,您又是如何看待当前现有的种种关于全球秩序与全球正义的制度和机构呢?比如说联合国体系?

**赵汀阳**:就联合国而言,我得说我对它持一种崇敬心态,因为这是一个伟大的创举。不过,它离全球秩序还很遥远。它实际上只是在国际体系框架内部设立的为这个体系的各国提供谈判服务的一个机构,它可以解决小问题,但从来不能解决大问题。

**让-马克·夸戈**:您认为它们是有帮助的吗?还有,就联合国而言,在您的哲学中是否还有它存在的空间,它是不是还能起到某些作用?

**赵汀阳**:联合国当然能起到某些作用,只不过不像一般所期望的那么大而已,因为它的权力太虚弱了,并无什么实权。在我看来,也许到某一天,联合国会发展成为一个世界公议广场(agora），就像雅典的广场一样。在这个广场中，人们可以对世界建构的种种可能性展开理性讨论，比如，以天下体系建构世界的可能性。

**让-马克·夸戈**：另外一个问题。虽然您在您的哲学中所提出的概念和原则都是非常中国的，可是，从意图以及智识气象（intellectual scene）来看，您的哲学却是深受西方观念和争论影响的。

**赵汀阳**：您说得没错。

**让-马克·夸戈**：那么，关于您所提出的这些概念和原则在中国之外的智识圈和智囊圈中如何才能产生影响力呢？

**赵汀阳**：我所能做的，就是想出好的想法并把它们写出来。至于人们的接受程度，就不是我的事情了。您也知道，有时候人们会接受好的思想，有的时候却并非如此，这可不好说。

**让-马克·夸戈**：可是您曾经写过一篇关于中国哲学要成为世界哲学的一部分的文章。

**赵汀阳**：这个事的背景是很多年前在中国发生的一场关于中国哲学的性质的有些好笑的争论。有些西方化的中国学者坚持认为，所谓"哲学"，只能是指西方哲学。而我的观点有些不同，我认为，如果一种世界哲学是可能的，那么世界哲学就必须是向所有文化中所有有效的观念开放的。而中国至少在政治哲学和道德哲学方面是有一些很好的想法的。

**让-马克·夸戈**：中国哲学和世界哲学的关系这事，对您来说，刺激您、对您构成挑战的是什么？为什么您认为"成为世界哲学的一部分"对于中国哲学来说是重要的？

**赵汀阳：**我认为中国哲学有希望对解决现代性危机做出贡献。事实上，我们当前所处的这个现代，无论是其成功还是危机方面，其根源都在于个体主义，即那种对排他利益最大化的理性追求，以及试图获得宰制性的权力、压倒别人的权力的追求。可以这么说，个体主义按照其自身逻辑就已经排除了对当前种种冲突提出解决的可能性。问题就在这里。所有的现代价值，比如说自由、平等和民主，从本质上看，都是为了争权夺利，要么是进攻性的，要么是防御性的，反正不出这两个藩篱，这样一来，现代文化就形成了一种敌意基因。这样的现代性显然需要别的价值来对其加以平衡，否则非常危险。在我看来，中国哲学对此可以有所贡献。中国哲学有一种善意或好客的关系主义基因，它优先追求相互伤害的最小化和相互兼容的最大化。天下体系正是这种关系主义的一个逻辑预期。无论如何，中国哲学主张的是一种兼容的普世主义，它所服务的对象是整个世界而不仅仅是中国。

**让-马克·夸戈：**您怎么解释您的著作所产生的影响力？

**赵汀阳：**我知道的也不是太多。我主观地猜测，也许有些人看到了亨廷顿问题所指出的危险，而对于这种危险来说，我的理论，看起来可能会是一个比康德计划更好的解决方案——但愿如此。

**让-马克·夸戈：**《天下体系》出版之后，您又出版了其他的著作，特别是《坏世界研究：作为第一哲学的政治哲学》这本书。首先，"坏世界"指什么？

**赵汀阳：**指的是一个冲突越来越多而合作越来越少的世界，也就是中国人说的"乱世"。

**让-马克·夸戈**：世界如此之"坏"的原因是什么？

**赵汀阳**：从心理学意义上说，是因为人性不完善。而从政治学意义上说，则是因为社会系统和制度安排的不完善。

**让-马克·夸戈**：您准备如何来纠正世界的这种不良品性？我猜哲学和道德应该能在让世界变得更好这事上起到某种作用吧？

**赵汀阳**：要是按照儒家所主张的那样，道德应该起到关键作用。不过，就像中国法家韩非子曾经指出的那样，这里的困难是非常不幸的，道德总是无法强过我们的欲望。所以我想，在道德之外，我们还应该去寻找一种更好的制度安排，而且这种制度安排应该能够造成这样的一种局面，即让有德行的人能够更多地受益。

**让-马克·夸戈**：在《坏世界研究：作为第一哲学的政治哲学》这本书中，您似乎还论证说，民主本身也是个尚需要得到正当性证明的概念？您这个说法的具体意思是什么？

**赵汀阳**：我主要遵循了柏拉图论证，就是说，普通人其实并不知道怎么做才是对他们自己最有益的。另外还有一个比较合理的理由是说，民主所代表的是多数的意志，而不是普遍同意。这样一来，民主实际上没有合法资格来进行立宪——如果我能够这么说的话。因为，至少从理论上讲，宪法应该是由所有人普遍同意形成的一般契约，民主无法满足这个合法性原则。因此，民主无法获得充分的正当性证明。

不过，民主总还是达成公共选择的一种有用的策略。而且民主也还有改善的余地。比如说，我提出了一个可以改善民主的"一人两票"投票理论，看起来至少要好过一人一票的投票制度。我简单解释一下吧。

设想这样一种情况：有两个提案需要进行选择，其中提案 A 能让每个人都获益，假设每个人的收益是 N，而提案 B 能让 51％ 的人有 N＋1 的收益，但代价是让另外 49％ 的人收益从 N 减少到 N－1。这样一来，如果按照民主的投票机制，利益偏心的提案 B 就很可能胜过提案 A。要想减少对少数群体或者弱势群体的伤害，那么可能就需要一种双票投票机制。所谓双票投票，就是每个投票人都有两票，一票是赞同票，投给他所赞同的提案，另一票是反对票，投给他所反对的提案。之所以要这样投票，是因为人的偏好不仅有肯定性的，也有否定性的，这样就需要两票来分别代表赞同和反对，这才能真实体现和充分表达出一个人的偏好选择。

双向投票的规则是这样的。（1）净胜票规则，即最终决定投票结果的是净胜票数。假设 A 获得 51％ 的赞同票，同时有 31％ 的反对票，那么它的净票数是 51％－31％＝20％ 的净赞同票，而 B 有 41％ 的赞同票和 11％ 的反对票，于是有 41％－11％＝30％ 的净赞同票，那么 B 胜出。（2）有条件的多数规则。如果 A 和 B 获得的净票数碰巧一样多，那么拥有更多赞同票的提案胜出。

我希望这种双向投票机制能够对民主的误用起到某种限制作用，减少赢家对输家的伤害。

**让-马克·夸戈**：我们规定的时间到了，作为这次访谈的结束，能不能谈一谈您现在的工作？

**赵汀阳**：我还在改进天下理论和它的理论基础，即前面提到过的那种关系主义的共在存在论。

**让-马克·夸戈**：赵教授，我们的访谈就到这里结束。非常感谢您抽出时间来接受我们的访问，也感谢您愿意与我们分享您的专业知识。

**赵汀阳**：非常感谢您的这些有趣的问题和讨论。

# 附录三　天底无事可曰新 <sup>*</sup>

当亨利·基辛格（Henry Kissinger）于 20 世纪 70 年代初首次
访华的时候，中国正在进行"批林批孔"运动。正如后来所评论的
那样，这场运动与美国媒体丑化尼克松和亚里士多德没有两样。然
而中国的过去——其领导人常常乐于提醒外人中国所拥有的五千年
历史——始终影响着其国内政治及人们对世界的看法。

中国近期的崛起却发生在一个由异域理论设计的原则所组织起
来的世界之中。许多中国人不同意西方的流行观念，即多党民主制
度是所有非西方政治体制的发展方向。而一些学者反感作为现代外
交事务基础的另一欧洲发明：民族-国家。他们多年来一直致力于
发展一种独特的中国国际关系理论。

---

\* 本文系《经济学人》（*The Economist*，June 2011）记者采访赵汀阳后所写的评论。

可以看到，尝试将古代中国先贤的洞见运用于现代世界之风日盛。因被复兴而风行的其中一个观念便是天下。它可以追溯到中国古典哲学的黄金时代——老子、孔子、孟子等人所处的时代，亦即秦始皇于公元前221年统一中国以前的春秋战国时代。天下被广泛理解为一个国家（也许可以称之为"中央王国"）主导之下的统一世界，临近的以及较远的众邦国皆寻求其领导并向其朝贡。

身居北京的哲学家赵汀阳因探讨天下的著作而闻名。赵汀阳认为，天下观念基于古代圣人周公的洞见，周公为周朝建立了一个天下。周公意识到周国太小而不能依靠武力去控制其他封建诸侯，于是必须另外塑造道德和政治上的榜样。正如赵先生重新阐释的那样，天下是一个普遍和谐的乌托邦愿景，在未来的200到300年里未必能够做到让人们都愿意选择一个全球性的政府体制。

赵先生是一个彬彬有礼、文雅且超凡脱俗的学者，而非慷慨激昂的民族主义者。他说现在不需要一个类似周朝的那种领导国家。他并非主张一个以中国为首的世界秩序，而是提倡一种没有强迫性的平等共治制度。天下是一个自愿选择。不言而喻，它只是一个长远梦想而非一份现实政治的宣言。

无论如何，天下观念还是令人眼前一亮。一些人甚至从中国国家领导人胡锦涛所提出的奋斗目标"和谐社会"中看到它的影响。而在通俗文化中，天下概念在《英雄》——一部由中国知名导演张艺谋拍摄的史诗类武侠电影——中被夸张表现，电影的背景是秦统一的时代，于2002年上映。同时一些人还在北京2008年的奥运会口号"同一个世界，同一个梦想"中听见了天下的回响。

虽然赵先生并没有根据中国本土蓝图来规划一个中国主导世界的新方案以替代美国主导的世界，但人们对他的种种误读已经说明了他的影响力。一本近来在中国热卖的书论述了"一个文明型国家的崛起"这一主题，书名为《中国震撼》，作者是张维为。张先生认为，中国作为"世界上唯一的古老文明和庞大现代国家的混合物"是独一无二的，同时它正"越来越回到自己的本根去寻找灵感以制造属于自己的规范和标准"。

在一本名为《古代中国思想与现代中国力量》（英文版）的新书中，清华大学教授阎学通断言："开创一个国际关系理论的中国学派是不可能的。"但他同时又认为，先秦思想可以"丰富和发展国际关系理论"。一个英国评论员曾经给阎先生冠以"中共新保守主义者"（neo-comm）这一称号，类似于美国的新保守主义者（neo-con），并将他视为一个坚决致力于推翻美国霸权的中国民族主义者。但本书的编者之一、同是清华大学教授的丹尼尔·贝尔（Daniel Bell）认为，这种称号歪曲了阎先生的观点，忽视了阎先生像先秦哲学家一样强调道德在政治中的重要性，以及强调要将中国建设为"以人为本的超级大国"的看法。

对阎先生和赵先生这样的学者而言，先秦思想家提供了历久弥新的方法，可以解决赵先生所谓"无效世界"所带来的问题及其无休止的战争。有一个问题是，名义上平等的民族国家体系未能承认有些国家比别的国家更平等。另外一个问题是，实行民主的那些国家政府——某些中国人会这样认为——事实上经常忽略那些没有投票权的人的利益，比如未出生的人和外国侨民的利益。

在海外，这些中国理论家的观点往往会被质疑可能被当作中国例外论的借口，以及当作拒绝中国所厌恶的国际规则的借口。而在国内，他们的观点也并不顺风顺水。根本原因在于，尽管主权神圣不可侵犯的民族-国家观念本是西方观念，但中国已成为这一观念的坚定支持者，并且也是对任何干涉主权行为的最猛烈抨击者。此外，中国近年来所取得的惊人成就显然与现行国际体系不无关系。事实上，中国已成为国际体系最大的受益国之一。

（李果　译）

# 附录四 中国视野下的世界秩序：
## 天下、帝国和世界

［美］柯岚安*

## 一、中国人的世界秩序观：天下、
## 帝国和世界

近来，中国思想日益引起国际关系学者的关注，这既是因为学者们想找到能超越欧洲中心主义的国际关系理论，也是因为作为一个新兴大国的中华人民共和国即将拥有制度性权力来推行它的世界观。虽然著名的西方学者已经断言中国是一个维持现状的大国，不太可能

---

* 柯岚安（William A. Callahan）：英国曼彻斯特大学政治系教授，美国伍德罗·威尔逊国际学者中心 2007—2008 年度常驻研究员。

挑战国际体系①，但一个中国传统政治观念正在激励中国学者和决策者规划中国与世界的未来。许多大中华区的公共知识分子不是简单地提供与"international""security"或其他主流国际关系概念相对应的中文词汇，而是提倡用古老的"天下"概念来理解中国人的世界秩序观，这种倡导方式其实有悖于中国在国际体系内和平发展的政策。

"天下"这个概念引起关注，既因为它是中国两千多年来治理国家和理解自己的关键，也因为对天下作为中国的世界秩序模式的讨论在 21 世纪再次流行起来。一方面，杰出的海外华人历史学家王赓武选用"天下和帝国"作为他 2006 年出任哈佛大学蔡氏讲座（Tsai Lecture）教授就任演说的主题；另一方面，中国社会科学院的著名哲学家赵汀阳在 2005 年 4 月出版的《天下体系：世界制度哲学导论》（简称《天下体系》）中描述了一个拥有普世正当性的中国的世界秩序模式。《天下体系》成为中国的畅销书是因为它赶上了一波有意以中国方式解决世界问题的兴趣浪潮，特别是对如何用传统的天下概念将看似矛盾的民族主义（nationalism）和普世主义（cosmopolitanism）话语结合起来的兴趣。

中国学者近十年来一直在运用传统概念——包括天下——来解释当前的对内和对外政策②，如赵汀阳使用源自中国的世界乌托邦

---

① JOHNSTON A I. Social states：China in international institutions，1980—2000. Princeton：Princeton University Press，2008；SHIRK S. China：fragile superpower. New York：Oxford University Press，2007.

② 但兴悟. 两大国际体系的冲突与近代中国的生成. 北京：中国社会科学院，2005：23 - 38；李少军. 论中国文明的和平内涵：从传统到现实：对"中国威胁"论的回答. 国际经济评论，1999 (1)：30 - 33；盛洪. 什么是文明. 战略与管理，1995 (5)：88 - 89.

概念给我们提供了一个规范如何影响决策的典型案例，因为他引人注目地把这些讨论从边缘拉到主流地带。因此，"天下"不仅在公共知识分子和国际关系学者圈内成为讨论话题，而且在更广泛的大众文化和国家政策范围内亦备受关注。一个引起中国知识分子和政策精英兴趣的问题是，中国在世界上应扮演何种角色？通过上述方式，天下体系就成为这个问题的答案。如果中国在未来数十年里即将取代美国成为支配世界的超级大国的预言不虚的话，那么中国如何确定世界秩序就十分重要。

为了考察替代性的中国世界观，我们首先要关注赵汀阳关于"无外"（all-inclusive）的天下体系如何通过一个世界制度（该制度根据"大度"的社会原则来包容异己）来解决世界问题的讨论。赵汀阳看重的是中国思想的积极面，本文的第一部分着重总结他的论点，第二部分将考察几个因这种对天下体系的罗曼蒂克式的理解所产生的哲学和历史问题，特别是它对待"他者"的方式何以会鼓励异己的"皈依"（conversion），而不是对异己的征服。本文将总结指出，受天下观冲击最大的不是世界政治，而是中国的国内政治。天下观的力量与其说来自其理论观点的精到，不如说来自它在中国广泛的权力话语网络中的战略位置。本文有两个目的：一是批判性地描述一个非西方的世界秩序观；二是考察观念是如何在中国外交决策过程中发挥作用的。

## 二、天下体系

在赵汀阳看来，当前国际政治的问题不是存在像阿富汗这样的

"失效国家"，而是存在一个"失效世界"，即一个混乱、失序的世界。虽然许多人把世界的无序状态当作一个政治或经济问题（这可以通过建立更好的政治或经济体系来解决），但赵汀阳辩称，无序世界是一个概念问题，因此，要形成一个有序世界就必须创造新的世界理念，以此引向一种新的世界结构。由于感到西方的概念（特别是那些来自威斯特发里亚体系的概念）令我们陷入困境，赵汀阳大胆地提出，只有中国的"天下"概念才能正确地确立世界秩序。在讨论中，他不时转换这个古老而语义模糊的词语的含义，时而将之解读为"世界"，时而将之理解为"帝国"。不管是世界还是帝国，天下都被说成是一种合法的世界秩序，截然不同于近代西方的帝国主义。因此，天下就是一个乌托邦，是用以解决世界问题的分析性和制度性框架。换言之，天下就是一个可被用于实际的乌托邦。

# 三、天下：三个互相交织的含义

就其最基本的意义而言，天下是一个地理词语。从字面上说，"天"是天上、天空或上面的东西，而"下"是一个排序词，意指下面、更低的或下级的。因此，天下是指天空下的一切，通常在典籍中用于指代"尘世"和"（华夏）世界"。但赵汀阳指出，除了上述物质的和地理的意义外，天下还包含另外两个重要的规范性（normative）而非描述性（descriptive）含义："所有人"和一种

"世界制度"。天下的三个含义（地理的、心理的和制度的）在赵汀阳的规范世界中既缺一不可，又互相依赖。赵汀阳将其论点引向更广泛的受众，不仅用于解决政治哲学中的问题，而且用于解决政治科学中的问题。他试图通过这种方式既统一现实的世界，又统一思想的世界。

## （一）天下作为地理意义上的"世界"

赵汀阳辩称，世界的无序状态源自人类用不正确的观点来看待世界，他以此把世界上的种种问题概念化，并据此找出解决办法。赵汀阳指出，一个基于国家利益的世界秩序会导致冲突（包括战争），我们需要根据一个真正的世界观来思考世界秩序。世界的问题太大，靠一个国家、一个超级大国、一个地区或一个国际组织根本无力解决。与设计一个"国际性"框架这种主流方式背道而驰的是，赵汀阳从老子的《道德经》中找到一段话，告诉我们要"以天下观天下"。赵汀阳用这段话指出，天下不仅是一个地方，而且是一种从真正"无外"的全球视角看待世界问题和世界秩序的方式，这种全球视角要求我们从世界视角去思考（think through）世界，而不是从次级的国家或个人视角来思考（think about）世界。同样，为了确立世界秩序，我们需要根据"世界尺度"而不是国家利益来衡量世界。赵汀阳指出，通过以一种"无立场的眼界"（view from everywhere），从世界视角去思考这个世界，我们就能"饱满地和完备地"，即"无外"地理解各种问题及其解决办法。因此，世界的统一将导向世界的和平与和谐。

## （二）天下作为"所有人"

天下的"无外"本质已经超出了地理范畴，赵汀阳还用它来定义天下的第二层含义，即"所有人"。他强调，一个真正的天下体系之所以在地理和伦理范围内都没有"外部"（outside），是因为中国的"大度思想"并不拒绝"他者"。在中国"无外"的天下体系中，内外之别，甚至敌友之别是相对的，而非绝对的。在赵汀阳看来，西方完全以种族差别来划分世界，而中国的思想是以文化上的伦理逻辑来统一世界。天下体系的目标是"化"，即改变自我与他者，通过化"多"为"一"来规范性地使"无序状态"有序化。虽然德国哲学家卡尔·施密特把政治定义为公开区分敌友的实践，但赵汀阳认为，"天下理论是一种'化敌为友'理论，它主张的'化'是要吸引人而非征服人"。

对于赵汀阳来说，哲学问题和政治问题就是如何用真正的世界利益来代表天下人的利益。他详细地指出，用民主来代表世界利益不具合法性，其理由如下：第一，民主基于个人愿望，而个人愿望会被选举和调查操纵；第二，民主制度虽然适用于国内政治，但不（他认为是不能）适用于世界范围。由于赵汀阳认为民主是一种测定人民意愿的"错误"方式，因此他推断说，人民的公意需要由一位精英人物通过对"社会趋势的认真观察"来测定。因此，判断人民之所想的标准不是"自由"而是"秩序"，这也是中国思想的主题之一（比如治与乱）。赵汀阳提醒我们，天下即是指最大、最高的秩序。

## （三）天下作为世界制度

由于天下体系通过秩序来界定，因此赵汀阳指出，这一替代性世界秩序需要通过一个世界制度来建立和维持。由于天下是指最大的秩序，那么它作为世界制度的结构就具备根本的合法性。赵汀阳认为，虽然欧盟和联合国似乎是超国家的区域和世界制度，但它们却受限于基于民族国家的世界观。虽然西方人根据"个体、共同体和民族国家"这三个层次来组织政治生活，但赵汀阳告诉我们，中国的政治思想则以"天下、国家和家庭"这三个层次来看待政治生活。西方世界突出个人和以民族国家为单位进行运作，但天下体系以天下这个最大的层次为起点，以自上而下的方式安排政治和社会生活。

总之，赵汀阳告诉我们，世界有严重的政治问题，需要首先从概念上，然后从制度上加以解决。赵汀阳的论点源自中国知识分子常有的一种感觉，即中国的内外道德秩序被在威斯特发里亚体系中一直起作用的、自私的（西方的）民族国家的暴力倾向毁灭。他提出以天下体系作为解决世界问题的一种办法，辩称为了理解世界，我们需要把世界作为一个整体加以无立场的思考，并以之有效地与合法地治理世界。天下是一个等级体系，秩序的价值高于自由，伦理的价值高于法律，实行精英治理而不是民主与人权。按字面之意，它是对世界之病开出的一个自上而下（也就是从上天到地下）的处方。《天下体系》一书将传统与现代性混合起来，运用古代典籍，针对非常现代的世界秩序难题提出了一个非常现代的解决之道。天下被说成是一个关于"无外"的世界秩序的非常准确而宏大的叙事，可以通过单独一个"没有外部"的、根据"无立场的眼界"来运作的主要制度来解决世界的种种问题。与经常质疑这类宏大叙事的当代哲学辩论不同的是，赵汀阳的论证很像广为人知的理论物理学的各个分支，试图找到一个终极的、能够"解释一切的理论"（theory of everything）。

# 四、哲学的批评

《天下体系》是一部雄心与暧昧并存的作品。虽然通过探索天下体系的理论可能性，赵汀阳的确找到了一个新方向，但他的论点是基于对中国思想中的一些关键内容的不精确解读，这些内容如经更细致的考察则并不支持他的天下观。赵汀阳所谓要从世界去思考世界的论点主要基于他对老子《道德经》第五十四章"以天下观天下"的解读。这句话在该书的每一章中被引用数次，但赵汀阳在引用时通常会脱离这句话的上下文。这段话的全文是"故以身观身，以家观家，以乡观乡，以邦观邦，以天下观天下。吾何以知天下之然哉？以此"。虽然这段话并未强调天下优先于其他行为空间，而且实际上建议我们应从自我出发而不是从世界出发，但赵汀阳把它解读成一个自上而下的等级体系，其中"一个规模更大的层次单位必定存在着比小规模层次单位多出来的公共利益"。所以，赵汀阳是以一种奇怪的方式来支撑他关于世界等级秩序的论点的，并同样通过轻率地使用其他中国古代典籍中的文本来支撑他的天下体系。

中国学者对《天下体系》的种种批评大多集中于对上述文献的解读，并指出赵汀阳没有从历史和哲学层面上正确地理解天下概念①。虽然赵汀阳向国际受众声称自己代表"中国人的视角"②，但中国的批评者经常指出，天下体系仅仅是他个人的视角，而且还充满了错误。天下本身是一个空洞的词语（它是指除上天以外的一切），需要通过各种方式来解释和阐述。因此，详述该书中的各种文本错误就会偏离该书的主旨。赵汀阳很清楚自己无意加入关于古代典籍的真实含义的一般性哲学争论。因此，他不在意自己的著作会引发批评，正如我将在"结论"中所指出的那样，依靠批评性评论是他成功的真正秘诀。赵汀阳的目标是探索中国思想解决当代问题的理论可能性从而"超越历史的限制"。如上文所述，他的天下体系是一个可用于实践的乌托邦。因此，最重要的是应聚焦于天下体系的政治伦理。

# 五、社会理论

在讨论天下体系的益处时，赵汀阳运用当代社会理论中的自我

---

① 参见张曙光的《天下理论和世界制度：就〈天下体系〉问学于赵汀阳先生》，本书已收载此文，可参阅。2007年6月14日，但兴悟与笔者在电子邮件通信中也谈到这个问题。2007年，本文作者在北京介绍本研究时曾听到有人批评赵汀阳的书在哲学上和文本解读上均有错误。

② ZHAO T Y. Rethinking empire from a Chinese concept "all-under-heaven"（tianxia）. Social Identities，2006，12（1）；PIETERSE J N. Emancipatory cosmopolitanism：towards an agenda. Development and Change，2006，37（6）：1255.

与他者之关系的概念来比较中西方是如何划定分析的边界的。他在这里追随伊曼努尔·列维纳斯（Emmanuel Levinas）和加斯东·巴什拉（Gaston Bachelard）等思想家，把社会关系与空间看作伦理的和规范的实践①。威廉·康诺利（William Connolly）和 R. B. J. 沃克（R. B. J. Walker）把这种分析模式应用于国际关系研究之中，阐释当国家根据它的身份，将他者作为外在的敌人而排除在自我身份之外时，外交政策是如何产生的②。这些理论家的批判旨在抵制将异己转化为他者的强烈欲望，从而让不同的生活方式并存下去。

赵汀阳最重要的论点是，中国思想和天下体系提供了一种自我与他者之关系的创新型模式，从而不再把异己疏离在外。但细察之下，赵汀阳关于中国和天下是"无外"的论述就遇到了问题。他的论点集中于解释西方如何绝对地排除他者，并通过征服来对付异己。但茨维坦·托多罗夫（Tzvetan Todorov）对欧洲人最初遇到美洲印第安人的分析表明，使用暴力的征服只是对付异己的一种方式，使异己皈依征服者的世界观是另一种帝国暴力征服术③。换句话说，虽然排除异己肯定是重要的问题，但同样重要的是考察自我与他者之关系如何通过等级的方式起作用，从而将异己包含在内。

------

① LEVINAS E. Ethics as first philosophy // HAND S. The levinas reader. Oxford：Blackwell Publishers，2000：75 – 89；BACHELARD G. The poetics of space. Boston：Beacon Press，1994.

② CONNOLLY W. Identity/difference：democratic negotiations of political paradox. Ithaca：Cornell University Press，1991：36 – 63；WALKER R. B. J. Inside/outside：international relations as political theory. Cambridge：Cambridge University Press，1993.

③ TODOROV T. The conquest of America：the question of the other. New York：Harper Collins，1984.

因此，虽然赵汀阳的无外的天下体系可能没有外部，但以制度为后盾的"自我"会利用绝对的排除和等级式的包含使三个社会群体边缘化，如西方、人民和其他民族。

## （一）排除"西方"

一个"道德"的中国与一个"不道德"的西方之间存在根本和绝对的差别，这是赵汀阳宏大叙事的立论基础。在他看来，这个"不道德"的西方所具有的个人主义思想体系以及威斯特发里亚体系需要加以超越。虽然赵汀阳对分析框架如何设定争论的术语很感兴趣，但他却走到了与汪晖等学者不同的道路上去。汪晖指出，要想理解中国，最根本的就是要质疑这几个绝对的区别。他说："那么，什么才是中国的问题呢？或者说，用什么方法或语言来分析它们呢……既然改革与保守、西方与中国、资本主义与社会主义以及市场与国家计划等二元概念仍然支配着我们的思想……问题就很难被发现。"[1] 因此，即便赵汀阳激烈批评西方思想使用绝对的二元概念，他也还在使用同样的分析框架——中国与西方——来把"西方"构建成他者，并将之排除出去[2]。在这个意义上，赵汀阳的"中华治下的和平"（Pax Sinica）使命就与他批评的西方帝国学者的思想非常相似。他同样旨在融合文化与权力，通过推行中国的伦

---

① WANG H. China's new order：society，politics，and economy in transition. Cambridge：Harvard University Press，2003.

② 参见张曙光的《天下理论和世界制度：就〈天下体系〉问学于赵汀阳先生》。

理治理模式来使世界走向和平与文明①。

## （二）指导大众

正如上文所述，赵汀阳反对民主的主要论据是世界大众无力从世界去思考世界，因此不能相信他们能根据真正的世界利益来行动。赵汀阳在他的《天下体系》一书中指出，群众心理学认为群众中多是盲从的人、自私的人、不负责任的人、愚蠢的人和庸俗的人。因此，赵汀阳也质疑一个由骗子、小人、奸人、庸人和无赖主宰的社会是否还有合法性。他的解决办法不是完全排除人民，而是把他们包含在一个由精英指导的等级结构之中。

## （三）征服与化归其他民族

赵汀阳并未给出天下模式效用的历史证据，他更感兴趣的是纯粹思想的可能性，而非棘手的历史经验。即便如此，赵汀阳有时也会详细说明他所谓的试图化敌为友的"无外"之天下是什么。但他并不强调内、外如何"密切"交织②，而是辩称天下的各个组成部分都是规范性的、善的"内部"，因而缺乏一个外部（"无外"）。虽然在天下体系中也有各种内外之别，但赵汀阳认为这些差别并非绝对相异，而是相对的文化差异。为了解释这些可能出现的社会关系，赵汀阳诉诸帝制中国时代同心圆式的"朝贡体系"，即有一个

---

① SAID E. Orientalism. New York：Vintage，1978.
② BACHELARD G. The poetics of space. Boston：Beacon Press，1994.

文明的帝国首都居于中心，德泽四方，怀柔居于边缘的"蛮夷"之人。他不是批评帝制中国时代的文明与野蛮之分，而是认为这一区分仍有用处，因为蛮荒之地和部落国家可以是中华文明的有益的竞争对手。

　　虽然赵汀阳强调这并非种族之别，但这一点仍有争议。如果我们承认"种族"是个用来解释文化差异的伪科学概念，那么"种族主义"这一分类在近代科学和社会达尔文主义兴起之前是不存在的。当赵汀阳说"文明与野蛮"互动的好处是"不同文化的长短得失是可以客观讨论的"，听上去这的确像是类似于现代种族主义的文化等级论。更有甚者，这些旨在化敌为友的等级式文化关系遵循的是上文所讨论的另一种帝国暴力征服逻辑：化归。虽然赵汀阳建议我们需要通过"增进利益"的方式来化归民众①，但迈克尔·J.夏皮罗（Michael J. Shapiro）提醒我们，社区建设通常伴随着社区的毁灭②。

　　综上所述，赵汀阳的"天下"乌托邦存在严重的理论缺陷，既有对中国典籍的随意解读，也有对当代社会理论的伦理关系词汇的奇怪使用（提倡"皈依"而非"征服"）。最后，我有必要指出的是，赵汀阳的一个主要论点具有讽刺意味。他批评的每个帝国体系——罗马帝国、大英帝国和美利坚帝国——都有自己用以感召统治政权的乌托邦理想：罗马治下的和平（Pax Romana）、文明使

　　① ZHAO T Y. Rethinking empire from a Chinese concept "all-under-heaven"（tianxia）. Social Identities，2006，12（1）.

　　② SHAPIRO M J. Methods and nations：cultural governance and the indigenous subject. New York：Routledge，2004：126.

命、白人的负担、自由世界等。因此，《天下体系》一书中讨论的所有"西方"帝国同样辩称，它们是对世界最好的利他主义哲学事业的展示，这一事业不仅是应该的，而且是不可避免的。

虽然赵汀阳批评西方以牺牲其他世界观为代价而使自己特定的世界观得以普遍化，但他的所为又有什么不同呢？他不是试图使中国特定的世界观得以普遍化以达到将之应用于世界的目的吗？难道赵汀阳的"中华治下的和平"没有引发一个不宽容的世界秩序带来的种种问题（而这正是他试图解决的）之险吗？这个问题把我们引入本文下一节的论点：天下体系的真正意义不在于它新奇的世界秩序，而在于它对中国当前身份政治的作用。

# 六、重思中国与世界

天下的意义比帝国与世界的动力更加复杂，虽然赵汀阳没有讨论这一点。不管是根据古代的还是现代的词典，天下还指"中国"。这是《天下体系》如此畅销的一个原因：天下关乎中国以及 21 世纪中国在世界的角色，这在中国和海外华人当中是热点话题。在许多学者看来，在帝制中国时代，天下体系的统治机制一直运作得非常好，直至遭到西方帝国主义的挑战。因此，中国在近代被迫建立民族国家，以便在面对外国的挑战时能保护自己。现在有许多人问，中国（现在是一个强大的民族国家）是不是到了推行、建立或建设天下体系的时机了？不仅是为了中国的利益，也是为了世界的利益。

　　尽管在 20 世纪初，帝制中国的等级世界体系被看作一个麻烦，但现在有许多中国学者把它当作解决世界病症的良方。随着中国文化地位的上升，许多人感觉爱国的中国人不仅有责任将中国的价值观、语言和文化推广到亚洲，而且还要推广到世界。因此，天下观为我们提供了一个试探性的工具，以理解中国精英是如何看待世界以及中国在世界上的角色的。如此，则天下观的力量和影响并不必然来自其论据——一位批评者说它"苍白无力"①，而是来自它在公共知识分子、国家知识分子和政治领导人关于中国作为一个大国在世界上应扮演什么角色这一论辩中的位置。

　　在公共知识分子当中，赵汀阳的天下理论根植于中国的政治文化。这种政治文化一方面对统一与分裂（包括秩序与无序）有着持久的焦虑之情；另一方面也具有一种强烈的乌托邦思想传统，寻求以"饱满的或完备的"世界来应对这些永恒的问题②。赵汀阳在为中国未来的实力而检视过去这方面并不孤单：张艺谋的电影《英雄》的结局就是，当刺客决定不再刺杀秦始皇时——这很像赵汀阳的化敌为友，他就化身为英雄。我们从这一历史故事中汲取的教训是，个人必须为了天下帝国更伟大的善而牺牲自己和国家，因为就像那位英雄的推理："只有秦国能够通过征服来统一天下，从而制止混乱。"

---

　　① 参见张曙光的《天下理论和世界制度：就〈天下体系〉问学于赵汀阳先生》。

　　② HUA S. A perfect world. Witson Quarterly, 2005：62 - 67；CALLAHAN W A. Remembering the future：utopia, empire and harmony in 21 century international theory. European Journal of Relations, 2004, 10（4）：569 - 601.

因此，赵汀阳的书是关于中国如何成为一个世界大国的更广泛的讨论的一部分。《天下体系》导论的题目就是"为什么要讨论中国的世界观？"。赵汀阳感到，中国要想成为一个真正的世界大国，不仅要在经济生产上超过别人，而且在"知识生产"（knowledge production）上也要超过别人。为了成为一个知识大国，中国需要停止从西方输入观念，并利用本土的"传统思想资源"。因此，他著书的目的是通过"重思中国"来"重构中国"。但由于中国的问题也是世界的问题，我们就需要根据天下观来重思和重构世界。

在这里，天下内嵌于关于中国作为一个"负责任大国"应如何融入世界体系的重要争论当中，在中国的国际关系自由主义学者圈中，这一讨论已经持续了有十年之久①。中国正在试图向世界（特别是向西方）证明，它不再是一个挑战国际秩序的革命国家，而是国际社会"负责任"的一员。中国已经通过执行多边外交政策，包括加入各类地区性和全球性国际组织来表明这一点。赵汀阳在书的导论里也谈到中国对世界的"责任"，但他进行了理论上的扭曲，声称中国将成为一个负责任的大国，不仅以增强经济和军事实力的方式，而且还要"创造世界新理念和世界制度"。在这里，一个"负责任"的中国的概念从一个对当前世界秩序负责任的保守国家

---

① 王义桅．探询中国的新身份：关于民族主义的神话．世界经济与政治，2006（2）：14-21；王逸舟．面向 21 世纪的中国外交：三种需求的寻求及其平衡．战略与管理，1999（6）：18-27；XIA L P. China：a responsible great power. Journal of Contemporary China，2001，26（10）：17-25；SHIH C Y. Breeding a reluctant dragon：can China rise into partnership and away from antagonism？．Review of International Studies，2005，31（4）：755-774.

戏剧性地变成赵汀阳的天下观，即中国有责任创造一个全新的世界
秩序。

虽然"负责任的中国"吸引了一批中国的国际关系自由主义学
者，但也有一批学者对赵汀阳的天下体系很感兴趣。这批人正在致
力于提倡国际关系理论的"中国风格"。随着中国经济的增长，中
国学者正试图在跨国学术市场为自己独具特色的研究开辟空间。因
此，许多著名的国际关系学者为赵汀阳的天下体系喝彩，把它当作
国际关系研究的"中国学派"在由西方国际关系学者主导的学术环
境中开辟空间的一条道路①。的确，中国国际关系研究的一流杂志
《世界经济与政治》邀请赵汀阳在该杂志 2006 年第 9 期上发表了卷
首语②；另一组国际关系的精英学者也在其编辑的《中国学者看世
界：国际秩序卷》中把《天下体系》的一章作为该卷的第一章③。
赵汀阳的工作远远超出了为这场争论（即把"中国学派"当作一个
文化主权的主张以保护中国理解世界的独特方式）做出贡献，他感
兴趣的是在天下体系的旗帜下统一思想的世界，以超越这个混乱的
（也是民族主义的）知识场景。

最后，赵汀阳的作品嵌在中国高级政治领导人的话语网络之
中。天下的乌托邦主题恰好呼应了中国最新的外交政策表述——

---

① 秦亚青．国际关系理论中国学派生成的可能和必然．世界经济与政治，2006
（3）：7－13；王义桅．探询中国的新身份：关于民族主义的神话．世界经济与政治，
2006（2）：14－21.

② 赵汀阳．关于和谐世界的思考．世界经济与政治，2006（9）：1.

③ 赵汀阳．天下概念与世界制度//秦亚青．中国学者看世界：国际秩序卷．北京：
新世界出版社，2007.

"和谐世界"，这是中国国家领导人在 2005 年 9 月召开的联合国大会上阐述的。自此以后，"和谐世界"主导了中国对其负责任地参与世界的解释。赵汀阳本人赞赏中国政府在其孪生政策（构建和谐社会与和谐世界）中"再次利用中国传统思想的资源"①。俞可平也把和谐世界概念与天下概念直接关联起来，把和谐世界视为"发展中国古代'天下大同'梦想的新举措"②。在中国，学界与政府政策之间的关系特别是哲学家与外交部之间的关系不算畅通。但近来的研究表明，包括智库学者与大学教授在内的更为广泛的社会网络正在对外交政策的辩论产生着分量日增的影响。

天下内嵌于对中国视野下的世界秩序的广泛讨论当中，这些讨论包括电影《英雄》、国际关系研究的优秀杂志上刊登的一批文章，以及对中国"和谐世界"外交政策的陈述。并非每个人都同意赵汀阳提出的天下体系。实际上，电影、学术论文和国家政策都在许多重要问题上与其见解不同，就此而言，他的观点影响力有限。但根据规范的权力逻辑，他的观点具有间接影响，因为他已经能够设立议程，继而生成强有力的话语，框定人民对中国的过去、现在与未来的思考。赵汀阳使用我们熟悉的词语做到了这一点：对一般受众，他谈的是"为天下而牺牲"；对国际关系自由主义学者，他谈的是中国作为"一个负责任的大国"；对国际关系理论研究者，他讨论中国如何才能够拥有不同于西方的"世界观"；而对于中国的

---

① 赵汀阳. 关于和谐世界的思考. 世界经济与政治，2006（9）：1.

② YU K P. We must work to create a harmonious world. China Daily，2007 - 05 - 10.

政治精英，他的观点则与中国的"和谐世界"外交政策产生共鸣。事实上，赵汀阳对上述每组人士的关键词语都有不同理解，但他使用熟悉的语言使自己立于这些核心话语网络的中心，使自己与众不同的观点成为主流观点。通过这种方式重思中国，赵汀阳还能够重思世界，从而设定一个话语边界，以便影响人民对过去、现在以及未来的理解①。通过这种方式，天下体系就成为中国所主张的规范性软实力的组成部分，这在某种程度上补充了中国的经济和军事实力等硬实力。

也许，理解《天下体系》的影响和作用的最佳方式是将其与亨廷顿的姿态鲜明的作品相比较。问题不在于亨廷顿的文章在学术上是否经得起推敲，或美国的政策是否有受这些文章的指导或影响，而是说这些文章是强大的辩论术，它以特定的方式框定问题，从而在事实上限定了解决办法的可能范围。通过这种方式，亨廷顿设定了冷战后国际政治争论的术语，继而产生出一个特定的回应范围。即使这些回应是批判文明冲突论，但也增加了文明冲突论的影响力，因为它们使"文明"是国际政治辩论的主题这一观念得以反复传播。

# 结　论

赵汀阳在 2005 年将其关于天下的思考整理成形之前就已闻名

---

① SHAPIRO M J. Methods and nations：cultural governance and the indigenous subject. New York：Routledge，2004：48.

于人文知识分子圈。《天下体系》有助于扩大深受政治影响的有关中国乌托邦的讨论市场，并引发中国的国际关系学者和政治领导人的回应。通过将其关于中国乌托邦的讨论塞进强大的话语网络中，赵汀阳声明自己是关于中国与世界之未来这场讨论的"主流"。赵汀阳不是通过让自己的观点为大家所接受而令天下观成为主流的，他的成功就在于根据现存的词汇和争论来描述这个奇异的观念。现在人们不得不回应他的论点，即便他们讨论的是其他问题——民族主义、全球化、社会主义、世界和平等。虽然《天下体系》有严重的理论问题，但该书还是成功地为赵汀阳带来了相当的社会资本，同时也增强了中国的软实力，使之成为普适性的世界政治模式的来源之一。因此，天下观的力量与其说来自其精到的论点，不如说来自它在中国的权力话语网络中的战略位置。天下观不是指导我们走向能够解决全球问题的乌托邦世界秩序，而是规范性权力运作方式的一个实例，因为它使中国对世界秩序的理解作为一种在国内政治中的爱国行为而重新居于中心地位。它有助于我们理解关于外交政策的观念（包括那些与官方观点有摩擦的观念）如何在中国成为关乎国家形象的国内政治的一部分。

（徐进　译）

# 附录五　同一片天空下，
## 中国的新世界观

[意]　弗朗西斯科·郗仕*

## 战争观中的"和平"

军事思维一直是中国哲学传统中的一个核心部分。在中国的先贤论著中，体现"军事思维"的不只有《孙子兵法》，中国第一个真正的系统性哲学家、最先对儒学提出质疑的墨子，同样有这方面的思考。《非攻》中的三个篇章解释了为什么一国不应发动攻击性的战争，只应进行防御性战争。不仅如此，《墨子》中还有一些技术性的章节对城市布防进行了相关阐述，也就是说这些先哲不仅在

* 弗朗西斯科·郗仕（Francesco Sisci）：意大利《新闻报》亚太区主任。

思考战争，而且还考虑到了实际操作中应如何备战。

然而，自中国哲学思维之始，战争就不只是偶尔可见的武装冲突，也不像数世纪后克劳塞维茨（Clausewitz）所说的那样，是附属于常态性政治和外交演变的插曲。正如孙子所说，战争"对一个国家来说是生死攸关的事"①。军事典籍对战争有着如此深重的定义，以至于有必要举全国之力为之准备。

商君是曾在秦国辅政的先哲（秦国最终于公元前221年统一了中国），他曾受到中国最伟大的思想家之一韩非子的启发。商君在其著作中将税收体系、土地耕作和征兵统一于一个概念：它们都是国家组织和军事准备的重要组成部分。

实际上，战争是国家的主要职能。《司马法》是一部战争哲学论著，它约成书于战国初期，反映的却是更早的先人的智慧，该书开篇就强调天子施善行的重要性。也就是说，一个好政府或者善治者是发动正义之战的必要基础。他构建了一个公民大都甘愿为国捐躯的体系。而好政府则保证在他们战死沙场之后其家庭能够衣食无忧。

总体上讲，实际武器冲突之前和之后的一系列事件构成了战争这一总概念。在一些现代思想家的著作中我们也可以看到同样的对战争的关注，乔良和王湘穗所著的《超限战》就是一例。两位作者将战争解读为一种政治思考：战略超越了武器使用和实战战术。这一推论呼应了意大利作家、将军米尼（Fabio Mini）在《战争后的

---

① 孙子曰："兵者，国之大事，死生之地，存亡之道，不可不察也。"——译者注

战争》（*La guerra dopo la guerra*，即 *The War after the War*）一书中的论断，作者在书中解释说，在没有设想好要达到何种和平态势之前，一国不会发动战争。这种观念也出现在了毛泽东思想中，并以此为指导来处理社会冲突和游击战的相关问题。

从他们的视角看，战争——国家间的冲突和竞争，比战士们互相射击更为重要。这就是为什么要说国家总是处在战争中。但同样，用中国的阴阳之说来解释的话，也可以说国家能够维持和平，实际的流血冲突总是可以大事化小、小事化了。换句话说，如果战争总是以各种理由被发动，那么人们就可以尝试避免战争，从而挽救无数生命。

就像 J. 奈所指出的，战争能以冷战或者软战（soft wars）的形式"被发动"。

但是，要化解冲突、避免流血，沟通是头等重要的。然而，如果没有一个几乎不可能存在的"一致的世界观"，那么，即使是建立在开放的沟通渠道之上的理解，也需要意见的"混合语"（lingua franca）。

这是赵汀阳在《天下体系》中所提出的观点的简要概括：世界必须建立一个共同的"天下观"。天下不是正好有同样的文化，甚至不需要有同样的利害关切，它是这样一种共识：我们生活在同一个世界，必须具有某种程度上的共识，并且必须能够包容其他人的想法。它与帝国的概念是不一样的。

总而言之，国家和政治家的世界观总是不同的。例如，在冷战或者第二次世界大战期间，国家是强大意识形态的具体化，从而驱使其人民为国家而战。或者，在第一次世界大战中，交战国并非因意识形态而战，而是为了不同的国家利益而战，而人民也会为了自己的民族独立而战。

现在的情况如何呢？我们正经历着意识形态、世界观和文明的冲突吗？战争能否被避免？我们不需要有任何错觉：战争已经伴随我们数千年，并将继续伴随我们走向未来。但是共同的天下（观）有助于消弭我们的冲突，避免各种可能导向战争的误解。它可以使我们达成某种协议，比如在战争期间禁止轰炸医院。

天下体系的内容是什么？我们可以划定其最低要求：市场经济、企业自由。这些要素虽然并不意味着价值的深层共享，但使商品每天在全世界的流通成为可能。俄罗斯在某种程度上实现了这一要求。其他国家的某种情形，比如伊斯兰激进运动，比如意大利的"新红色旅"（New Red Brigades），则表现出对共同市场价值这一概念的抗拒。

中国的传统（智慧）有助于解决现在世界上的诸多难题。在古代，对于居住在这块土地上的人来说，中国并非"中国"，这里是"普天之下"。其他不属于中国的世界，则不在天之下，超出了世界的范围。在西方的侵略之下，新的身份认同——"中国"——才逐渐树立起来。这反过来催生了对"中国"人民与世界其他地区的关系的新认识。然而历史上的老认识还依稀存在，在中国成为全世界（或者说范围扩大了的"普天之下"）最大经济体的过程中形成了新的挑战。

在中国过去的朝代，"治"很容易理解。它承载着太平的概念，万事万物各安其所。"乱"，即混乱、灾难、死亡。长久以来，商业和商人都是"乱"之祸根。事情总是充满变数：商品的价格会随着时间和地点而变化，商人可能变得比地方官员还要有钱，本应是官吏享有最大财富和权力的官本位社会的秩序就因此而陷入危险境地。

但在现代社会和现代中国，商业与以往不同。如果商业本身成为和平的一个主要部分，并作为发展和军事的推动力受到鼓励，那么身处国际竞技场的中国可能因此而获得更大的稳定，既如此，"治"和太平又从何谈起呢？在一个商业稳定发展的地方，"治"和太平该以何种形式存在呢？我们又能怎样将这个问题与中国倾向于"治"而非"乱"的历史道德相结合呢？

在这个战争被最小化并被推向边缘的世界中，战争成了大范围政策的一种形式。这个新的理解将深刻地改变战争的概念。在第一次世界大战那样的战争中，战争与和平的分界线是十分清晰的。如果战争演变成为对抗无赖和罪犯的一种政策，那么一国可能永远处于战争中，因为罪犯无处不在。

因此，必须有一个不同的国际框架。旧的传统的联合国将形同虚设，就像现在一样，尽管应该建立什么样的新框架还完全不得而知。同样，如果"乱"是国际贸易路径下新秩序中的主要部分，那么我们就需要一个新的政策框架来管理这个异于过去帝权的新社会。现在事情稍微简单些了：西方的经验已经证明，民主有助于维护高度的"治"和稳定，同时还会鼓励经济的发展。因此，很简单，中国就必须进行一些重大的政策变革。

# 传统中国世界观中的地理

冯友兰在他里程碑式的著作《中国哲学简史》（1953 年年底被翻译成英语）中，一开篇就对中国思想产生的地理环境进行了描述。中国的先哲出生在一片语言和文化都相通的广阔平原。小国大都是小镇集合而成，它们通过攻占邻国来扩张领地。为了更好地管理新领地，战胜国会将战败国的人口和土地纳入本国的政治经济体系之内。道路连接着语言和价值观都相同的一个世界的不同地方，通信非常便利。思想家和思想在这样的土地上广泛交流与传播，也是因为他们有一个很具体的实际价值——他们提供的良策能够使每个统治者变得更富有、更强大，从而能使各个国家在战争中更好地保护自己。

这样的环境与挤在山峦和海洋之间的古希腊城邦截然不同。那些城邦是独立的，没有建立像中国那样有组织的国家，大部分是商栈。在市场上，思想与其他各式各样的商品一同被潜在的"消费者"自由交易和讨论，比如，和思想家相竞争的也可能是鲜花。思想家希望在一场辩论中获胜，也就是想要赢得围观民众的支持，就像他们身处剧院一样。

在中国，情况则大为不同。我们发现这里的先哲讨论的主要对象是国君和高官，试图劝他们通过接受其理论使国家变得更强大。哲学辩论的实际目标是如此重大，以至于韩非子（这位哲学大师的理论为中国的秦始皇统一全国奠定了基础）最后甚至反对辩论。

　　虞庆为屋，谓匠人曰："屋太尊。"匠人对曰："此新屋也，涂濡而椽生。"虞庆曰："不然。夫濡涂重而生椽挠，以挠椽任重涂，此宜卑。更日久，则涂干而椽燥。涂干则轻，椽燥则直，以直椽任轻涂，此益尊。"匠人诎，为之而屋坏。

　　一日，虞庆将为屋，匠人曰："材生而涂濡。夫材生则挠，涂濡则重，以挠任重，今虽成，久必坏。"虞庆曰："材干则直，涂干则轻。今诚得干，日以轻直，虽久，必不坏。"匠人诎，作之，成，有间，屋果坏。

　　范且曰："弓之折，必于其尽也，不于其始也。夫工人张弓也，伏檠三旬而蹈弦，一日犯机，是节之其始而暴之其尽也，焉得无折？且张弓不然：伏檠一日而蹈弦，三旬而犯机，是暴之其始而节之其尽也。"工人穷也，为之，弓折。

　　范且、虞庆之言，皆文辩辞胜而反事之情。人主说而不禁，此所以败也。夫不谋治强之功，而艳乎辩说文丽之声，是却有术之士而任坏屋、折弓也。故人主之于国事也，皆不达乎工匠之构屋张弓也，然而士穷乎范且、虞庆者，为虚辞，其无用而胜；实事，其无易而穷也。人主多无用之辩，而少无易之言，此所以乱也。今世之为范且、虞庆者不辍，而人主说之不止，是贵败折之类而以知术之人为丁匠也。工匠不得施其技巧，故屋坏弓折。知治之人不得行其方术，故国乱而主危。

　　　　　　　　　　　　（摘自《韩非子·外储说左上》）

　　韩非子的影响力很大，他的思想帮助秦始皇实现了统一。而他的思想也是一个古老传统的一部分，这一传统可追溯至公元前 4 世纪的墨家早期。它们都想要证明不现实的理论。这与古希腊的情形大不相同，柏拉图和亚里士多德都轻视空谈。但是柏拉图等人想要到纯粹和真实的数学领域去寻找一场辩论的有效性，这最终形成了"真实"的意见。韩非子只是问：屋顶和石弓哪个更坚固？在这些问题的背后，我们可以感觉到领导者想知道的是，这些理论会使我更强大，还是会摧毁我的国家？

　　冯友兰指出，不同的态度折射出两个民族的不同需求：从事航海的古希腊人以恒星为自己的定位，并在茫茫大海中找到回家的路；而时刻面对着莫测的天气和恶意侵略的农民们则试图建立一个体系，从而使农作物增产，并保护他们免受侵略者蚕食。古希腊人没有广阔而肥沃的土地需要保护，也没有来自四面八方的潜在侵略者——潜在的侵略者也要忙着应对大海的挑战。

　　古老的中国世界观是与土地紧密联结的。因为中国北部和西部有沙漠，南部是山峦，东边是大海，而中部是沃土，于是，哲学家和统治者关心的问题就不是冲破这些艰险的地理限制，而是继续这场农业战争。

　　古希腊人为大海而不是稀有的土地而战。于是他们寻找新的贸易机会、新的港口、新的货品，努力减少损失。因此他们研究星象，研究严谨的航海法则。纯粹的数学真理对这些水手更有帮助。

　　换句话说，在中国，有充分的理由相信，可以被计入世界范围的真正重要的"天下"，就是这些沙漠、山峦和大海所框定的中土

平原。中国人很早就对平原之外进行了探索。继秦之后统一中国的
汉王朝，就向西探索到了里海，向南探索到了今天的河内，"招安"
了"越"人（现在的"越南"，就来自汉语的"越"），还向日本和
韩国派出了探险家。但是在探索的范围之内他们没有找到一个地方
像中土这般肥沃，而他们一向所秉持的理论也就难以被拓展。

从第一次统一之后，中国的严格地理限制从未改变。

这与西方世界历史上的地理条件大不相同。古希腊的版图涵盖
了现代希腊、意大利南部和土耳其沿海一带，这一地区现在不被认
为是西方世界的一部分，而希腊最近自称为"近东"。古罗马的版
图以地中海为中心，公元 7 世纪到 8 世纪被一分为二，西方基督教
世界占据了北部和"东部"，伊斯兰世界占据着南部。这样的划分
已维持了上千年，并且至今还没有改变的迹象。

西部的那些古罗马人和古希腊人的后代现在已经移居到了北
欧和遥远的美洲——那些曾经的蛮荒之地。随着他们的迁徙，西
方的概念在本质上已经发生了变化，意味着一种文化传统而不是
一个地域。

在某种程度上这些移民秉持的就是希腊人和罗马人的古老思
想，他们在与祖先居住地完全无关的地方保留着古希腊人和古罗马
人（的古老思想）。

在中国，数千年来文化传统和土地一直紧密联系在一起。直到
近年来，中国人才像古罗马人一样开始传播中国文化，在他们新的
聚居地建立"中国城"。但是这很可能缘于四个世纪以前开始的文
化变迁。

# 一个新世界——不再有"天下"

葛兆光在其著作《中国思想史》中解释了利玛窦所绘制的地图给中国人的世界观带来的巨大变化。利玛窦曾经到过中国，还学过汉语，他也穿中国长袍，懂中国礼仪。在当时，这已经足够使他成为一个"中国人"了——在那时称为"华人"、文明人。外国人、野蛮人那时被称作"夷人"。在当时的不辨人种和种族血统、只注重文化教养的中国社会，这样的定义已经足够了。

但是这时，葛兆光写道，中国化了的利玛窦对他的中国朋友们说："谢谢你们称我为文明人，因为我确实是文明的，但是我不属于你们的文明，而属于别的文明。"这引起了皇帝的好奇。他知道世界有其他部分，他也知道有其他民族，但是他认为别的民族都没有达到中国人的文明程度。所以他下令让利玛窦绘制一幅新地图。

利玛窦根据当时的知识进行绘制。他面临的第一个挑战是要顾及中国的面子。皇帝称自己为"天子"，而"普天之下，莫非王土"。利玛窦会让皇帝知道，并非"普天之下"都是他的国土（这点他已经有所了解），不仅如此，中国的领土实际上比他们以为的要小得多。他试图弥补这一点，方式是把中国置于地图中央，而将地球从大西洋处分开，并将中国命名为"中国"，而不是"天下"。在秦始皇统一中国之前，"中国"这一词语曾经用于指代位于中原中心部位的国家，后来宋朝时由于北方游牧民族进犯，宋朝被迫退守江南，"中国"就被用于表示宋朝疆界。但是利玛窦实际上用这个词语表示了完全不同的意思。当皇帝力量强大，占领整个中原的时候，这就是"天下"，因为所有事物都在他管辖之下。现在利玛窦展示了一个完全不同的世界，在这个世界中中国只是其中的差不多5％，为了意识形态的需要仍然可称"天下"，但实际上叫"中国"确实是最好的。

中国和世界的新纪元即将来临。1610年，利玛窦在北京去世，仅仅6年之后，莎士比亚辞世。彼时，英格兰力量壮大，在战胜西班牙之后，迎来了它们的时代。莎士比亚认为威尼斯才是世界的中心（当时英国人的普遍感觉无疑都是这样的），他写的很多戏剧都是以威尼斯为背景，比如《奥赛罗》《罗密欧与朱丽叶》《威尼斯商人》。莎士比亚并没有错得太离谱。尽管发现了美洲大陆，地中海仍然是西方世界，而威尼斯则是海上防卫和贸易的关键。仅仅数十年之前，也就是1571年，威尼斯还带领基督徒的舰队在勒班陀（Lepanto）抵御了土耳其的侵略。如果土耳其在勒班陀赢得了胜利，那么欧洲就要被伊斯坦布尔统一了，谁又能想到，也许土耳其会在1610年或者1616年到达伦敦。而在这次胜利之后，威尼斯就开始快速衰落。随着来自美洲的货物源源不断地在欧洲靠岸，世界的中心以及世界贸易中心转移到了大西洋。

与欧洲开启新世界一样，在利玛窦绘制地图的时代，中国也开启了新的时代。在他死后不久，1644年，明朝被清朝代替，而清朝的统治者正是北方"蛮夷"，新的统治者继续接待和提拔了在利玛窦之后来到中国的传教士。18世纪之后，教士已经被计为皇宫中的一派势力了。汤若望和南怀仁等教士曾执掌重要政府部门，意大利人郎世宁则被封为宫廷画家，他以此大大改变了中国人看世界的方式。

郎世宁因首先将透视画法引入中国而闻名。他实际上根本没有以西方的方式进行绘画，而是将西方的透视画法和中国的品位相结合，形成了自己的风格。他的画作没有自达·芬奇之后在西方广为人知并被广泛使用的消失点（punto di fuga），也没有光影。这一技法自威尼斯画派的丁托列托（Tintoretto）以来已达到精妙的水平。他们确实对解剖学深有研究，不仅研究外衣之下的人体，还研究动物，尤其是马的躯体。郎世宁用不止一种方式发明了在画中表现现实的新方法，这种方式可以为中国人所接受，对于他的直接受众来说是合意的，但仍蕴含着新的现实表现原理。

在一个有电视、电影和网络的世界中，很难评价宫廷画家的角色和宫廷画。但是在一个没有动态影像也没有照片的世界中，宫廷画家可以被看成是对现实的官方描绘，它向公众表明了朝廷想要现实如何被呈现。在这一点上，郎世宁改变了皇帝呈现自身的方式。西方的透视画法和品位进一步影响了皇帝行宫圆明园的建筑风格，甚至影响到一些皇家园林的设计。

在所有这些艺术表现中，西方品位与中国品位相结合，有了独特的创新。但是，这些新品位都是与中国的传统相调和的，与一个世纪之后伴随西方科学知识到来而出现的彻底突破大不相同。

中国历史上或许从未经历过这样大的震动。佛教在 1 500 年前就已极大地改变了中国，但是这个过程经历了数个世纪，其间中国也对佛教有所贡献，并将其融入了自己的习惯和风俗。这时西方的知识却将中国带入了一场风暴，在数十年间改变了中国人的语言、知识体系、穿着、家庭结构和住宅。它改变了一切，所有事情都不一样了。数千年来，中国的知识一直由"经""史""子""集"所构成。西方则带来了完全不同的体系和完全不同的类目，哲学、经济学、社会学等。其中有些是古老的概念，比如哲学和逻辑学，其他如经济学和社会学则是新兴学科。

新概念相较而言更容易掌握：新的文化产品必须符合新的西方秩序。但是哲学和逻辑学这样古老的西方概念则迫使中国人回顾自己的传统，重新整理自己先人的知识，将其纳入新的类目。必须发明出新的词语，于是根据汉字原本意义人为创造出了一些，比如"哲学"；还有一些词太新，以至于无法翻译，只好取其音，所以"logic"就成了"逻辑"。有了"哲学"和"逻辑"，中国人只好再追溯自己的过去，寻找自己"哲学"和"逻辑"的历史。每一个新王朝都要重新书写前朝历史，以为自己正名。但是从某种意义上讲，这方面做得很少，因为历史学家要处理两三百年的前朝历史，并且很难找到现在和过去的连续性。在某种程度上，现在必须顺应过去。

19世纪末——实际上包括整个20世纪，中国的文化变革极其深远（现在仍在持续）。并不是想让现实顺应过去，相反，是出于现实的需要和口味，想要重读过去三千多年的历史。这种口味，即使不是全部，也大部分都是西式的。

换句话说，在一个多世纪的时间里，中国都是透过新的国际视角审视自己，没有任何野心，因此向新的外部世界展示了一个新气象。这在古代中国从未有过，因为开始他们对外部世界几乎没有兴趣，后来他们又没有时间和精力去这样做。

但是中国的政治和经济角色在 21 世纪的发展迫使他们有史以来第一次感到必须发展一种真正的世界观。在这个意义上，赵汀阳所做的第一次系统性的尝试是十分特别的。他是从中国古代历史中得到的启发。在赵汀阳的眼中，当今世界与公元前 8 世纪到公元前 5 世纪的春秋时期非常类似。当时也有很多国家相互竞争。有些国家的实力远远超过其他小国，它们相互竞争、获取实力，争相称"霸"。那时也有称"天子"之人，他并没有实权，但仍保留着重要的仪式性的影响力。这种情况与中世纪的日本类似，有权势的封地领主为了成为"将军"（当时日本的主要实权人物）而相互争斗，天皇基本上只是傀儡。但是一个"将军"或者一个"霸"的胜利并不意味着其他所有封地和国家的消失。这与欧洲中世纪后期也有相似之处，各个国家为了权力而斗争，教皇保留各国之间调停人的宗教角色。

现在，没有中世纪的天皇、教皇，也没有"天子"，作为国家竞争的调停人而存在并将其祝福赐予竞争的胜利者。但赵汀阳认为，国家之间的竞争仍然存在，在各国之间建立一种共同语言和一种共识（就像中国在春秋时期曾经拥有的一样）的需要仍然存在。同时，赵汀阳也对潜在的"霸"的出现表示担忧，因为现在类似"天子"的调停角色不存在了，而联合国等国际组织的力量又显得十分微弱。

　　除了赵汀阳的分析所道出的政治和实践后果外，可能还有更严重的后果。在用希腊、波斯和罗马帝国的历史观察了世界好几十年之后，赵汀阳向世界公众提出了一个用中国历史中的一个特定时期来观察现代世界的角度。这反过来也会（在西方历史之外）使中国历史更广为人知，这也将影响全球的世界观。

　　实际上，赵汀阳以这种方式使"隐藏的"现实更为明晰：中国人四处旅行、做生意、讨论国际政治，不顾 100 多年的剧烈西化，以与过去西方完全不同的方式观察世界。尽管以西方的标准重读中国历史和哲学，有一种与西方历史和哲学完全不同的穿透力。在经历百年西化之后，中国与以往大不相同了，但中国仍然是中国，不会变成一个西方国家。

　　就像我们谈论中国并且想要像中国人般行事一样，其实践后果可能是巨大的：尽管他们像西方人一样组织家庭，穿着西式服装，但仍保留并将继续保留重要的中国式的内在。这样，世界，包括西方，也就必将稍稍变得中国化了。

# 附录六 中国的世界责任

童世骏[*]

## 为什么要重提"天下"？

这几年，在西方许多学者眼里，以民族国家为单位讨论国际问题似乎有些过时，连"国际"一词本身，也因为其含义实际上是"民族国家之间"，而显得不大合乎时宜。于是乎，现实主义者们热衷于谈论"全球"，理想主义者们热衷于谈论"世界"，分不清现实与理想界限的人，则热衷于谈论"帝国"。

在这种情况下，赵汀阳建议，在这个所谓"后民族"时代，现

* 童世骏：上海纽约大学校长、华东师范大学哲学系教授，教育部社会科学委员会委员。

实的理想主义的核心，应该是中国人的"天下"观念。在赵汀阳看来，西方人的那些概念，尤其是"帝国"的概念，甚至还包括康德的世界主义传统中的"世界"概念，多多少少仍然以民族国家为出发点——即使不是自我中心的"帝国主义"，也是以民族国家为单元的"国际主义"，而没有真正超越民族国家的范式，没有真正从"世界"的眼光来看"世界"。也就是说，不像中国传统的"天下"观念那样，主张"以天下观天下"。在他看来，"思考世界"与"从世界去思考"，是完全不同的思想境界。

作为一个政治哲学概念，"天下"观念最有名的表达是顾炎武关于"亡国"和"亡天下"的区分。用美国哲学家约翰·罗尔斯的术语来说，顾炎武的意思是我们对"天下"负有一种自然义务，对"国"或国家则只负有一种"建制职责"。自然义务是人之所以为人都要履行的，建制职责则是因为加入某个建制（在这里就是国家）而产生的，因而建制职责的正当性依据之一，是这个建制的规则本身是否正当。

在近代，由"天下"所辩护的这个"国家"，受到了许多既不属于这个国家，也不承认这个国家是"天下"原则之体现的其他国家的挑战。许多人，如梁启超和梁漱溟，尽管不一定愿意放弃这种天下原则的道德优越性，但认为，如果我们真要作为中国人而生存下去的话，也应该有我们自己的民族认同感和民族尊严感。而界定后者的，则不是，至少不仅仅是传统的"天下"观念，而是这个由民族国家体系所构成的现代世界的游戏规则。

现在赵汀阳重提"天下"观念，不是为了检讨中国传统的弱点，而是为了强调民族遗产的重要价值——不仅对我们自己重要，而且对全世界也重要，确切些说同时对中国和世界具有重要价值。

改革开放以来的成果使"中国的崛起"成为一个公认的趋势。国外不少人说这意味着中国将成为一个威胁，对这个观点，无论从利益的角度还是从价值的角度，中国人都有必要加以反驳。赵汀阳提醒我们注意，中国传统的"天下"观念，如果做恰当解释的话，可以成为我们把基于利益的反驳和基于价值的反驳统一起来的一个出发点。

"天下"观念既是一种"世界观"，也是一种"中国观"，是通过中国世界关系来界定中国特性的一种新的方式。重要的是，对于这种意义上的"中国"来说，"来自中国的威胁"实际上也是一种"针对中国的威胁"，因而是一种自相矛盾、一种逻辑错误。

## 如何解释"天下"？

在赵汀阳对"天下"观念的诠释中，包含着许多内容，比如地理上指向"普天之下"，价值上象征"民心"，伦理-政治意义上蕴含着一种"世界制度"，等等。但最值得重视的，是他所谓"无外"的原则和"无立场的眼界"。

如果说传统版本的"天下"观念可以用罗尔斯的"自然义务"观念来解释的话，那么，现代版本的"天下"观念则可以用德国哲学家哈贝马斯从美国哲学家乔治·H. 米德（George H. Mead）那里借用来的一个术语来解释，那就是"理想的角色承当"（the ideal role taking）。

"无外"的意思是"无所不包"；"天下"之为一个制度、建制或规则体系，要求对所有的人一视同仁，不分内外。这话听起来很不错，从古人所说的"天下为公"到近人所说的"天下大同"，都包含着这样一个美好理想。但在现实世界上，"人以群分"是一个常理，而不同的群体常常有着不同的利益、不同的价值和不同的认同。《共产党宣言》最后一句话"全世界无产者联合起来"，更确切的译法是"所有国家的无产者联合起来"。也就是说，马克思、恩格斯在号召无产者们联合起来的时候，是以承认无产者还属于不同国家作为前提的。甚至可以说，马克思、恩格斯之所以要号召无产者联合起来，很大程度上就是因为他们是属于不同国家的。

在这种情况下，重要的并不是抽象地谈论"天下无外"，而是要承认天地之广，无所不有，然后去认真思考，能否或如何在不同利益之间达成妥协或互利，在不同价值之间达成宽容或理解，在不同主体之间形成团结或友爱。

对我们思考天下人之间的这些不同关系——妥协、互利、宽容、理解、团结、友爱——来说，赵汀阳的"无立场的眼界"（他认为此即老子所谓"以天下观天下"）的说法，要比"无外"的说法更有意思，因为它要我们不满足于抽象地承认"天下无外""天下一家"，而要回到现实世界，要有一个立场，尽管这是一个无立场的立场。

但毕竟，"无立场的立场"或"无立场的眼界"的说法，有些过于玄乎。幸好，在这句中文谶语旁，赵汀阳还加了一个稍微让人明白一些的英文说明 "the view from everywhere"，意思是 "由每处观之"，区别于 "the view from somewhere"，意思是 "特定角度的眼界" 或 "由某处观之"。

那么，什么是区别于 "由某处观之" 的 "由每处观之" 呢？

## "由每处观之"："从天下每个人的立场观之"

在我看来，"由每处观之" 的意思就是 "从每个人的视角出发考察问题"，而不是只从某个特定的角度出发，不是只从自己的角度或自己民族的角度出发。哈贝马斯把这种考察方式叫作 "理想的角色承当"。

"理想的角色承当" 是相对于 "实际的角色承当" 和 "虚拟的角色承当" 而提出的。比方说，我的角色是老师，但我不能只从老师的角度出发考虑问题，也要从学生的角度出发考虑问题。在这里，我的 "老师" 角色是实际的，我 "设身处地" 所承担的 "学生" 角色是虚拟的。但仅仅是这样的角色承当还不够，仅仅对特定对象采取 "己所不欲，勿施于人" 或 "设身处地，将心比心" 的态度还不够，因为在涉及普遍规则如国家法律、国际行为准则甚至跨越世代界限的行为方式的论证的时候，我们要有足够的诚意和能力对所有有关的人的立场进行 "设身处地""将心比心" 的考虑，尽可能了解他们的想法，并在论证规则的时候把他们的要求和顾虑考虑在内。这就需要做一种涉及数量无限的人的"理想化"努力。

但这意思并不是要假定自己处于一个理想的地位，如庄子所说的"以道观之"，因而有能力像上帝那样洞察所有人的需要并加以满足。比方说让天下所有人都能享受吃鱼头或吃鱼身的快乐，也不是简单地为对方着想，心想既然自己是爱吃鱼头而不爱吃鱼身的，那么对方一定也爱吃鱼头而不爱吃鱼身，甚至也不是先人后己地为对方着想，虽然自己更爱吃鱼头，但还是把鱼头让给对方，自己吃鱼身，而是与对方心平气和、开诚布公地平等对话，从而有可能知道对方爱吃的或许是鱼身而不是鱼头，甚至还有可能知道，对方实际上根本就只爱吃肉，不爱吃鱼！

## 中国的世界责任："天下"的兴亡

如果用这样的"天下"观念来界定"中国"观念的话，那么，中国的崛起就确实将是一个完全新型的世界性大国的崛起。这个大国不是唯利是图的霸权，但也不是自我封闭的隐士。这个大国乐于承担自己的世界责任，但它非但不把自己的利益作为坐标来确定自己的世界责任，而且也不把自己的价值作为依据来理解自己的世界责任。对这个大国来说，最重要的世界责任是积极参与每个人（或每个民族的人、每一个立场的人）都能表达和捍卫自己合理主张的全球对话，是与世界人民一起努力，致力于构建和捍卫这种全球范围的合理对话赖以有效展开的世界秩序。

　　这样理解的话，就可以对顾炎武的名言"天下兴亡，匹夫有责"做如下诠释：全球合理对话基础上的世界秩序即"天下"体系的兴衰存亡，每一代中国人对肩上的责任都义不容辞。

　　中国传统的"天下"观念表明，上述意义上的世界责任，中国人非但用不着罗伯特·佐利克（Robert B. Zoellick）来教，反而可以给他和他的同事们上一课；而对"天下"观念的上述诠释则表明，关于这种意义上的世界责任，在中国的赵汀阳们、德国的哈贝马斯们和美国的罗尔斯们之间，其实是很有一些共识的。

　　　　　　　（原载于 2005 年 12 月 16 日《东方早报》）

# 附录七 "天下体系":全球化 时代的"托古改制"

干春松 *

"天下"是一个典型的中国观念类型,或许它带有一些文化中心主义和地域中心主义的色彩,但这些局限性无损于这个概念的重要性和对于中国政治观念的影响。"天下"首先是一个地理概念,最初其范围并不确定并有一种不断扩展的趋势。或许是古人心目中所有的土地,或许可以是天子之地,等等。然而"天下"更重要的是一种与"国"相对的价值体①。所以"天下"是一种理想的政治秩序,或者是现实的以"国"为基本形态的政治秩序的合法性最后的依据。

因此,在传统的政治形态中,权力体和价值体之间虽有张力,

---

* 干春松:北京大学哲学系教授。

① 列文森认为:"在早期'国'是一个权力体,与此相比较,'天下'则是一个价值体。"(列文森.儒教中国及其现代命运.北京:中国社会科学出版社,2000:84)

但始终被认为存在着一种统一性，或者说价值和权力之间存在着内在的一致性，按钱穆先生的说法："中国古代人，一面并不存在着极清楚极明显的民族界线，一面又信有一个昭赫在上的上帝，他关心于整个下界整个人类之大群全体，而不为一部一族所私有。从此两点上，我们可以推想出他们对于国家观念之平淡或薄弱。因此他们常有一个'天下观念'超乎国家观念之上。他们常愿超越国家，来行道于天下，来求天下太平。"① 这个说法比较大而化之，因为在"天下"观念形成的周朝，所谓的"国"并不是现在的民族国家，而是因家族关系或战功而分封形成的一个区域，因此国与国之间的关系，其实是家族不同部族之间的关系。所谓的家国同构即起源于此。"古代之封建之制，与宗族之制，关系最密。职是故，古代国际间之道德，亦与同族间之道德，大有关系。古之言政治者，恒以兴灭国，继绝世为美谈。所谓兴灭国，继绝世，则同族间之道德也。"②

虽然随着秦以后大一统帝国的形成，国与国之间的关系演变为更大范围的甚至是不同文化的民族国家之间的关系，但基于古老的氏族组织关系的"天下"观念，依然成为中国处理国与国之间关系的一个基本理念，即依靠声威和德化的感召使别的民族和国家归附，以兄弟般的感情来处理利益和文化上的冲突，而不是诉诸武力，"先王耀德不观兵"。

但"天下"观念中的怀柔并非表明将所有民族都看成是一种平

---

① 钱穆．中国文化史导论．北京：商务印书馆，1994：48.
② 吕思勉．中国制度史．2 版．上海：上海教育出版社，2005：245.

等的存在，这也就是夷夏问题，尽管"天下体系"预设了"礼不往教"的怀柔远人策略，并且这种种族的标准有时候会转化为文化的标准，诸如"诸侯用夷礼则夷之，夷狄进于中国则中国之"。王铭铭说："'天下观念'也包含着某种'世界体系'，但这一'世界体系'不同于主权国家中心的'世界体系'，它不以经济关系的维系和'种族-族群'及民族国家的区分和疆域化为基础，而是以'有教无类'的观念形态为中心来呈现人们对世界的认识，从而具备了一种宏观的文化人类学特征。"①

因此，当那些被认为是"夷"的民族取得军事上的胜利的时候，"天下"观念便会产生许多变体，儒生们会努力填补文化优越性和异族统治的合法性之间的冲突。这种思考在明王朝必将为满族所灭的历史现实面前，就引发了当时最有影响力的学者对"天下"和"国家"问题的思考。

# 一、"亡国"和"亡天下"之惑

明末清初的思想家们最为着力的是将"天下"本来所蕴含的地理概念和王朝相分离。比如黄宗羲在《明夷待访录》中认为，自私自利是人的本性，但是因为有一种天下的观念使得人们"受其利""释其害"，因此完美的君主应该以百姓人民之利为本，而不是"天

----

① 王铭铭．作为世界图式的"天下"//赵汀阳．年度学术 2004．北京：中国人民大学出版社，2004：59．

下之利尽可于己，以天下之害尽归于人"。所以是否拥有"天下"
的标准是人民是否幸福，而不是一姓朝廷的兴衰。这种观念在顾炎
武那里得到更经典的陈述。

为我们所熟悉的顾氏名句"天下兴亡，匹夫有责"，原话是
"保天下者，匹夫之贱与有责焉耳矣"，顾认为一个政权拥有领土，
称为"有土"；能让老百姓衣食有余而知荣辱礼义，是谓"保民"。
有土且保民，方可称为"保天下"。如果统治者不以民生为念，遂
致"仁义充塞，而至于率兽食人，人将相食"。那么明朝的覆亡，
与其说是因为清朝，不如说是因为明朝君臣自身丧失了"保天
下"之职责。因此，顾炎武说："有亡国，有亡天下。亡国与亡
天下奚辩？曰：易姓改号，谓之亡国。'仁义充塞，而至于率兽
食人，人将相食'，谓之亡天下……保国者，其君其臣，肉食者
谋之。保天下者，匹夫之贱与有责焉耳矣。"（《日知录·正始》）
这样就将政治的合法性定义为百姓的日常生活，定义为一种朴素
的价值观，而不是君君臣臣之间的纲目，这是儒家内涵的"从道
不从君"的更为明确的表达。所以，在这里夷夏之辨转化为是否
顺应"民心"。

王夫之的分析更富有思辨性，因为他相信治和乱是政治的重要
标准，"天下之势，一离一合，一治一乱而已"①。这样的历史观有
时会导致实用主义的倾向，即认为治/乱是统治是否合法的依据。
正因为这样，王夫之反对以"道德"的名义损害人民的利益，也反

———

① 读通鉴论：卷16//王夫之. 船山全书：第10册. 长沙：岳麓书社，1996：610.

对以抽象的"正统"作为统治合法的依据。"天下至不仁之事，其始为之者，未必不托于义以生其安忍之心。"① 因此，"天下者，非一姓之私也，兴亡之修短有恒数，苟易姓而无原野流血之惨，则轻授他人而民不病。魏之授晋，上虽逆而下固安，无乃不可乎？"②

王夫之反对正统论，认为"正统之论，始于五德。五德者，邹衍之邪说，以惑天下，而诬古帝王以征之，秦、汉因而袭之，大抵皆方士之言，非君子之所齿也"③。因此，天下无所谓正统与否，一治一乱之间，治的时候自然是"正"，乱的时候自然"不正"，并无所谓的"统"。

为此，王夫之提出"治统"和"道统"的差别来强调理想政治和现实政治之间的冲突，以及理想政治高于现实政治的信念。"天下所极重而不可窃者二：天子之法也，是谓治统；圣人之教者也，是谓道统。"④"儒者之统，与帝王之统并行天下而互为兴替。其合也，天下以道而治，道以天子而明；及其衰，而帝王之统绝，儒者犹保其道以孤行而无所待，以人存道，而道不可亡。"⑤

儒者对现实政治的批评和对于完美政治的期待表现在他们对于"天下"观念的坚持上，但是完整的天下图式应该是"国土"和"民心"的统一，但是当"天下"已然落入别人之手的时候，"道统"和"治统"的分离，则使儒者由政治的参与者转变为政治的批

---

① 读通鉴论：卷9//王夫之．船山全书：第10册．长沙：岳麓书社，1996：352.
② 读通鉴论：卷11//王夫之．船山全书：第10册．长沙：岳麓书社，1996：416.
③ 同①.
④ 读通鉴论：卷13//王夫之．船山全书：第10册．长沙：岳麓书社，1996：479.
⑤ 读通鉴论：卷15//王夫之．船山全书：第10册．长沙：岳麓书社，1996：568.

评者，而完整的"天下"观念已然允许政治实践和政治理想的分离，因此明末清初的儒生们通过对"天下"和"国家"的分离，将天下由一种政治秩序转变为以理想对现实进行批评的武器。

## 二、康有为的"天下"

但是清朝统治者的文治和武功似乎使天下和国家又重新得到结合，尽管从"天下"观念来看，这似乎仅仅是一种回光返照而已，因为更为彻底的文化和军事上的受挫感随着 19 世纪中叶的西方军事侵略接踵而至。在严峻的形势下，"保国"和"保种"的重要性似乎要大于"保教"，因此"天下"观念被看作对于"国家"的淡漠，进而使中国人没有"国家观念"，缺乏"爱国主义"和"民族主义"的精神，使中国在残酷的民族生存竞争中缺乏抵抗力量。因此近代以来种种以"国"为单位的词语取代了"天下"，人们热衷于发现"国魂""国粹""国性""国学"，革命派甚至以鼓动种族仇恨来倡导革命，在这种"发现"的背后，我们事实上放弃了中国传统的文化理想而接受了西方现代文明的逻辑，并严肃地相信这可能是唯一的保存民族的道路。列文森说："如果'天下'意味着某些固定的准则……所有儒家所认可的文明理想的话，那么，自由选择和实用主义准则意味着对于'天下'观念的否定。"[1]

---

[1] 列文森. 儒教中国及其现代命运. 北京：中国社会科学出版社，2000：88.

在这样的背景之下，康有为的"大同"观念可以说是天下观念在近代中国的最大回响。康有为多少有些自以为是，所以他自号"长素"，认为比孔子要高明。但无论如何他所面临的中国社会变革的力度恐怕要超过孔子所面对的"礼崩乐坏"，因为他知道他所面对的并不是秩序的混乱与否，而是一个淘汰的时代。"自尔之后，吾中国为列国竞争之世，而非一统闭关之时矣。列国竞争者，政治工艺文学知识，一切皆相通相比，始能并立，稍有不若，即在淘汰败亡之列。"①

康有为之所以比同时代人敏锐，在于他充分考虑到了中国的近期目标和一以贯之的"天下"观念之间的轻重缓急，因此春秋三世说②成为他最喜欢的理论模型。

康有为确信："当务之急不是强调中国传统的独特性，而是重新结构新的世界图景，以儒学的内在脉络作为建立普遍主义世界观和公法的依据。没有这种建构普遍主义公理观和公法观的思想氛围，儒学就不可能实现自己的真正转化；没有这种普遍主义，中国就必须屈从于一种外来的规则。"③

---

① 康有为．请广译日本书派游学折//汤志钧．康有为政论集：上册．北京：中华书局，1981：301.

② 康有为在《日本书目志》自序中说："圣人之为治法也，随时而立义，时移而法亦移矣。孔子作六经，而归于《易》、《春秋》。易者，随时变异。穷则变，变则通。孔子虑人之守旧方而医变症也，其害将至于死亡也。《春秋》发三世之义，有拨乱之世，有升平之世，有太平之世，道各不同。一世之中，又有天地文质三统焉，条理循祥，以待世变之穷而采用之。呜呼！孔子之虑深周哉！"

③ 汪晖．现代中国思想的兴起：上卷 第二部 帝国与国家．北京：生活·读书·新知三联书店，2004：726-727.

　　因此，康有为选择了渐进，首先着手解决的是"国家"层面上的问题，要变法、要自强。他始终没有将自己的"大同"理想公开，而只是在梁启超等少数弟子中间透露。因为他相信在据乱世的现在不适合传播升平世和太平世的理念。他选择了将大同理想秘而不宣，他内心中的儒家理想和佛教救世理念的影响，促使他把视野扩大到整个人类，那么以国家为单位的自救运动本身并不足以消除给人类带来痛苦的根源性问题。因此康之内心的矛盾在于"天下"理想和现实政治选择之间的矛盾，但康始终认为应该以一种超越"国家"的策略来解决人类的困境，深受佛教影响的他说："吾既生乱世，目击苦道，而思有以救之，昧昧我思，其惟行大同太平之道哉！遍观世法，舍大同之道而欲救生人之苦，求其大乐，殆无由也。大同之道，至平也，至公也，至仁也，治之至也。"①

　　所以，"在《大同书》中，康有为不是以民族-国家，也不是以帝国为中心讨论具体的政治架构问题，而是以地球为单位讨论'世界管理'问题，其实质是在否定民族-国家机器体系的基础上重新构思全球的政治构架"②。

　　这与其说是一种超前，还不如说是对传统中国的世界观的回归，因为他从中国所受的屈辱中看到，导致战争和人与人之间互相残杀的原因是国家，所以越是"保国"，离理想社会越远。"人之恒言曰'天下国家'。凡有小界者，皆最妨碍大界者也。小界之立愈

---

① 康有为．康有为大同论二种．北京：生活·读书·新知三联书店，1998：54．
② 汪晖．现代中国思想的兴起：上卷　第二部　帝国与国家．北京：生活·读书·新知三联书店，2004：746．

多，则进于大界之害愈大。故有家界以保人，国界以保民，而于大同太平之发达愈难。"①

按康有为的设想，世界的发展必然是由"国家"向"世界"的发展，按照他设想的"大同合国三世表"，首先是在"大同始基之据乱世"时"联合旧国"，但各国还是有相对独立的权益。其次是发展到"大同渐行之升平世"，这个时候，开始设立"公政府"，各国虽有自治权，但已有制约权。最后是"大同成就之太平世"，这时候就"无国而为世界"，人民成为世界公民，已不复有"国"之存在，虽有自治权，但法律之制定则由公政府负责，因此，没有军队，只有警察，人类平等，而"大地诸先哲及诸新义皆公尊之，不独尊一教而兼取其议"②。

不过康之天下观念已经受到了进化主义的影响，因此，他所追求的未来的大同世界是通过淘汰劣等种族过程而实现的，已经没有了"礼失而求诸野"的气度。"夫大同太平之世，人类平等，人类大同，此固公理也。然物之不齐，物之情也。凡言平等者，必其物之才性、知识、形状、体格有可以平等者，乃可以平等行之。非然者，虽强以国律，迫以君势，率以公理，亦有不能行之焉。"③ 基于这种理解，康认为在实现了大同世界的未来，将"只有白种、黄种之存，其黑人、棕种殆皆扫地尽矣。惟印度人略有存者，亦多迁之四方，而稍变其种色矣"④。

---

① 康有为. 康有为大同论二种. 北京：生活·读书·新知三联书店，1998：54.
② 同①143－160.
③ 同①171.
④ 同①171.

中国的天下体系的精神是通过文化的传播而使一种精神广被的过程，而非将一些不接受这种文化的存在体消灭的过程，康有为心中存有大量的因民族危机而产生的焦虑，所以反而使他的天下体系遭受种族主义的污染："故今百年之中，诸弱小国必尽夷灭，诸君主专制体必尽扫除，共和立宪必将尽行，民党平权必将大炽，文明之国民愈智，劣下之民种渐微。自尔之后，大势所趋，人心所向，其必赴于全地大同、天下太平者，如水之赴壑，莫可遏抑者矣。"①

# 三、中国的世界观之必要

对于康有为了解不深的人，或许无法体会到康有为内心深处的矛盾。其实康之最不可解的矛盾在于他是一个理想主义者，而这种理想所遭遇的却是儒学的有效性被空前地质疑。

然而康的理想性的一面并没有被后来的保守主义坚持，特别是新儒家。新儒家学者的难处自不待言，他们所面对的现实是儒家在中国遭受到前所未有的彻底的批评，这种批评带有明显的"现代性"的意味，其重点是将儒家定义为"过去"，并作为中国走向"现代""进步"的阻碍。因此这些"飘零"于海外的新儒家学者采取防御性的策略，将其重点从梁漱溟的多元主义转变为证明儒家是一种与西方人所自定的"普遍主义"相一致的价值体系，因此就有了"内圣开出新外王"的强词夺理和"良知坎陷"式的自说自话。

---

① 康有为. 康有为大同论二种. 北京：生活·读书·新知三联书店，1998：125.

新儒家学者的"同情"和"敬意"是值得肯定的，但是他们的思路则是无趣的，会引导中国人将思考问题的重点集中于证明中国思想和西方思想的一致性，而无从发现中国思想中独特的地方。

因此，我们应该同情的是新儒家学者的感情，而反对的则是他们的思路。因为多元化并不一定是"理一分殊"式的，有时可能就是存在着不同的理。

不过经历了上百年的屈辱之后，中国开始以一种新的姿态进入我们这个国与国之间交流空前频繁的世界。而赵汀阳延续康有为的话头，认为我们现代的世界的混乱和冲突，其根源在于以"国"为单位的思维模式，并没有真正将全人类的利益作为我们的行为准则："西方政治学发明了'国际理论'来应付国家之间的政治问题，可是国际理论在学理上并不高于国家理论，它没有任何高于国家的理想和价值观，相反，它只是国家理论所附属的'对外的'策略研究，是国家政治理论的一个特殊附庸。"而在这样的理论指导下建立起来的国际组织，比如联合国，自然是有问题的。"国际组织**本来的意图和任务**只不过是去解决发生于国家与国家之间的问题，因此它最多只是民族/国家体系中的服务性和辅助性组织，从本质上说它从属并且受制于民族/国家体系，它不可以真的拥有超越民族/国家的政治权力。因此，国际组织从理论上来说只不过是在帮助各个民族/国家争取各自的国家利益，而从实践来看，国际组织只不过是服务于大国自我推广的野心，而绝不表达世界普遍的和共同的利益以及世界普遍理念。"所以现在是一个"没有世界观的世界"，而中国传统的"天下"观念却是一个早熟的真正的"世界观"。

赵汀阳一直强调他对于"天下"的思考是一种"国学",这也许是一种危险,这一方面是因为"国学"本身是以"国"作为基点的,另一方面还因为他的研究并不如我们惯常所看到的"国学"研究那样"铺张"地进行天下制度本身的回溯,而是带有今文经学色彩地发掘"天下"的观念。其实恰好在这一点上,赵与康有为达成了一致,这种今文经学的方式既可以有效地回避对于制度本身的仔细考订,同时又可以最大限度地因时发挥"天下"的微言大义。

显然赵汀阳对于天下的分疏是把握了"天下体系"本身的丰富性的,他指出天下制度是一个融汇了地理、心理和社会制度的综合性的观念:"(1)地理学意义上的'天底下所有土地',相当于中国式三元结构'天、地、人'中的'地',或者相当于人类可以居住的整个世界。(2)它还指所有土地上生活的所有人的心思,即'民心',比如当说到'得天下',主要意思并不是获得了所有土地(这一点从来也没有实现过),而是说赢得大多数的民心。这一点很重要,它表明'天下'概念既是地理性的又是心理性的。(3)最重要的是它的伦理学/政治学意义,它指向一种世界一家的理想或乌托邦(所谓四海一家)。这一关于世界的伦理/政治理想的突出意义在于它想象着并且试图追求某种'世界制度'以及由世界制度所保证的'世界政府'。"

更关键的是他特别强调的"民心"则是从周朝以来"天下观念"的核心,这有提纲挈领之要。对此他颇有些发挥:"真正的民心是经过理性分析而产生的那些有利于人类普遍利益和幸福的**共享观念**。"而以"民心"去对照"民主"可以看作未来社会的理想形

式对现代社会的最优方式的观照:"当以民主去替代民心,就已经
搞错了问题,这类似于用现象代替本质,用信息冒充知识,用知识
混同真理。更重要的是,即使人民自愿按照民主方式去选择,大众
的选择也仍然不等于民心,因为大众的选择缺乏稳定性,随着宣
传、时尚和错误信息而变化无常,只是反映暂时偶然的心态,而不
是由理想分析所控制的恒心,所以说,民主反映的是'心态'而不
是'本心'。"

或许我们会忧虑在以民族国家为主体的现阶段提倡一种超越国
家的理想并非"圣之时者",而且在实践中会有副作用。这种担心
或者是政治学家的而非哲学家的,哲学的使命就在于永远用理想来
批评现实,而给人类提供思考的坐标,恰如孔子般"知其不可为而
为之"。谁都知道单边主义的危害,也知道和平主义在当今的无力,
但是这并不是放弃理想的理由。"天下理念却是基本清楚的,它是
个世界乌托邦,不是一般意义上的帝国,而是世界社会制度,它指
望的是有着共同的世界理念却不存在着霸权的天下体系,在其中,
和谐、沟通和合作通过一个共同认可的世界制度而得到保证。"

梁漱溟曾经说过,中国文化是早熟的,传统的天下观念或许只
是解决兄弟部落之间的关系模型,但是他建立的以血缘为基础的
"国"与"国"之间的格局,恰好应和了现时代"天下一家"的需
要,"在天下一家理想的影响下,在中国的意识里不存在'异端意
识',于是,中国所设定的与'他者'(the others)的关系在本质
上不是敌对关系,其他民族或宗教共同体都不是需要征服的对
象……天下公有而为一家的意识还抑制了天下/帝国作为军事化帝

国的发展趋势"。而关键在于我们需要有一种新的思路，超越国家，以天下去理解世界。"从天下去理解世界，也就是要以'世界'作为思考单位去分析问题，超越西方的民族/国家思维方式，就是要以**世界责任**为己任，创造**世界新理念和世界制度**。"

"托古改制"是传统儒学中十分有创造力的一种方式，它可以使经典的内涵根据时代的不同而做出修正，同时又保持文化的一致性，而赵的"天下体系"则可以说是全球化时代的托古改制。"世界制度优先于国家制度，这可能是中国政治哲学中最具特色而且在今天最富意义的原则。尽管古代中国通过'天下'这一概念去想象世界制度时很可能主要只是出于哲学的直观和理想化的想象，而与当时的实际历史需要没有必然关系（这一点当然可以讨论），但在今天看来却是一个伟大的预言和制度设计……当世界没有被理解成一个绝对必需的政治存在并且成为政治体系中的最高政治存在，当没有一个作为全体人民的选择的、能够治理世界的世界制度，那么世界在政治上就仍然是无效的，就只能依靠霸道来控制世界。"

# 余 论

明末清初的儒者力图将天下和国家分离来保持文化价值的优先性，而19世纪中叶以来的中国知识分子精英则是以"国家"来取代"天下"以获得救亡的凝聚力。但天下体系则是试图将人们的思维方式又从"国家"回归到"天下"，这种回归是中国思想面对世界大势的变化而做出的积极的姿态，"将中国回归于'世界'，并非为了以美国汉学式的'中国中心论'来代替其他框架，并非为了毫无反思地将古老的治理模式当作世界文明秩序的未来基础来倡导；它的目的在于重新培养文化自信，在于使我们从传统的现实中感受自身的当下处境，在于通过古老的政治文化展开思考，来获得文化自觉"①。

许多人把文化自觉简单地理解为回归传统，这一点恰好是通向了守旧，分不清"道"和"迹"②。这就是说，我们对于中国传统观念的理解，不能停留在圣人的语言上，而是要通过对于古圣先贤的表述，体会到背后的道之流性，我们现在质疑中国现代知识体系的"合法性""自主性"，并非要回到那些"行迹"上，而是要提供我们中国人独特的对于问题的把握方式。"'重思中国'的历史意义就在于试图恢复中国自己的思想能力，让中国重新开始思想，重新建立自己的思想框架和基本观念，重新创造自己的世界观、价值观和方法论，重新思考自身与世界，也就是去思考中国的前途、未来理念以及在世界中的作用和责任。"就此而言，"天下体系"提供了值得思考的借鉴。

---

① 王铭铭．作为世界图式的"天下"//赵汀阳．年度学术 2004．北京：中国人民大学出版社，2004：5.

② 章学诚说："孰为近道？曰：不知其然而然，即道也。非无所见也，不可见也。不得不然者，圣人所以合乎道，非可即以为道也。圣人求道，道无可见，即众人之不知其然而然，圣人所藉以见道者也。故不知其然而然，一阴一阳之迹也。学于圣人，斯为贤人。学于贤人，斯为君子。学于众人，斯为圣人。"（《文史通义·原道上》）

# 附录八 存在着击破西方线性
发展模式的某种契机

[法] 阿兰·乐比雄*

我从赵汀阳教授那里收到了一份长达 80 页的文件，其中不仅有对西方当今帝国概念的批评，还包括一个强有力的语境分析，对象是那种出现在全球化进程中，与这种帝国概念相对应的政治语境；此外，这份文件还对"天下"这一中国传统概念进行了详细的表述和阐释。

他的论文开篇就写道："我们所谓的世界，现在仍然是一个非世界。"从这个前提出发，通过借用霍布斯关于混沌的观念来刻画这个主要是由于西方这几个世纪以来在世界上的主宰地位而造成的"非世界"，赵汀阳实际上提出的是一个双重的挑战：

（1）通过对"帝国"以及其他（从哲学、历史上来说的）相关概念的批判性分析，用西方哲学自己的语言对西方关于"世界秩

---

* 阿兰·乐比雄（Alain Le Pichon）：欧洲跨文化研究院主席。

序"的观念和概念提出了质疑。

（2）认为我们现在事实上正处于人类之大写的历史（human history）的开端处，而我们当今的任务，就是发明一个尚未到来的、真实的、实在的世界秩序。

同时，为了完成这个任务，按照跨文化研究所的互惠知识元方法论，他转向了中国哲学的进路，把这一进路看成灵感的渊源：他选择了"天下"这个概念，并把这个概念看作一种（世界秩序的）模式。

于是，在我看来，这里就出现了第三个挑战。这个挑战不仅与一个中心性的提问相呼应，而且位于跨文化研究所的认识论争论的核心：如何去协调不同的知识、历史以及相关的"语言（和概念）游戏"模式，如何去对待这些不同的模式？按照维特根斯坦的观点，这些模式是与不同的文化语境以及经验关联在一起的。

这就是我（至少是我）接收他的论文的方式：把它看成是一个消息（message），一个由我们的中国同事传递过来的消息，而它所考察和考验的，也恰恰是我们在跨文化研究所中试图提起和回答的那个问题。也就是说，相互之间以一种互惠知识的方式达成一种相互理解；更具体地说，就是在我们这些个体的人类存在者之间，在我们各自的文化中，带着我们各自语言的特性，这些语言在各自的历史语境中，在它们各自的时间和历史中，在它们各自对于历史的理解以及政治经验中，作为历史性的和政治性的人达成一种理解；以及，最后，在我们与人类整体以及世界的整个共同历史的关系中，达成一种理解。

　　对于我们"西方"这一边来说，这个关于相对时间和相对历史的问题，实际上等同于这样一个问题：我们能否脱离那种目的论的时间，能否脱离黑格尔式的历史愿景，而去考虑一种新的、开放的时间经验和历史经验？而这样的一个问题，在我看来，也正是今日哲学领域的主要问题，同时，毫无疑问，也正是跨文化研究所的互惠知识进路中的主要问题。

　　如果说，一方面，这种目的论的、线性的历史模式已经（或者人们都认为已经）因为西方在军事和政治方面的霸权的扩张而延伸至整个世界；而另一方面，西方的霸权，就其在文化-政治方面的宰制地位而言，又看起来已经属于过去，那么，我们今日的处境又到底为何呢？事实上，在此处境之下，我们应该做的是去考虑这样一个问题：从这种文化和哲学观点来看，是否存在着任何一种机会来为大写之时间和大写之历史开放出某种替换性的进路，打破那种线性的逻辑。换句话说，我们所应该做的，就是考虑这样一个问题：西方在文化和哲学上的宰制地位，是否也应该和它在军事以及经济-政治方面的宰制地位一样，被看成是某种已经归属于过去的东西。

　　最后，在这个新的处境中，我们应该考虑的问题是，对于一个新的政治秩序来说，什么才是它的替换性模式？事实上，对于最后这一个问题来说，存在着一系列的相关问题：所谓新政治秩序的替换性模式，是否意味着非西方的哲学、政治模式以及概念的苏醒？还有，从国际这一层面上来看，这些模式是不是普遍有意义的，是不是普遍可操作的？另外，在寻找新世界秩序和发明相对可行的政治概念的过程中，能否把它们看成是具有生产力的、可以对这一过程起到滋养作用的概念？它们与那些具有弹性的西方模式之间是否兼容，或者，是否可通约？

而这，正是赵汀阳的关于"帝国"的工作在我心目中最大的兴趣和价值所在：在中国的"天下"观点之下对过去和此处——也就是说，西方的帝国史——的重新阅读和重新思考，而这种重新阅读和重新思考同时也就是对未来的打开和发明，因为它引领我们并且迫使我们脱离历史的那条唯一的道路，它迫使我们对大写之历史加以发明。事实上，这不仅是一种哲学行动，同时也是一种政治行动。

在跨文化研究所中，我们是从人类学领域开始我们的互惠知识试验的，而在这个试验中我们所强调的是两个方面：某种维特根斯坦意义上的视觉"游戏"（鸭／兔效应）或者胡塞尔意义上的几何学"游戏"，以及符号学游戏，后者开放出了某种认识论争论。

按照这种批判性的进路——事实上，是按照选择了帝国概念作为讨论主题的赵汀阳和王铭铭对这一进路所做的发展——跨文化研究所在互惠知识方面进入了一条新的道路，翻开了新的篇章，即通过一种不同的时间和历史经验，一种身处不同文化之中的时间和历史经验，去对大写之历史进行思考，并进而在政治模式的问题上开展工作。

在这个意义上，赵汀阳确实给出了一个正确的观察：从国际的层面上看，如果说在艺术、审美问题上，或者在社会行为比如饮食、消费或其他跟口味相关的习惯上（也就是说，在这些文化项目上），东西方之间的讨论是开放的，那么在政治和社会问题上，情况就完全不是这样。而正是从这一观察出发，他强调了在政治哲学领域中展开关于政治概念的争论的重要性。事实上，这样的一种争论的展开，可以说是我们在互惠知识中所必须面对的一种挑战。而他也确实是这么做的。这就是他关于帝国概念的工作。

事实上，这一关于历史的哲学进路，作为这一争论的产物，作为一种必然的后果，也是对西方的那种线性的、目的论的历史经验（或现象）提出的一种真正的挑战。

从这个观点来看，如果我们考虑这种目的论观点在今日西方的两种主要演进——基督教目的论和哲学以及政治马克思主义目的论，我们就会发现我们自己正身处一种颇为离奇的境遇中。因为，不管是因为宗教实践和信仰的普遍失落，还是因为苏联的解体，按说这两种目的论都应该是受到了严重的削弱才对。这样一来，对于那些非西方的文化、历史体系或者观点，特别是中国的体系和观点，我们本来可以期望会有一种更好的、更为开放的态度去关注它们，或者，至少是以一种更少抗拒或者偏见的态度去关注它们。

可事实上，我们不得不承认，与三百年前——当时欧洲的知识分子因为耶稣会教士的工作而发现了中国文明——相比，我们在这方面并没有取得任何进步。或者，不如说，我们甚至还不如当时。比如，现在的西方知识分子对于中国文明——特别是中国的政治哲学——的关注还比不上莱布尼茨。我认为，就本文的目的来说，重新审视一下莱布尼茨为他的书信论文选《中国近事》（*Novissima Sinica*）所写的序言，以及《论中国人的自然神学》中写到的东西是非常必要的。

在我看来，莱布尼茨那些关于中国和欧洲的政治哲学之间关系的观点，以及他在这两种政治哲学中所认知到的那种平衡，对于我们的这次争论是非常重要的，也值得我在下面引用大量的篇幅。事实上，众所周知，在莱布尼茨的这些写作于三百年之前（从 1697 年到 1710 年）的著作中，有大量的段落直到今天仍然是讨论的热点。

他为《中国近事》所写的序言，是如此开始的："我相信，因为神恩的某种特别的意志，就全人类而言，能够由文化和艺术所给出的最高修饰，看起来，在今天是汇聚于我们大陆的两端：欧洲和中国。而中国，作为东方的欧洲，正装点着这片土地的另一端。"

在以这种庄严的语调清晰地设定了他的这一研究所具有的历史、地缘政治和人类学的视角之后，他提出了他的核心论点："中华帝国，这个从幅员上可以与整个文明欧洲相提并论，而且在人口数量上甚至超过欧洲的文明，在很多其他方面也可以与我们平起平坐，甚至，在这种相互比较中，这种文明会成为胜利者。"

在莱布尼茨的眼中，欧洲人在"沉思和思辨"方面为胜，而且这主要是指数学以及"对形式，特别是与质料相分离的形式进行思辨"的艺术。不仅如此，他还补充说："他们在军事艺术方面也不及我们，这并非因为他们忽视了这门艺术，而是因为他们自己的一种执念：对于任何一种可能给予人类之间的野蛮行为滋养的东西，他们都持有一种抗拒的心态，而且，他们就像是要用一种甚至比基督自身的原则还要更高的原则来挑战我们一样（而我们中的某些人，因为误解了基督的这些原则，而拘泥于这些原则的文字），他们对于战争这一观念本身都采取了一种拒斥的态度。事实上，如果他们是独自存在于这个世界上的话，那么这种观点确实可以称得上是明智的，但是，军事艺术这种东西，却是那种即使是善人也必须予以实行的恶的艺术，因为非此不能阻止恶人攫取到权力。所以，在这方面，我们是要高于他们的。"

在做了这样一些思考之后，莱布尼茨道出了他的主要观点："不过，谁能相信，在这个世界上，有这样一个民族，在文治的原则（civility principles）上超过了我们——尽管我们相信自己在精致的举止和习俗方面拥有最多的经验。而且，无论如何，自从我们对中国人开始有了更多的了解之后，这就正是我们必须要对中国人加以关注的方面。这也就是为什么，如果说我们在技术和思辨科学方面站在全世界的最高处的话，他们却无疑拥有最好的实践哲学（对于我们而言，这是几乎令人羞愧的），我指的是与生活有关、与死者相关的伦理规则和政治规则。"

事实上，在莱布尼茨的上述思考中，有四个主要的关注点：宗教方面的关切；形而上学的关切；伦理和政治的关切；科学方面的关切。

我们在这里所关心的是第三点。在我看来，莱布尼茨在这方面的论证对于我们自己的目的来说是至关重要的。

在那些"伦理规则和政治规则"中，莱布尼茨明显把重点放在了文治方面的规则（rules of civility）上："对于那些在中国统治着一切的规则，它们的美怎么说都不过分。与任何一个国家中任何一种律法所能达到的相比，这种美已经达到了最高点；这些规则的目的，就是让公共生活以及公民之间的相互关系保持在一种平和（peaceful）的状态中，从而使人民相互之间的伤害降到最少。无疑，人类所能遭遇到的最大痛苦来源于人类自身，来源于他们之间的相互关系。不幸的是，人对人是狼这话确实说出了实情，而正是因为我们身上有着这样一种不可索解的疯狂（事实上，不仅是我们，也许所有的人身上都有这种疯狂），我们，所有人，除了要经受自然带给我们的如此众多的伤害之外，还要自己在自己身上再加上各种磨难——就好像那些来自外部的磨难对于我们来说还不够似的。而如果说，对于这样的一种恶，理性还有能力去做些什么，有能力为我们减轻一些由它而来的苦难的话，那么，中国人无疑是找到了关于生活的最好的规则，远超同辈，这些规则对于他们那个巨大的共同体所起到的作用，已经超过了我们的宗教社团为其各自的团体所做的事情。"

然后，根据耶稣会士、使团和旅行者的报告，莱布尼茨继续向我们描述了在中国实行的那些完美的文治规则：尊敬父母和老人，身份平等的人之间的相互责任，以及最大限度地去遵行一种礼貌的、谦恭的行为方式——而这种在人际关系中对个人感情的极端控制，甚至在乡间和穷人那里也存在着，"你几乎看不见仇恨、愤怒或任何一种感情"。然后，莱布尼茨还补充说道："当我们这边的人还无法保持某种相互之间的尊重，当我们之间的关系还无法保持在一种受规则调整的状态下的时候——事实上，（在我们的文化中，）人和人一旦相熟，很快就变得毫无保留，然后就会在一种令人愉悦的自由无忌中变得越来越熟，随之而来的就是伤人的轻蔑言辞、勃发的怒气，最后是相互间的争吵——在中国人那里，和我们这边的情况正好相反，邻里之间，甚至在家里，家庭成员之间，也会遵循着礼貌所设立的间隔屏障，比如无论何时何地你（至少）看上去都要表现出一种和善的面貌来……而且，对于中国人来说，尽管他们至少直到现在都还不知道真正的德性，即那种除了通过上帝的恩赐和基督的教义来达到之外就无法获得的德性，可是，无论如何，他们却已经能够让恶的果实变得不那么严苛和苦涩，而且，虽然他们没能将原罪连根拔除，但他们却已经证明了，至少在很大程度上，我们是可以缩减恶之果的蔓延的。"

在那段时间里，莱布尼茨反复强调着对于欧洲人而言睁开双眼吸收关于中国人的政治经验和知识的急迫性；在《中国近事》的序言中，他非常严肃地警告他们说："我得说，在这里，在我们的家乡，在这样一种因为不断增长的腐败堕落而导致的处境中，中国应该向我们派出他们的使团，教导我们如何应用和实践自然神学，就像我们向他们派出我们的使团来教导他们启示神学那样——在我看来，这实在是一件必须马上实行的事情。"在另外一个地方，也就是他写给（汉诺威）选帝侯夫人索菲亚的信中，他又用同样的话重复了这一警告。

这就是三百年前莱布尼茨的看法，他所提出的挑战以及他的执着所在。而三百年后，我们仍然需要正视同样的挑战。

当然，对于我这种以莱布尼茨为参照的做法，可能会有两种反对意见。一种是认为莱布尼茨关于中国的知识并非他亲历而得，他主要依赖于耶稣会士的报告，所以只是一种二手的知识，而且这些报告和莱布尼茨本人一样，都是为某种护教性的目的而服务的。但是，莱布尼茨的文本是清楚的：事实上他一直都在澄清他与种种神学和政治争论之间的区别。而且，很明显，在他的分析中，重心并不是宗教方面的关切，相反，他把他分析的重心放在了（他认为的）中国政治思考的核心上，即他——首先是在（中国的）家庭关系中，其次是在（中国人的）行为规则中——所看到的那些文治规则。而在这方面，耶稣会士的报告的真实性或者准确性是无可置疑的。事实上，我们还可以对莱布尼茨的观点做一点补充：即使在今天，虽然在西方的教条体系中，"人权"已经替换了莱布尼茨所说的基督教义和神学，但是，至少我们对于中国的偏见仍然未见任何改善……

　　第二种可能的反对意见是，三百年过去了，情况已经不同。不错，这一点确实是真的。中国人确实不一样了，而且，这种变化部分是因为西方给予他们的影响。更准确地说，是西方发明的一种意识形态和政治进程，以及与这种进程相应的社会模式，也就是马克思主义模式下的政党制度和市场机制。但是，尽管中国文化中的法家传统（legist tradition）可能会与上述这些西方模式发生冲突，但却不能成为阻碍我们尝试着去倾听——带着和莱布尼茨一样的兴趣与客观态度去倾听——中国文化和哲学遗产的理由。

　　而赵汀阳之所以选择"帝国"这个概念来作为他的研究对象，恰恰清楚地表明了这样一种挑战的存在，同时也清楚地向我们强调了这种挑战的重要性。事实上，作为对互惠知识原则的一种完成，以及作为这种原则的一个后果，这一挑战表明了以下两点：

第一，其他的、有别于西方的历史经验和历史逻辑产生了不同的政治模式，而这些模式自身同时又是激活历史的不同方法，用本雅明的话来说，它们对应着"不同层面上的历史性的时间性"（historical temporality）。

第二，存在着另外一种对西方模式进行分析的方法（就本文而言，这指的就是赵汀阳所做的中国进路下的"帝国"概念），而依照这些不同层面上的历史性意义上的时间性，这种分析将会产生出某种能够击破西方线性的、"黑格尔式的"逻辑的成果。

另外，既然我们的世界是一个仍然需要"成为世界"的"非世界"，那么在这里我们也就会发现一个契机，这个契机让我们能够去考虑不同的历史模式，以及进行某种"世界建设"的工作。

# 附录九 "天下"是人类想象力的诱惑

[美] 彼得·卡赞斯坦[*]

德国的历史提醒我们，从单个的民族国家到整个国际世界，我们走过了多远的路。同时也提醒我们，从现在开始我们从国际社会走向真正意义上的集体学习的全球社区需要经过怎样的历程。同其他的许多知识领域一样，在国际关系领域，世界也越来越成为一个信息整体。但是对于同一个信息的理解，彼此之间还是会有很大差异。我非常担心这样继续发展下去，有一天我们会发现自己处在一个无国界的世界中。坦率地说，这样的世界是乏味的，非常无聊的，至少对我来说是这样。相反，我希望未来的世界是有国界的，等待我们去体验和超越。去认识那些使我们团结在一起的共同点和令我们更加丰富的不同点，以此达到相互学习的目的，这是非常重

---

[*] 彼得·卡赞斯坦（Peter J. Katzenstein）：美国著名政治学家，康奈尔大学政治学教授，曾任美国政治学会主席。

要的。我想给大家举一个例子，看看中国的学者们是如何从大量的信息中提取全新的含义来使我们的世界变得更加丰富的。

近期，赵汀阳再次明确了中国的"天下"理论，童世骏对其进行了详细的说明和评论。"天下"提出了一个完全不同于欧美的、本土的、独特的图景。与西方帝国观念自诩的和以自我为中心的普遍论不同，"天下"提出了一个对话型的、非中心化的普遍论理念，超越了中国与其他国家之间的分歧。"天下"比关于世界政治的帝国式设计更准确地抓住了个人自然义务的动力。

"天下"是由新兴的中国国际关系学派提出的独特的、令人印象深刻的理论化实例。它利用中国文化资源来解决我们今天面对的中心问题。在这个全球化的世界中，国家既是非常强大的，同时又是完全落后的。"中国威胁"和"中国崛起"都是基于同一个误解。批评中国所谓"威胁"的人是从自我中心的立场出发，对中国过于负面的误解；而赞美中国令人钦佩的"崛起"的人，也是从自身利益出发，对中国过于积极的误解。抛开狭隘的利己主义不说，今天我们面对的是一个体制形式欠缺的，对法律和适当行为的认知不成熟的世界。在地理、心理和伦理层面上，"天下"包含了这种认知和体制秩序的设计。

这是一个哲学图景，它不同于包括古代中国和当代美国在内的世界所经历过的各种类型的帝国形式。这一图景，不是从中国或美国的角度出发的行动，而是需要世界共同行动来承担责任与义务，因此超越了民族国家体系。中国的哲学传统和"天下"理论之所以重要，是因为它们为脱离自我中心来思考提供了概念工具。它是以关联性为基础而不是以行为体为中心的社会学思考方式。它倡导日常外交、共存及合作的意义，指出了转型性变革的可能性。这种变革使我们居住的世界进入务实性政治实验阶段。它拒绝接受"斯多葛顺从"的世界。"天下"是此时此地的转变，是在继承儒家思想的同时对他人观点的借鉴和补充。它是人类想象力的诱惑，用童世骏的话说就是："这是现世先验的乌托邦。"

# 附录十　世界，抑或天下？

孙曙[*]

　　"地球人都知道"，赵本山的这句广告语人们耳熟能详，它暗含了一个身份假设：每个地球人都是世界市场中无差别消费的世界公民。然而，赵本山的东北方言，及其中国底层狂欢文化的象征形象，却与之构成了鲜明的反讽。这句话是当下全球化中后发展国家的最好隐喻，对于工业化才起步的、企图迎头赶上甚至超越现代化国家的国家而言，这是在话语里想象自己也同样是世界的中心。

　　这个世界是资本主义的世界。1848 年，《共产党宣言》发表，其中说"资产阶级，由于开拓了世界市场，使一切国家的生产和消费都成为世界性的了"[①]。也就是说，"世界"成为"知识"是资本

---

　　* 孙曙：作家，江苏盐城人。

　　① 马克思恩格斯文集：第 2 卷. 北京：人民出版社，2009：35.

主义的发现与需要，随着资本主义的发展而丰盈。在《共产党宣言》发表前的 1840 年，中国在洋枪洋炮的押解下正式进入这个世界，这也正是中国获得现代性的开始。

在马克思看来，当时世界已有两种。一是资本主义的全球化，资产阶级"迫使一切民族——如果它们不想灭亡的话——采用资产阶级的生产方式；它迫使它们在自己那里推行所谓的文明，即变成资产者。一句话，它按照自己的面貌为自己创造出一个世界"①，"正像它使农村从属于城市一样，它使未开化和半开化的国家从属于文明的国家，使农民的民族从属于资产阶级的民族，使东方从属于西方"②。二是共产主义的世界，"反对资产阶级的斗争是和它的存在同时开始的"③。马克思想象共产主义的胜利是历史的终结。这两个世界在本质上都有全球化扩张性，它们我中有你，你中有我，相互争斗，此消彼长，一个半世纪以来，都获得了空前的发展。

在屈辱中被抛入资本主义世界的中国，经过旧民主主义革命和新民主主义革命，已经开始融入这个世界。21 世纪初，已推行市场经济并加入 WTO 的中国，开始全身心地拥抱全球化，资本主义以科技为先导，以经济为手段，向中国社会的每一个层面渗入。这已成为大家的共识。

---

① 马克思恩格斯文集：第 2 卷．北京：人民出版社，2009：35 - 36.
② 同①36.
③ 同①39.

# 欧洲的世界：哈贝马斯的欧盟

你会越来越是个世界主义者。苏丹红事件中的你和东京、纽约的消费者一样惊恐义愤，你已身陷经济全球化之中。信息时代的来临使世界的联系更加紧密，世界越来越真实，真实得如同地球村。打开电视，印度尼西亚的地震，印度洋海啸，让你体验四海一家的世界情怀；鼠标一点，伊拉克人质事件，巴黎的时装发布会，让你的心理固着成一个世界公民。每一天你都在增加世界体验，淡化民族/国家意识。在资本主义主导的世界下，资本主义的全球化正逐步加深。

《共产党宣言》说："资产阶级日甚一日地消灭生产资料、财产和人口的分散状态。它使人口密集起来，使生产资料集中起来，使财产聚集在少数人的手里。由此必然产生的结果就是政治的集中。各自独立的、几乎只有同盟关系的、各有不同利益、不同法律、不同政府、不同关税的各个地区，现在已经结合为一个拥有**统一的**政府、**统一的**法律、**统一的**民族阶级利益和**统一的**关税的**统一的**民族。"① 欧洲作为资本主义最早发源并发育成熟的地区，作为资本主义的一个中心，率先出现了超国家的整合。从欧盟的历史来看，它从欧洲煤钢共同体起步，到建立欧洲经济共同体和欧洲原子能共同体，进而发展到成立欧洲共同体，再以建立欧洲经济货币联盟和

---

① 马克思恩格斯文集：第 2 卷．北京：人民出版社，2009：36．

欧洲政治联盟的欧盟为目标，欧洲一步步从经济实体向经济政治实体过渡，正好印证了马克思的预言。

资本主义扩张形成的经济全球化使欧洲这些资本主义发达国家越来越丧失在内部对宏观经济的调控能力。应对危机，对市场的干预需要更大的超国家系统。同时资本主义的发展促成了超越国家的欧洲经济政治利益的形成，在欧洲实现永久和平的愿望、应对美国的压力等方面又构成了欧盟共同的政治基础。而从思想的发展看，历史上欧洲各国不断的冲突与战争，使理性主义者不断设计欧洲的统一。如雨果幻想过所有的欧洲国家紧紧融合在一起，康德设想了"世界共和国""自由国家联盟"等，直到哈贝马斯等当代思想家都在为欧盟的统一进行知识准备。

1995 年 11 月，德国法兰克福学派的领军人物哈贝马斯与德国联邦宪法大法官迪特儿·格林（Dieter Grimm）教授展开争论，争论的问题是"欧洲是否需要一部宪法"。格林认为欧洲范围内尚未形成同一的公民意志，欧洲人民没有高度同质化地确立起一种民主的意志，就无须欧洲宪法，制定欧洲宪法反而有损民族国家的行为能力，甚至损害主权。哈贝马斯则认为现代民主制度的基础已不是建立在共同的血缘、语言、地域等基础上的种族认同，而是一种开放的交往关系及由此形成的政治文化，这样一种政治公共领域，体现了民族多元性中的同一性，由此可建立一种跨国的民族认同，欧洲同一自不成问题。这也就是所谓"后民族民主"和"后民族结构"，这两个概念在其 1998 年 6 月的一篇报告《后民族结构与民主的未来》中得到深入阐发。哈贝马斯认为在经济全球化中，着眼于地域性的民族国家的制度化形式不能适应全球化的动态性，必须建立一个跨民族的管理机制，一种没有世界政府的世界内政。他把世界内政限制在"一方面是要消灭战争、内战以及国家犯罪，另一方面则是防止人道主义灾难和世界范围内的风险"，他认为这样既有了全球行为能力，又因为对基本秩序功能的限制，就不会形成专制的世界政府，而具有世界公民共同体的性质：能够在民主意见和民主意志形成的基础上使得政治决策合法化并能产生明显效果。在这样的世界大同政治共同体中，世界公民的团结只能建立在人权所表达的道德普遍主义基础之上。

1999 年 4 月，科索沃战争爆发，哈贝马斯发表了《兽性与人性：一场处于法律与道德临界点上的战争》一文，公开支持战争。这是哈贝马斯的理论对现实问题的一次解释，也最能反映其理论的现实立场。他用人权政治、法律和平主义、世界公民法为北约入侵南联盟奠定正当性、合法性。"在没有安理会授权的情况下，出兵的国家这一次只能从国际法具有普遍约束力的准则中引出对救援行动的授权。"他认为，鉴于世界公民权机制薄弱的事实，人权政治常常不得不超前以世界公民形态为出发点，科索沃战争意味着国家间的古典国际法向世界公民法演变的一个飞跃。他对其中美国的强权政治和北约的行动既警惕又赞同，说美国虽然是在强权政治的前提下推行人权，但它那种根植于实用主义传统的理想取向，正是我们要感谢的，它使德国在第二次世界大战战败的同时获得解放，又使正义在现在的南斯拉夫得到伸张。科索沃战争对于德国更具有特殊意义，"随着德国联邦军首次出兵参战，长期忍让克制的时代结束了"。他用"世界公民"形态来使民族国家的独立性隐退。"即使不能到处进行干预：不能帮助库尔德人，不能帮助车臣人……但至少要在自己家门口，在四分五裂的巴尔干半岛进行干预。"但是，北约的自我授权不应成为惯例。这一篇文章是哈贝马斯立足点矛盾的充分暴露，他的大同是基于西方立场和德国利益，从资本主义的合法性中引申出来的。他对欧洲生活方式的坚持、对欧洲沦为美国附庸的担心使他对欧盟国家化愿望表现出更强的急迫性，他的大同其实是欧洲式的资本主义的全球化。

2003 年 6 月，哈贝马斯与法国哲学泰斗德里达联合署名发表文章《论欧洲的复兴：首先在核心欧洲捍卫一种共同的外交政策》，针对伊拉克战争中欧洲立场的分裂，认为应该寻找一种能带动欧洲联合的共同价值观，这种统一的欧洲价值观体现在未来的世界政治设计上，也就是期望用一种建立在国际法基础上的国际政治秩序抗衡美国的超级霸权政治。此文以 2003 年 2 月 15 日在欧洲各大城市伦敦、罗马、马德里、巴塞罗那、柏林和巴黎举行的有千百万人参与的反战集会为证，说明欧洲公众社会已经诞生，他们据此振奋人心地喊出"欧洲的重生"。2004 年 6 月，即将度过 75 岁生日的哈贝马斯又发表讲话，指责布什领导的美国政府正在使世界的安全度降低。在接受德新社记者采访时他严厉批评布什政府，指出：在对待本国公民权方面，没有哪届美国政府像本届政府一样不计后果；在对待国际公约、国际人权以及联合国宪章的核心部分——禁止侵略性战争方面，没有哪届政府像本届政府一样不知羞耻……世界正变得越发缺少安全。这位大师自觉自愿地充当了欧盟的护法、欧洲的护法。

2001 年 12 月，欧洲理事会发表声明，把制定欧洲宪法作为欧盟改革的基本措施。2004 年 10 月，欧盟 25 个成员国的领导人在罗马签署了欧盟历史上的第一部宪法条约，该条约还需要欧盟各成员国的批准方可生效。2005 年 5 月 11 日，保加利亚、奥地利和斯洛伐克议会分别批准《欧盟宪法条约》。12 日，德国联邦议院表决通过了《欧盟宪法条约》。19 日，比利时众议院批准了《欧盟宪法条约》。至此，已有西班牙、斯洛文尼亚、立陶宛、匈牙利、意大利、希腊、奥地利、斯洛伐克、德国、保加利亚、比利时等欧盟成员国分别通过议会表决或全民公决批准了《欧盟宪法条约》。但是，2005 年 5 月 29 日，法国全民公决否决了《欧盟宪法条约》，6 月 1 日，荷兰全民公决否决了《欧盟宪法条约》。这一切又回到了 1995 年哈贝马斯与迪特儿·格林的争论，事实似乎在证明格林的正确，在"同一"的欧洲假象中，异质的各种因素纷纷凸现，老欧洲/新欧洲、精英欧洲/平民欧洲、英国的欧洲/德法的欧洲等，分割着欧洲。触动人们的，一是保护自己的既得利益；二是对超国家可能剥夺民主、削弱个人及国家权利充满警惕；三是对乌托邦的不信任，历史经验告诫人们，乌托邦的梦想往往通向奴役之路。

世界何以可能？世界依然是个想象，欧盟只是想象的共同体，而民族主义和国家利益却很确凿。哈贝马斯的"大同"似乎败北了，但只是在法国和荷兰，而且是在卷进国内政治斗争的情况下。6 月 2 日，拉脱维亚议会批准欧盟宪法，哈贝马斯的大同好像又出现了转机，使人不禁要问：法国、荷兰否决欧盟宪法会不会只是一次偶然的失误？按照哈贝马斯对资本主义内在理性的分析，资本主义社会是有可能"重建现代性"的，一个统一的欧洲或许就是希望。

# 中国的世界：赵汀阳的天下

"世界仍然是个非世界"，"世界还不存在"，"目前所谓的'世界'最多只能表达地理学意义上的整体，而还远远不能表达政治学意义上的世界整体性"，"因为它现在还没有一个被普遍接受的世界制度，因此也就没有被组织起来形成整体性，而没有整体意义的状态也就不是一个真正一体的世界社会"。这是赵汀阳在《天下体系：世界制度哲学导论》中说的（下文凡未加注的引文皆出自这本书）。他在哈贝马斯的世界公民社会、马克思的共产主义社会、美国的新帝国这三种应对资本主义全球化的世界图式之外，提出了天下体系。赵先生的这一说法显示了其全面建立自己的哲学体系的用心。

赵汀阳先生认为，由于文化上的偶然，中国最早思考到世界制度问题而提出天下概念。天下概念是一个饱满而完备的世界概念，超越了国家、国际，恢复了世界这一最大的政治/社会单位的地位。它可能是唯一纯正的世界观，在其中世界被理解成物理世界（大地）、心理世界（人民的共通心意）和政治世界（世界制度）的统一体。它是个世界乌托邦，不是一般意义上的帝国，而是世界社会制度，它是有着共同的世界理念却不存在着霸权的天下体系，在其中，和谐、沟通和合作通过一个共同认可的世界制度而得到保证。赵汀阳先生认为天下理论超越了西方政治哲学的分析框架，使其思考政治问题的基本单位从各种意义上的国家变成了"世界理论/国际理论/本国理论"。而且由于天下理论中天下一家的无外原则，也就超越了西方政治思想中的敌友模式，是一种化敌为友消除冲突的政治理论。

自 1840 年以来，中国人就一直在追问，什么是世界？什么是中国？中国在哪里？近十年来，中国学术与思想又一次走出西方，在知识生产上呈现出原创性的倾向，涌现了吴思的"血酬定律"、秦晖的"黄宗羲定律"等一批根植于中国历史与现实的学术思考。在《哲学的中国表达》一文中，赵汀阳先生探讨了怎样推出关于人类共同永恒问题或人类当下共同问题的中国方案、怎样使中国哲学成为参加讨论哲学各种重要问题的一种必须被考虑的思路的问题，他认为要达成两个目标：其一，使中国的某些概念进入世界通用的思想概念体系；其二，使中国思想所发现的一些独特问题进入世界公认的思想问题体系①。天下理论正是这样的努力的结果。《天下体系》原是作者用英文为西方学术会议而写的主题论文，收入《帝国与和平》一书，又回译成中文发表。它不是那种向西方介绍中国一类的评介性学术，而是希望用中国概念解决世界问题。

天下理论是立足于中国的，是一种中国立场，是一种中国想象，它的生长有赖于"中国的世界"的生长，就如同哈贝马斯的世界公民社会立足于欧洲，有赖于"欧洲的世界"的生长。"世界"是国家的需要。天下理论明确地表达了中国这个成长中的大国的意志：世界，听我说话。"对于世界来说，中国所能够贡献的积极意

---

① 赵汀阳. 没有世界观的世界. 北京：中国人民大学出版社，2005.

义是成为一个新型大国，一个对世界负责任的大国，一个有别于世界历史上各种帝国的大国。**对世界负责任**，而不是仅仅对自己的国家负责任，这在理论上是一个中国哲学视界，在实践上则是全新的可能性，即以'天下'作为关于政治/经济利益的优先分析单位，从天下去理解世界，也就是要以'世界'作为思考单位去分析问题，超越西方的民族/国家思维方式，就是要以**世界责任**为己任，创造**世界新理念和世界制度**"，此中反映出天下理论洋溢着一种对中国人身份的豪情，与"伟大复兴论""负责任的大国论""和平崛起论"合拍。天下理论自觉地宣告与"激进主义/民族主义"话语和"后殖民/文化批判话语"不同调，它与官方意识形态互为表里，拉不开距离。《天下体系》不但想要纠正世界，它更想要纠正中国。在书中，赵汀阳先生说："尤其是自 20 世纪 80 年代以来，大量的批评者把中国描述成一个不可救药的存在，尽管其中许多批评的确指出了某些方面的社会真相，揭了社会和历史的老底，但那些完全负面的批判无疑加重了灾难深重的社会现实，它以釜底抽薪的方式打击了人们对国家、社会和文化的自信心，从而助长了社会的集体性堕落、集体性腐败和集体性的道德沦丧，这可以概括为对国家、社会和文化的**集体性不负责任**。令人绝望的是，很少有人去反思那些'揭老底'的批判所造成的社会心理损失，很少有人去想到那些'揭老底'的批判与社会精神崩溃之间看不见的关系，很少有人去思考关于真相的知识必须同时是对社会负责任的知识。"他以鲁迅为例，认为鲁迅对中国的批判不能够指出中国的希望是什么样的，不能够指出中国有什么样的优越性，不能够指出中国的可能贡献，也就没有什么积极意义。赵文的这种批评令人不解，如果丧失了批判性，一百多年来中国的思想学术的发展还有什么可能？同样，如果丧失了批判性，中国的现代化也就难以展开。有批判才有超越与发展的可能。

也许正是赵先生的这种现实立场，造成天下理论对中国历史缺乏批判性的继承，缺乏内省，和孔子一样陷入对周王朝的美好想象。比如赵汀阳先生认为西方式的帝国概念是政治上非法的霸道大国，而中国的帝国概念是具有政治合法性的王道帝国。该帝国的义务是建立世界之治，而不是支配，其世界性统治的合法性在于最大化全部人民的利益，而不是最大化自己人民的利益。比如认为家/国/天下这个政治文化单位体系从整体上说是家的隐喻，而家庭也是一个理想化的先验概念，应该最有利于发展人与人之间无条件的相互关心和相互责任。他的这种想象的美好古中国，基本上不考虑以三纲五常为核心的集权专制的历史真实。早在《论可能生活》中，赵先生就令人发蒙地认为孔子的"君君，臣臣，父父，子子"蕴含了"善善恶恶"的公正结构，认为这个结构具有先验的合法性，是任何制度的合法性的先验证明。这也正是天下理论胎里带来的两个不足之症。其一是剥离了历史的抽象，"就历史的情景（context）或历史发生学而言，天下理论所直接设想的是一个天下/帝国，但就其理论的深层意义来说，它蕴含着关于'世界'的饱满概念和世界制度的先验概念，即作为天下体系的世界制度"。天下是天子的天下，这个天子可不是理念，他是敲剥天下以奉一人之欲的独裁者；古代的天下体系是在小国寡民低生产力水平状态和专制政治下形成

的。赵先生对于天下体系开出的三千多年的专制帝国历史这个事实
是无法回避的，该书不只如上所述美化理论上的王道，还以实践对
理论的偏离来消解王道的专制性，认为由于古代中国帝国仅仅部分
地而且是非常有限地实践了天下理想，因而这一不完美的实践结果
形成了专制帝国，而没有形成一个今天世界所需要的榜样。其二是
没有实践的支撑，也缺少实践的可能，无法在政治制度上具体化。
对此，《天下体系》退回到哲学，"中国的政治哲学有助于为当今世
界的混乱局面提供一种寻找解决方法的方法论——当然只是方法论
而不是具体方案，因为具体方案永远只能是在特定条件下的创造"，
"在这里我们所讨论的仅限于天下理论的哲学问题，至于未来可能
的世界制度模式，则是非常复杂的实践问题，远非哲学所能预告"。
这样断绝了与实践的通道，越发地乌托邦化，而无论哪一种乌托邦
总是引发人们的警惕。谁来监管乌托邦？如果乌托邦之上还需要乌
托邦，那就取消了乌托邦。因此，天下理论甫一面世就显得弱不
禁风。

　　说到底世界理论是一个国家的诉求，天下理论的脆弱在于中国
的世界性还不够。那么为什么不能基于亚洲立场？亚洲精神？亚洲
共同体是因日本军国主义臭名昭著的大东亚共荣圈及其所谓亚洲主
义而被打入死牢讳莫如深的。20世纪下半叶，亚洲"四小龙"的
经济腾飞，引发的所谓新儒家的思想共同体的吹嘘，却在亚洲金融
危机中土崩瓦解，无声无息。在亚洲，伊拉克战争、独岛（日本称
"竹岛"）之争、保钓运动、日本军国主义不散的阴云、巴以冲突、
朝核问题、基地组织……亚洲布满雷区。但亚洲仍然在努力，东盟

等区域组织一直很活跃，大湄公河次区域经济合作机制的建立，中日韩三国合编东亚史的出版所表现出的民间对历史共识的寻求，这些都表明亚洲共同体还可以想象。但目前只能立足于中国，立足于"中国的重生"。中国自改革开放以来日益成为世界的工厂，中国的世界性也越来越显著。人权政治、欧洲立宪、全球化等世界政治的新发展也在影响着中国。

每一个民族、每一个国家的世界性在增长，世界利益、世界公意在增长，世界越来越像一个世界，世界的历史在形成。它依然是赵汀阳先生所说的没有世界观的世界；一个没有世界制度的世界，只好称之为地球，地球从来不是最好，也不是最坏（按照《天下体系》一再提及的博弈论，民族/国家之间不可能选择双赢，但会保持互相不吃亏的均衡），哪怕天地不仁，坏到生灵涂炭，人们面临坐以待毙的绝望，但世界依然在生长，在前行。世界广阔，永远生动而丰富，从来不单一。

（原载于《博览群书》2005 年第 11 期）

# 附录十一 最坏的国际关系理论 与最好的天下理论？

徐建新*

## 引　言

现代世界的几百年历史深深受制于西方列强的权力政治传统以及国际关系理论①的现实主义传统，权力政治的传统造就了无穷尽的冲突与灾难，现实主义的传统似乎是在为权力政治推波助澜，故而，我们时不时就能听到世界各地对权力政治及现实主义的批评，

---

* 徐建新：山东大学历史文化学院 2005 级博士研究生。

① 本文为行文方便，使用"理论""哲学""思想""观念"等词语，不对这些词语做出细微的区分，这些词语大致相当于中国国际关系学学者时殷弘先生所说的"理论思想"。"理念"一词是柏拉图意义上的，与赵汀阳保持一致。另，"理想类型"一词是马克斯·韦伯意义上的。

具体到中国，诸多批评常常要借助于至少有三千年历史的天下观念。

天下观念所要解决的问题在功能上类似于今天的世界政治/国际关系研究想要解决的问题。诸子百家都有自己的天下观念，而且都主张天下应该归属于一个等级体制，都主张各种地方权力［邦国（state）、族群（ethnic group）或者郡、县］都归属于唯一的、最高的、中央的权力，但对于具体的权力归属方式，诸子百家的主张不尽相同。自明末中西接触以来，特别是自第一次世界大战以来，中国许多著名的学者①认为中国的天下观念比西方的国际观念要合理得多、优越得多，主张天下观念对解决世界/国际问题颇有价值，其中1978年中国改革开放以来的最有代表性的人物是哲学家赵汀阳先生②，他的相关论著是《天下体系：世界制度哲学导论》③。

赵汀阳鲜明地表达了理论创新的抱负。众所周知，中国正在成为一个世界性的大国，眼下有关"中国崛起"和"中国威胁"的说法在全球的范围甚为流行，崛起之说是一种积极看法，威胁之说则

---

① 其中最为显著的是哲学家梁漱溟先生的一系列著述（参见梁漱溟．中国现代学术经典：梁漱溟卷．石家庄：河北教育出版社，1996）。但是对中国古代的和平色彩浓重的天下观念持严厉批评态度的知名学者也不乏其人，比如历史学家雷海宗先生（参见雷海宗．中国文化与中国的兵．北京：商务印书馆，2001）。

② 此外，这些年最有代表性的人物还有蒋庆先生，相关论述散见于他的《公羊学引论》（辽宁教育出版社，1995）、《政治儒学：当代儒学的转向、特质与发展》（生活·读书·新知三联书店，2003）、《以善致善：蒋庆与盛洪对话》（上海三联书店，2004），以及许多可以在网络上搜索到的短论、演讲。蒋庆、盛洪的论述与赵汀阳有相通之处，也有重要的不同，我将在其他文章里面述评他们的相关论述。

③ 本文所引用的赵的论述，皆出自此书，为简略起见，不一一标注页码。赵汀阳的重要著作还有《论可能生活》等。

是一种消极看法。但是，赵汀阳认为："这绝不是'中国'这个概念所能够、所应该开发出来的问题和意义。现在需要思考、讨论的是中国对世界的可能创造和对世界的责任，简单地说，要讨论的是'中国'这个概念的积极意义……对于世界来说，中国所能够贡献的积极意义是成为一个新型大国，一个对世界负责任的大国，一个有别于世界历史上各种帝国的大国。"

　　中国知名的国际关系学学者秦亚青先生似乎也指出了赵汀阳是在"创新"。秦先生在《世界政治理论的探索与争鸣》① 一书的《译者前言：国际关系理论的争鸣、融合与创新》一文的最后写道："想起了《天下体系》一书封面上的几行字——'对世界负责任，而不是仅仅对自己的国家负责任'，这在理论上是一个中国哲学视界，在实践上则是全新的可能性，即以'天下'作为关于政治/经济利益的优先分析单位，从天下去理解世界，也就是要以'世界'作为思考单位去分析问题，超越西方的民族/国家思维方式，就是要以世界责任为己任，创造世界新理念和世界制度。"然后他评论说："这显然不是在提倡理论的融合，而是从新的角度探讨理论的创新，以中国的天下理念思考天下秩序，思考全球化逼出来的问题，思考理论和知识的再生产。自然，这不是一件容易的事情；不过，这也不是一个异想天开的梦想。毕竟，全球治理需要具有全球观照的天下学问。"这里秦先生说的是赵汀阳的"天下体系"理论不是对西方国际关系理论三大流派（现实主义、自由主义与建构主

---

　　① 卡赞斯坦．世界政治理论的探索与争鸣．上海：上海人民出版社，2006.

义）的融合，而是"从新的角度探讨理论的创新"。不过，如果从秦先生引述的这段话来看，我们很难看出赵汀阳的创新何在。声称要以"世界"作为思考单位去分析问题，要超越西方的民族/国家思维方式等，这样的主张其实并不新鲜，西方历史上①也不乏其人，赵汀阳书中提到的就有但丁、康德、马克思等。如果说这类主张在第一次世界大战之前还不是很显眼的话，那么第一次世界大战以来这类主张至少可以说是无法忽视的，国际关系理论中的理想主义传统、激进主义传统（甚至自由主义传统）虽说无法取代主流的现实主义传统，但也是颇为引人注目的。其实西方有没有具备世界政治理念的理论家，与中国相比这样的理论家是多还是少，等等，并不是一个最重要的理论问题，最重要的是，有了世界政治理念，是否就能有一个好的世界？或者更准确地说，哪一种理念能够更好地解决世界政治问题？所以，本文基本上不去讨论这类问题，而是侧重于赵汀阳所创新的理论的内容本身。

笔者也以为中国的天下观念能够对世界有不一样的贡献，对解决世界问题很有帮助，但具体观点与赵汀阳颇有些不同，这些不同将在述评他的思想的过程中体现出来。他的理论建立在对现代西方

---

① 西方历史上关于世界政府的观念并不少见。参见布尔．无政府社会：世界政治秩序研究（第二版）．北京：世界知识出版社，2003。书中第203页这样论述："迄今还没有产生过一个世界政府，但在历史上，经常出现一个在那些统治者所能够知道的世界中处于最高地位的政府。在整个现代国家体系的历史中，一直存在着有关世界政府的观念：它或者表现为一种向后看的学说，即主张世界回到罗马帝国的统一体中去，或者表现为一种向前看的学说，即认为世界是必然向前发展的。"但赵汀阳可能会说，这只是关于（of）世界的观念，而非为了（for）世界的观念。其实再好的 for 观念，一旦付诸实际，也会变成普普通通的 of 观念。

国际关系理论的批评之上，笔者就从这一点开始吧。

# 一、对现代西方国际关系理论的批评①

## （一）对西方内在逻辑的批评

众所周知，现代西方国际关系始于 1648 年威斯特发里亚体系的建立，《威斯特发里亚和约》确认国家主权的平等，从此，国家成为最高权威，西方人不再承认有任何超越国家的世界统治权，世界从此不但在实际上而且在价值理想上处于无政府状态。赵汀阳对现代西方国际关系背后的内在逻辑有许多批评，首先我们可以大致归纳出以下这五点逐层深入的批评。

其一，国际理论以及民族/国家意识形态造就了一个混乱的、充满冲突与战争的世界。

　　国际理论以及民族/国家意识形态都是建立在《威斯特发里亚和约》的精神上的。这一精神决定了在它的视野中不存在任何高于或者大于民族/国家的政治单位和政治利益，国家的

————————

　　①　这些看起来明明白白的逐层深入的批评理由以及下文对中国古代天下理念的逐层深入的肯定理由是笔者归纳的，原文并没有这么清楚、有条理。赵汀阳先生的《天下体系：世界制度哲学导论》一书的三个部分（"导论　为什么要讨论中国的世界观？""上篇 '天下体系'：帝国与世界制度""下篇 '天下' 概念与世界制度的哲学分析"）是分别在不同的时间为不同的学术媒介写成的，所以书中有不少内容类似的部分，前后论证也有所不同（甚至有互相矛盾之处）。

政治至上性使世界变成非政治性的存在，变成一个自由争夺的生存空间。

由西方政治哲学所主导的世界就必定是一个乱世……在今天，政治意义上的有制度、有管理、有秩序的"世界"尚未存在，而地理或物理意义上的世界就成为一块没有人对它负责任的荒地，是可以被任意掠夺和争夺的公共资源，是进行征服的战场。这就是当今世界的最大政治难题……世界有可能在无法无天中毁灭，这是一个相当现实的问题。

其二，西方主导的现代世界之所以混乱，源于政治理论上的霍布斯式丛林假定或者施密特的"划分敌友"问题。

现代以来最有影响的政治世界观的基本假定可能是霍布斯的"丛林假定"。基于这个假定，政治问题就被理解为如何达成协议以避免无法无天的"丛林"危险，进而是如何能够最大限度地保护给定的政治实体的权利（从最小单位的个人权利到国家主权），以及如何在给定的秩序下使自己的利益最大化。这样，政治问题又会进一步突出地表现为后来施密特所谓的"敌友问题"。

其三，赵汀阳还把国际冲突的根源追溯到"分裂的政治"意识。

假如个人权利是至上而且无匹的，在逻辑上就不可能达到一个一致的政治世界整体，不会有一个为世界利益着想的世界制度，世界就一定是分裂的，一定有"敌人"，没有敌人也要创造敌人（施密特还是深刻的）。这种深刻的"分裂的政治"
意识可以从许多现象看出来，从异教徒意识到种族主义，从热
战到冷战，从殖民主义到人权干涉，从经济和军事霸权到文化
霸权，甚至在星球大战之类的幻想中也可以看出那种莫名其妙
的寻找敌人的冲动。把自己和他人对立起来，把信徒和异教徒
对立起来，把西方和东方对立起来，把"自由世界"和专制社
会对立起来，把所有并不对立的事情对立起来，这就是西方的
基本政治意识。这样的政治意识没有世界，尤其不能对世界负
责任。

其四，"分裂的政治"意识激发了将发动战争、征服世界视为
克服分裂的使命意识。

假如把世界看成是给定的分裂模式，那么世界的完整性就
只能通过征服他者或者"普遍化"自己来获得，而这样做的代
价是取消了作为生态活力必要条件的多样性。

西方对世界的理解，无论是帝国的还是帝国主义的，都把
世界看成是分裂的，把世界的完整性看成是尚未完成的历史使
命（往往同时又是宗教使命）。一旦把世界的完整性看成是
"使命"而不是给定的概念，就不可避免地为了克服所想象的
分裂而发动战争，进行殖民，从事政治、经济和文化的征服。
西方对征服的迷恋不是出于恶意，而是出于作为意识或潜意识
的"使命感"。

其五，进而把"分裂的政治"意识追溯到基督教，追溯到绝对
存在的假定。

严格意义上的宗教，例如基督教，都要假定有个绝对存在，即上帝，同时又要假定作为死敌的异教徒……西方思想框架是人（主体）在"看"世界，在这个知识论框架中，凡是主观性"化"不进来的东西就是绝对在外的超越存在（按照康德的说法，就是主观性不能为之立法的东西），这种绝对逃逸在外而绝对异质的东西只有两种：上帝和他人。于是，上帝被指定为万物之源，而他人特别是异教徒就被认定为死敌（如果一个他人与我同心同德则只是个自己人，不算是他人）。承认超越存在的理论后果就是宗教以及与人为敌的政治理论。这是西方思想的底牌。从个人主义、异教徒到丛林假定以及民族/国家的国际政治理论等陷世界于冲突和混乱的观念都与承认超越者概念有关。

基督教的胜利把分裂的世界概念带进西方思想，它剥夺了关于人间世界的完美的和永恒的理想的想象权利，并且将其都归给了天堂世界。于是，世界就仅仅是个科学问题，而生活变成信仰问题，所谓世界观就停留在自然的世界观上而不再发展为人文的世界观。宗教的真正危害并不在于无神论所批判的虚妄上（幻想是无所谓的），而在于它理解世界的分裂性方式，它把世界划分为神圣的和异端的，而这种分裂性的理解是几乎所有无法调和或解决的冲突和战争、迫害和征服的思想根源。

这几点批评分开来似乎不能说是赵汀阳的创新，在他之前都有人论述过，但是我们似乎可以说，并没有人像他这样显得系统、完整而逐层深入。这些批评展示了赵汀阳作为一个哲学家的激情与才华，似乎能使读者有一种追根究底的理智上与道德上的愉悦。

熟悉现代西方国际关系史与国际关系理论的人可能很容易就能对这些批评提出诸多反驳。比如，不少人可能反驳说，威斯特发里亚体系的精神不是霍布斯式的丛林假定，而是洛克式的较为温和的理性假定。再有，按照建构主义学派最杰出的学者亚历山大·温特（Aleksander Vinter）的说法，西方历史上至少有三种无政府文化，即霍布斯文化、洛克文化、康德文化。洛克文化中，"国家的相互定位是竞争对手的角色，竞争对手是有着生存和自由权利的，但是不具有免于暴力的权利，结果就出现军事竞争，有时也会爆发战争，但战争会被控制在有限范围内"；康德文化中，"国家的相互定位是朋友角色，朋友之间相互承担义务：不使用暴力解决争端，在出现侵略的情况下相互帮助。结果就是多元安全共同体和集体安全"①。这两种反驳的潜台词就是西方现代国际关系以及国际理论没有那么糟糕。（当然还可以有别的批评，本文后面讨论了赵汀阳的"宗教"有害于世界和平的观点。）不过，赵汀阳可能会说，即使威斯特发里亚精神是洛克式的，但是，一方面，洛克精神在西方现代历史上并没有占据排他性的地位，霍布斯式的国际理念一直潜伏着，并且也不乏爆发出来的机会，比如两次世界大战、巴以冲突、恐怖主义与反恐战争等；另一方面，既然无法否认洛克文化中的国际体系也会爆发战争，那么"洛克其实与霍布斯相同，竞争也

---

① 温特.国际政治的社会理论.上海：上海人民出版社，2000；中文版前言.

是冲突"①，世界仍然是混乱不堪的、有严重缺陷的。

我们还可以从理论上进一步分析。对权力和利益的自由争夺至少可以划分为两种"理想类型"：一种是有序的、有节制的、相互承认最低限度生存权与平等权的自由争夺；另一种是无序的、无节制的、你死我活的自由争夺。前者基于洛克式的自然状态假定，后者基于霍布斯式的自然状态假定。威斯特发里亚体系的逻辑基于洛克式假定，人们似乎有理由期待，如果这假定的逻辑能够贯彻到底，世界虽然还不能成为赵汀阳所谓的政治世界，经常还有国家间、族裔间的冲突，但冲突毕竟是有节制的，世界因此还不是太坏。但问题是，主权平等仅仅只是一种思想文化，不像人人平等不仅是一种思想文化，也是一种受到政府有效保护的制度，并没有一种世界性的中央权威来保证国家间的平等权利，主权平等的概念从逻辑上排除了这种世界性的中央权威，主权国家的生存与平等权需要主权国家"自助"。由此可见，洛克式的自由争夺还可以分出两种"理想类型"：一种是通过建立政府摆脱了自然状态，生存权与平等权得到政府强力的有效保护，又因为最高权力的取得是基本有序的并且其职位是有限的，而财富的机会是无限的，此种自由争夺的重点因此在于经济利益；另一种是无法建立起政府情况下的自助型的自由争夺。既然不能指望有个强有力的公平的政府来保护自己，后面这一种理想类型的洛克式自由争夺的参加者就很容易倾向于希望

---

① 这句话是 2007 年 5 月 7 日赵汀阳给笔者的信件中提及的，下文笔者还引用了他信中的学术观点作为佐证。在此，笔者感谢赵汀阳先生在信中帮助笔者进一步澄清了他的观点。

自己变得强有力来保护自己，这种自由争夺的重点就在于争夺不确定的权力优势，也就很容易变得有些血腥，仇恨由此滋生并不断加强，洛克式的自由争夺就很容易变成霍布斯式的自由争夺①。

赵汀阳在他的书里还多次提到现代西方国内制度，比如自由市场、民主选举的严重缺陷②。一般说来，西方国内的市场经济与民主法治是和洛克精神相通的，假如洛克精神在国内都有严重缺陷，我们怎么期望将洛克精神应用到国际领域中而不会导致一个混乱、无序的世界呢？

由此，我们就不难理解，虽然西方现代国际关系以威斯特发里亚精神为标榜，但实际上往往会导致你死我活的霍布斯式丛林战争。因此，赵汀阳先生那些颇为耸人听闻的论断确实是有些道理的。

## （二）对民主在国际领域中应用的批评

至于康德③文化，赵汀阳的语气稍微缓和点，但还是以批评

---

① 当然也有例外，比如"民主和平论"所论述的"完善的民主国家之间互不开战"的逻辑，比如深受礼不往教原则、王者不治夷狄原则等天下主义观念影响的帝国时期之中国，就有比较浓厚的和平主义倾向。

② 参见下文的"民心论证"以及"对民主在国际领域中应用的批评"。

③ 赵汀阳对康德相当重视，但是他书中没有提及康德《论永久和平》中的一个著名论述："但自然的目的性恰恰在于通过战争、通过极度紧张而永远不松弛的备战活动、通过每个国家因此之故哪怕是在和平时期也终于必定会在其内部深刻感受到的那种困境而做出种种尝试，以便在经历了多次惨痛教训之后，终究能够倾听理性的告知——脱离野蛮人的没有法律状态而走向各民族的联盟。"如果赵汀阳认真对待康德的这一论述，他对康德的评价是否会有所不同呢？中国学者关于《论永久和平》的新近重要研究是对儒学颇有认同的法理学家赵明先生的《康德〈论永久和平〉的法哲学基础》（上海：华东师范大学出版社，上海三联书店，2006）。

为主：

> 西方哲学家并非没有人意识到这个严重的理论缺陷。康德
> 就曾做过天才的努力，他想到了应该把国际法（international
> law）发展成为世界法（cosmopolitan law），于是每个人不仅
> 具有各自国家的公民权，同时还具有"世界联邦"（cosmopoli-
> tan commonwealth）的公民权而成为所谓的"世界公民"。可
> 是很快他又认为这个想法没有保证（比如说可能会导致独裁统
> 治），于是他又改变想法，认为"主权国家的自由联邦"才是真
> 正好的制度。在这里可以看出康德还是受到西方思想的限制。

> 西方一直到近代才开始有似乎比国家更大的关于政治单位
> 的想象。例如，康德关于"人类所有民族的国家"（civitas gen
> tium）或者所谓"世界共和国"的想象，但这种想象并不认
> 真，事实上，在康德的论文中只是被草草提及而已，只有空洞
> 的概念，并无论述。康德认为比较现实的想象应该是弱一些的
> "自由国家的联盟制度"，其潜台词是不能超越民族/国家体系
> （这个理由在当代自由主义政治理论中终于变得直截了当了）。

赵汀阳的语气缓和是因为康德有似乎比国家更大的关于政治单
位的想象，有所谓世界共和国的想象，但也仅仅是缓和而已，实际
上，赵汀阳对康德的两种思路都给予了批评。当代不少自由主义
者、理想主义者沿着康德的两种思路有所推进，自然也免不了赵汀
阳的批评。"关于整体世界的制度构筑，目前看起来有两种现成的
可能模式：一种是建构一个世界/帝国，另一种则是建构一个众多
甚至全部国家的国际联盟。可是不幸的是，这两种模式都遇到了大

量的尚未被驯服的困难。"

对第一种思路（或第一种模式）的批评是民主制度等不能用在解决世界问题上：

> 尽管现代制度所推崇的种种主要观念如"民主""自由""平等""公正"等看上去似乎应该是普遍有效的，但是这种"普遍性"实际上只在国家内部社会有效，而不能在世界范围内普遍有效。诸如"民主"和"公正"这些原则从来都不被应用于国际关系中，那些现代的"普遍"原则只要一进入世界性问题或国际问题就立刻化为乌有。

这里，赵汀阳对民主制度等不能用来解决世界问题的批评不是因为其在国内社会本身就不怎么完善，也不是说民主等其实是西方的产物，可能不适合其他地区①，而是因为理论不协调导致实践上的困难：

---

① 赵汀阳认为民主作为一种国内制度也是不怎么完善的。比如，他写道："因为被告知进入了投票选举这个博弈，于是人们就有了斤斤计较的理性选择，就会出现所谓策略选举或不真诚选举和违心选举等情况……而且还会受到偏心的不真诚的宣传误导。""在美国帝国之前，没有一个帝国能够自觉又明确地建立一个从政治、经济、军事到知识、文化和生活方式的全球总体统治模式，而且在以上所有方面（其实就是人类生活的所有方面）都不准备留给其他文化任何余地。作为现在越来越清楚地显示出来的情况，新帝国的概念终于变成了一个悖论：以和平的名义发动战争，以自由和民主的名义来摧毁自由和民主，以人权的名义来迫害他人，以各种道德的理由来否定道德。""曾经克配世界的英国和正在支配世界的美国从来都只有国家理念，从来都只考虑了自己的国家利益，它们在管理世界方面从来都没有政治上的合法性，更没有哲学上的合法性，因为它们的'世界思维'只不过是推广自己的特殊价值观，把自己的价值观普遍化，而既然它们无法证明为什么他者是不值得考虑的，那就从根本上失去了合法性。"参见下文的"民心论证"。

这种理论上的不完整所导致的远远不只是在对世界的政治解释上的无能为力，而是整个政治哲学的困难……例如，民主制度如果要超越国家内部民主而发展成为全球民主，就会遇到几乎不可克服的困难……这与其他国家是否接受西方的价值观没有关系，这是一个有关理论能力和实践可能性的问题。

内政理论的宗旨是关于社会治理的合作思想，而到了国际理论那里，却变成了关于敌友问题的斗争哲学……这种不协调必定导致许多难以克服的实践性困难。例如，民主在内政理论中通常都被视为当然，而一进入国际理论，国际民主（或者说全球民主）却往往被认为是不可接受的。

这些论断需要仔细分析。这个"不可克服的困难"和"实践可能性的问题"从根本上说应该不是民主制度的理论出了问题，而是因为任何制度及其理论都有其适用范围。任何制度都无非是一些程序性规范与一些实质性规范。如果不考虑到世界上各政治群体的情感隔阂和认同障碍，想象将民主制度的决策程序用于世界问题，不是一件什么困难的事情。全球 60 亿左右人口按人人平等每人一票的原则（或者全球成千上万个讲共同语言的群体按语言平等每个语言群体一票的原则，或者 200 个左右的国家按国家平等每个国家一票的原则，或者各种宗教按各宗教平等每一种宗教一票的原则，等等），在某一段时间内就某件议题进行投票表决，产生出一个合乎程序的多数决议并不是很困难的事情，这个多数决议经常就是关于实质性规范的，困难就在于这一个多数决议根本就无法执行。民主制度无法消除各政治群体之间原有的根深蒂固的情感隔阂和认同障碍，相反，如果要在没有相互认同感的政治群体之间实行民主投票，只会加剧原来的矛盾。可见，存在一个相互认同的政治群体，或者政治群体间相互认同为一个更大的政治群体，是实行民主投票的前提条件。如果要在国际范围或世界范围内实行民主，前提条件是要有一个有强烈相互认同的世界共同体或国际共同体，但是目前全人类显然还是无法认同这样的共同体①。

现代制度当然不仅是民主，还有一些重要的制度②，比如说还有法治，在理论上想象建立起一个符合司法独立、司法公正的世界最高法院并不困难，并且假设各政治群体也愿意将与其他政治群体的争议提交该法院，该法院也能依据多数法官的意见独立做出看似公正的裁决，困难仍然存在于裁决的执行上。与民主制度一样，法治制度往往也无法消除群体之间根深蒂固的疏离乃至对立。因此，西方的主流思想中没有将民主、法治等现代制度推广到世界性问题上，乃至没有多少关于世界制度、世界政府的内容，不是因为理论的不协调、理论能力的缺乏，而是因为制度及其理论有其适用范围。

民主、法治等不适用于解决政治群体之间的冲突，不适合作为想象中的世界政治共同体的基本制度，从这个意义上说，它们似乎不是普遍的；但是民主制度、法治制度等对于每一个政治群体解决

---

①　宇燕、盛洪在他们的《旧邦新命：两位读书人漫谈中国与世界》（上海三联书店，2004）中提道："国家是先于国家理论的"，"社会契约论已经假定大家同意是某一个国家的国民，在认同一个社会以后是建立一个政府的问题。所以国家的形成和国家规模的大小不是投票决定的，而是在投票之前决定的"。这个道理也适用于世界共同体的问题。

②　赵汀阳几乎都没有提到现代制度及其理论中的共和主义，笔者将在下文（特别是最后一部分）讨论共和制度及其理论对解决世界问题的积极意义。

自己内部的事务，都是适用的，从这个意义上说，它们又是普遍的。赵汀阳显然混淆了"普遍性"一词的两种不同含义：一种是遍及上中下所有层次的普遍适用性；另一种是遍及同一层次的所有单位的普遍适用性①。赵汀阳似乎认为，如果要说一种制度是普遍适用的，当且仅当它同时具有这两种普遍适用性②。

赵汀阳坚持认为"既然世界秩序是必需的，世界制度就是必需的"，而这世界制度背后的观念又不能是民主、法治等现代制度的观念了，赵汀阳把希望寄托在中国的天下观念上，详见下文的述评。

对第二种思路的批评有：

> 现代制度只是国内社会制度，而不是世界制度，或者说，
> 现代制度的有效范围或约束条件是民族/国家的内部社会，而

---

① 下面这段论述，非常典型地表明了他的混淆："中国政治哲学所想象的政治制度可以保证从政治基层单位一直到国家到天下都维持同样的结构，这样，政治制度才有一致的连续性，其中所定义的规则和价值才是普遍有效的和可信的。假如一种政治制度或者政治游戏不能一贯普遍有效，那么只能证明它是个谎言，例如，一国民主制度如果不能发展成为全球民主制度，那么民主就是个谎言；如果有的国家主权可以不被尊重，那么国家主权制度就是个谎言；如果人权只能由某些国家来定义而不能由别的国家去定义，或者，有的国家的人权需要受到保护而另一些国家的人权可以忽视，那么人权就是个谎言。"——"中国政治哲学"至"民主就是个谎言"这部分内容说的是遍及上中下各层次的普遍适用性，"如果有的国家主权"至"人权就是个谎言"这部分内容说的是遍及同一层次所有单位的普遍适用性。

这段论述是不是还混淆了任一制度的适用问题与制定问题？"如果人权只能由某些国家来定义而不能由别的国家去定义……那么人权就是个谎言"这句话涉及了人权（或者民主、法治等）由谁来定义（制定、立法）的问题。一种制度是否具有普遍适用的问题与该制度应该由谁来立法的问题是不同的。

② 参见下文的"普遍性和传递性"理论。

不是世界或国际社会。于是，即使每一个国家都成为民族/国家并且建立了标准的现代制度（民主政治和自由市场）以保证每一个国家内部的社会秩序，在国家之间也仍然是无制度的。因此，世界是无约束、无秩序或无规则的失控空间（尽管有一些国际组织在假装建立国际制度）。这种国际无政府状态完全符合"霍布斯状态"，即"所有人反对所有人的状态"。

现在世界上的社会运动和人们的行为基本上都趋向个人利益和国家利益，而很少去发现和发展世界共同利益，所以很难形成人们之间或国家之间的"正面外在性"，即各方的行为碰巧在客观上形成互惠结构配置，也就是各方之间存在着利益的互相依附关系。许多人追求世界各国或各地在政治社会制度上的同质性，这种做法很可能无助于解决任何冲突，因为政治制度的同质并不逻辑地蕴含实际利益的对等和公正。因此，对全球政治社会制度同质化的追求也许不是错误的，但很可能是无效率的。

把好的家庭加在一起并不一定能产生好的社会，显然好的家庭之间还是有着利益冲突，而且冲突不会变少；同理，把好的国家加在一起并不一定就有好的世界。所以只能优先创造一个好的世界制度……

赵汀阳对追求世界各国实现自由民主的批评是多方面的[1]，这里列出的批评只是看起来比较缓和的一种。熟悉民主和平论的人可

---

① 参见前面的注释以及下文的"民心论证"。

以对这一比较缓和的批评提出反驳。这种理论认为，虽然不能说民主国家比非民主国家的冲突倾向更弱，但是民主国家之间不会开战，特别是完善的民主国家之间从来没有爆发过战争，理由有两个：其一，从结构上看，宪法限制、需要国内政治支持及向选民负责，限制了领导人把民主国家引向战争的实力；其二，规范标准反对诉诸战争，尤其反对拥有相同道德标准的民族之间诉诸战争，这些规范标准使民主国家都认为对方具有和平性①。当然，这只是一种经验解释，并不是不可怀疑的必然规律。但是在社会科学领域，追求必然规律并不具有多大的合理性，社会中的任何制度、任何事态如果要长久持续下去，总是需要人的思想、情感与行为的充分支持，没有多少可以自动维持下去的制度与人事。因此，我们至少能够得出这么一个结论：完善的民主国家之间有很强烈的趋势不相互开战。这样，我们就可以说，如果世界所有的国家都变成完善的民主国家，或者退一步说，如果世界上所有的大国强国都变成完善的民主国家，世界的总体秩序、总体和平就有了坚实的保证，尽管可能还有一些其他性质的战争，比如完善的民主国家与其他国家之间的战争等。不过，需要指出的是，完善的民主国家并不能直接从民主和平论获得理论上的支持去发动针对其他国家的战争，否则，民

---

① 参见多尔蒂，普法尔茨格拉夫．争论中的国际关系理论．北京：世界知识出版社，2003。此书第 348 页还提道："即使我们承认统计资料证明了民主国家在过去一个半世纪里没有彼此开战，人们对这种趋势能否在 21 世纪里维持下去有所怀疑也是合理的。如果我们因稀缺资源或贸易、货币、环境问题以及其他经济政策问题而发生冲突，这种怀疑尤其合理。"中国学者大多对民主和平论持怀疑的态度，比如刘靖华（参见刘靖华．霸权的兴衰．北京：中国经济出版社，1997），也有一些支持民主和平论的学者，比如吴稼祥。

主和平论就从一种强烈的趋势变成必然规律、从经验归纳变成意识形态教条了，民主国家对非民主国家的战争也就变成了"圣战"①。可见，这里的"民主和平论"需要加上中国天下观念中的"礼不往教""王者不治夷狄"② 的精神。

另外，笔者注意到，赵汀阳关于欧盟的看法实际上在相当大的程度上削弱了他对康德第二种思路的批评力度。

> 欧盟模式是西方政治哲学的最新也是最有价值的推进，它也是一种超越民族/国家体系的努力，可以看成是康德理想的新版本。但从纯理论角度说，欧盟模式仍然有着西方政治哲学的局限性，不如天下理论那么逻辑一致和内在协调。

> 这个可能真正联合起来的欧洲到底会变成什么样子现在仍然是未知的，甚至是否可能都是个问题……它大概是——至少在理论框架上是——康德理想下的具有和平意志的超级国家联盟。可以说，这样一个超级联盟或者会成为另一种新帝国模式，从而在理论上改写帝国的含义，或者会是一种克制帝国的国际形式。但是这一康德式的理想自康德以来到今天的哈贝马斯一直就没有获得在实质意义上的充分理论说明……目前欧洲所想象到的价值观和社会形式仍然是现代性体系中的观念，而

---

① 盛洪："由于前面所说的市场制度和民主制度失灵的原因，一个民族也不能因自己的民主制度而认为自己在道德上优越，以致有权奴役其他民族。"（蒋庆，盛洪. 以善致善：蒋庆与盛洪对话. 上海：上海三联书店，2004：57-58）
② 苏轼《王者不治夷狄论》："论曰：夷狄不可以中国之治治也。譬若禽兽然，求其大治，必至于大乱。先王知其然，是故以不治治之。治之以不治者，乃所以深治之也。"

　　并没有关于新社会和新生活方式的理念。

　　　欧洲试图发展成一个大规模的统一的政治共同体，尽管这个共同体在地理上只是欧洲，但其政治制度的性质却表达了世界性原则。这是在康德的政治共同体想象之上的发展。但是有个问题，欧洲正在由现代政治意识走向后现代政治意识，所以需要新的政治定位……其实对此欧洲人现在还没有清楚明确的想法……欧洲政治的后现代化和后民族国家化仍然只是个意图而还不是个明确的制度……假如将来后现代运动发展出了后现代政治制度，这倒是一个划时代的改变，只是现在一切都还不明朗。

　　有意思的是，赵汀阳对欧盟模式的批评不再是认为欧盟各国之间是霍布斯式的冲突，也不认为欧盟与其他国家之间是霍布斯式的冲突，而是说欧盟模式不如天下理论那么逻辑一致和自身协调，没有超出现代性的关于新社会和生活方式的理念，还没有准备好很清楚明确的想法等，这样的批评正好彰显了西方政治哲学或国际理论是很有可能克服霍布斯的丛林假定的。天下理论与国际理论之别，就其理论所能蕴含的最高意蕴而言，顶多只能是最优与次优的不同，而不是好与坏的不同①。而赵汀阳最在乎的，并不是实际政治实践中的经验与直觉，而似乎是逻辑一致、自身协调的理论，经过他重构的天下理论就是这样的理论。

――――――――

　　①　在给笔者的信中，赵汀阳先生说："康德是和平主义的，但没有超越国家利益，所以康德的当代产品——联合国和欧盟，同样没有超越国家观点，康德对冲突的合作理解很重要，但非最优。"

# 二、重构天下理论

## （一）对古代中国天下理论的肯定

在赵汀阳看来，"天下"概念有三层意义：（1）地理学意义上的天底下所有土地；（2）所有土地上生活的所有人的心思，即民心；（3）最重要的是它的伦理学/政治学意义，它指向一种世界一家的理想或乌托邦（所谓四海一家）。这一关于世界的伦理/政治理想的突出意义在于它想象着并且试图追求某种"世界制度"以及由世界制度所保证的世界政府。它至少是地理、心理和社会制度三者合一的"世界"，而且这三者有着不可分的结构，如果分析为分别的意义则破坏了天下的存在形式。"如果说在天下概念中，天下之地是其质料，而天下之心是其价值，那么，天下制度就是天下的存在形式。"

让人印象深刻的是，赵汀阳对这个地理、人心与制度三合一的天下观念的有力肯定与对西方的严厉批评形成了非常鲜明的对应[1]，我们也可以从《天下体系》一书中归纳出逐层深入的五点。

### 1. 周朝体制 vs. 威斯特发里亚体系

一般认为周朝体制比较多地表现了想象的世界制度的基本

---

[1]　笔者在下文对赵汀阳得出如此鲜明的对应的研究方法提出批评，参见"赵汀阳的研究方式"。

精神，尽管周朝体制绝不像后人所以为的那样优越，但它的制度设计显然有某些方面比较符合天下制度的理论构思，而且也肯定有一些制度安排上的优势，否则孔子等思想家不会对它思之怀之。

可以这样理解和推测，周制度已经为天下理论的政治合理性给出了基本论证（至少孔子等思想家在极度推崇周制度时就等于假定了这一点，尽管事实上周制度是否像孔子等所想象的那样合理，仍然是相当可疑的）。

## 2. 家庭-天下原则 vs. 个人-民族国家原则①

一般而言，"家"和"天下"这两个概念在中国思维中最具支配性地位，并且以此形成基本的解释框架……传统中国的价值重心则落在"家"和"天下"上，其中的极端重心是"家"，同样，当需要最后解释时，问题就还原到"家"。因此，在中国思维中，国就被解释为只不过是比较大的家，天下则是最大的家，所谓四海一家。在这个思维模式中，天下各国以及各民族之间的冲突实质上只是各个"地方"之间的矛盾，而不是现代理论所认为的国家和民族之间的矛盾。

既然家庭性被假定能够充分表现人性，那么，家庭性原则就是处理一切社会问题、国家问题乃至天下问题的普遍性原则。

---

① 参见下文的"家庭性论证"。

家庭性所意味的幸福必定基于它的完整性和和谐，这一真理是分析性的，因此是绝对的——显然，父母与子女、夫妇之间的幸福是互为条件和互相促进的，所以家庭的完整性和和谐是每个成员各自幸福的共同条件——那么，任何不利于完整性和和谐的事情也就被先验地定义为不可接受的事情。

## 3. 无外原则 vs. 分裂的意识

天下为家而无外，这是个意味深长的观念，很有可能就是中国思想里不会产生类似西方的"异端"观念的原因，同样，它也不会产生像西方那样界限清晰的民族主义。既然世界无外，它就只有内部而没有不可兼容的外部，也就只有内在结构上的远近亲疏关系……于是，与本土不同的他乡只是陌生的、遥远的或疏远的，但并非对立的、不可容忍的和需要征服的。对于天下，所有地方都是内部，所有地方之间的关系都以远近亲疏来界定，这样一种关系界定模式保证了世界的先验完整性，同时又保证了历史性的多样性，这可能是唯一能够满足世界文化生态标准的世界制度。

既然天下/帝国的"无外"原则是个世界尺度的原则，"天下/帝国"的理念，就其理论本身而言，就意味着在整个世界范围内都不包含任何歧视性或拒绝性原则来否定某些人参与天下公共事务的权利，就是说，天下的执政权利是对世界上任何民族都开放的。天下作为一个先验概念，它在关于世界和人民的经验事实之前就已经在概念上既包括了地理上的整个世界，又包括了世界的所有人民。

天下模式没有把握消除国家之间的**政治/经济性矛盾**，但至少可以消解**文化性的冲突**。这一点是无比重要的，因为在政治/经济上并没有永远的敌人，政治/经济的冲突有可能通过谈判、对话、让步和调整来达到相对合理的解决。所以从长期来看，政治/经济的冲突不是根本性的，文化冲突才是根深蒂固的。文化是价值观，是精神，它比利益和物质要深刻得多，文化上被征服等于心灵被征服，也就等于彻底被征服，所以，文化冲突是最难解决的……由于天下模式只承认政治一致性和人性普遍性，而不再更多地承认其他原则，尤其是否认了任何意识形态（特别是宗教）的普适性，否认把任何特殊价值观强加于人的合法性（所谓"礼不往教"原则），否认把特定价值观普遍化的合法性，从而认可了各种文化的自由存在和自然存亡。

现代中国在西化的运动中更显示出极端的开放性，百年来世界的现代化运动与西化运动是基本同一的，东方国家以及几乎所有第三世界国家基本上都接受了西方的现代社会/政治制度、经济制度和物质文明，但只有中国进一步发生了文化最深层的、釜底抽薪式的文化革命……中国现代发生的文化革命如此剧烈，其背后必有宏大思想根据。正是天下概念决定了中国没有文化边界。

### 4. 礼不往教原则 vs. 征服世界的使命感

天下/帝国的理想追求不是征服性的军事帝国，而是文化帝国，而且这个文化帝国也不是致力于普遍化自身的统治性文化帝国，因为中国式的文化帝国以"礼"为基本原则而形成自我限制。

礼方面的一个重要原则是自愿原则。这个原则一直没有被充分表述，但它是明显存在的。中国伦理强调的是"以身作则"，而不是把自己的价值观强加于人（后者是西方的"传教"模式）……中国哲学显然考虑到了他者心灵——他人的价值观、生活想象和情感方式——是不可还原的，于是在与他者的关系中引入了自愿性原则……《礼记·曲礼上》中说："礼，闻取于人，不闻取人。礼，闻来学，不闻往教。"等待别人来学与强加于人显然是完全不同的原则。于是，不管认为自己的文化多么优越，都不能因此就认为自己的文化有更大的权利去获得普遍化。

按照中国对帝国的理解，帝国的义务是建立世界之**"治"**（order），而不是**支配**（dominance）。

## 5. 非宗教的教化、感化 vs. 严格意义上的宗教

特别需要注意的是，中国不需要反对西方，需要的是以中国为根据去理解西方。如果拒绝西方思想，那就反而不是中国的精神风格了……宽容是西方说法。中国并不宽容。什么情况下才能说到"宽容"？只有当根据自己的价值观非常反感某种事情而又出于某种信念决心容忍那种事情时，才是所谓的宽容……中国并非没有宽容这一态度，只是说，宽容不是中国的

思维方式，不是中国的方法论，中国可以有宽容之心，但没有宽容之思。中国的思想方式是"大度"而非"宽容"。大度是不讨厌他者，宽容则是讨厌他者但是忍着。如果把中国式的大度说成"开放"，似乎要稍微接近一些，但仍然不能准确对应。开放往往意味着多样化以及对多样价值的尊重，这与中国态度虽不矛盾，但在基本理由上有所不同。中国的基本精神在于"化"，并且关键是要以己化他而达到化他为己，这当然意味着要接受多样化，但这个"多"却是由"一"所容纳的。

"化"是为了追求大……**思想无外**……中国思想中不承认绝对在外的超越存在（the transcendent），也就是那种无论如何也"化"不进来的存在。这样，中国就不可能有宗教，也不可能有绝对不可化解的敌人。

既然在实际生活中能够找到人类情感的绝对支持，那么就不需要超越人类情感的信仰（这或多或少能够解释为什么中国人不需要宗教）。情感证明是直证，是可以实现的普遍事实，而超越的宗教世界是不可证明的，不可证明就等于人人都可以给出对自己有利的解释，而且没有理由接受任何其他人的解释，所以宗教是形成所有不可调和的冲突的根源。

天下理论是一种"化敌为友"理论，它主张的"化"是要吸引人而非征服人，所谓"礼不往教"原则。我愿意说，在这个意义上，天下理论是一种文化自由主义。

这五点逐层深入的肯定，前人的论述中也有所涉及，但是大都比不上赵的丰富、深刻与新颖，更没有成为一种理论，应该说赵汀阳对中国古代天下观念的重述也是某种创新。但是赵最重要的创新，在我看来，是在中国古代天下观念的基础上重构了世界制度形而上学。这里先简略讨论两个问题：宗教真的有害于世界和平吗？中国文化真的没有边界吗？

赵汀阳对宗教的看法大可讨论。批评基督教时他说宗教的真正危害在于它理解世界的分裂性方式等，赞美中国时他说中国不可能有宗教也不可能有绝对不可化解的敌人。赵汀阳先生实际上无法证明上帝（超越者）存在或不存在，更无法证明上帝是什么或不是什么①。如此，信仰某个上帝或假定有某种绝对存在就完全可以是某些人自己的事情，他们可能有强烈的反对异教徒的圣战意识，也可能具有强烈的和平意识，具备哪种意识恐怕也是与具体的历史情景有关系，而不只是因为与何种宗教教义有关。任何宗教都是由世人，特别是由其信徒诠释的，不同的诠释方法有不同的政治含义。即便是在历史上颇为好斗的基督教，无论是天主教还是新教，最近几十年也是被它的信徒诠释成较具宽容精神的，虽然还是谈不上是

---

① 赵汀阳说道："假如我们盲目地相信某种所不知道的东西，那么，在逻辑上说，我们被正确地引导或被误导的机会相等。"他在成名作《论可能生活》中说："任何一种存在都是被创造出来的，存在实际上就是一个作品，其中包括自然存在（或曰上帝的作品）和非自然存在（人类的作品）。对于自然作品，我们只能去看它，即只能解释它，甚至'科学地'说明它，关于自然存在的知识无论多么精细，永远是一种旁观解释，而自然存在永远是客观的对象，我们只不过是主观地解释它并利用它……我们能够获得关于自身的存在论真理，而关于世界则只能获得知识论的解释。世界的真理在上帝手里，而人的真理在人手里。"（赵汀阳．论可能生活．北京：生活·读书·新知三联书店，1994：59）中国哲学家张志扬也认为，理性无法证明上帝或世界本质的存在，也无法证明上帝或世界的本质不存在，我们只能自律（参见张志扬．偶在论．上海：上海三联书店，2000）。

具有包容精神的。中国古代并非没有宗教，而是有太多的宗教，这些宗教之间没有发生严重的暴力冲突，应当归功于古代中国主流精神文化（特别是儒家，《论语》中与宗教、与神有关的段落没有一处明明白白地否认宗教的价值、否认神的存在，也没有一处明明白白地排他性地认同某一宗教或某一神灵的，并且《论语》中的宗教观念总是与礼治观念相互交融、相互支持的①）所具有的天人和合、诸教和合的精神。所以，对于解决世界问题而言，我们只要摒弃那些动辄树立异端、寻找敌人来反对的圣战意识即可，不需要在理论上刻意反对宗教，更不需要刻意反对某种宗教。实际上，这种态度才是中国古代天下观念中处理宗教问题时最常见的智慧。

　　宗教观念是任一文化（至少是古代）的核心部分。古代中国的宗教观念尽管非常包容，但不合礼治精神的教义或任何所谓的精神

---

　　①　笔者曾粗略统计过《论语》中与宗教、与神有关的段落，至少有 23 处。最重要的几处是：

　　1. 曾子曰："慎终追远，民德归厚矣。"

　　2. 季氏旅于泰山。子谓冉有曰："汝弗能救与？"对曰："不能。"子曰："呜呼！曾谓泰山不如林放乎？"

　　3. 或问禘之说。子曰："不知也。知其说者之于天下也，其如示诸斯乎？"指其掌。

　　4. 祭如在，祭神如神在。子曰："吾不与祭，如不祭。"

　　5. 樊迟问知。子曰："务民之义，敬鬼神而远之，可谓知矣。"

　　6. 子不语怪、力、乱、神。

　　7. 子曰："天生德于予，桓魋其如予何？"

　　8. 子疾病，子路请祷。子曰："有诸？"子路对曰："有之。《诔》曰：'祷尔于上下神祇。'"子曰："丘之祷久矣。"

　　9. 子曰："禹，吾无间然矣。菲饮食而致孝乎鬼神……"

　　10. 季路问事鬼神。子曰："未能事人，焉能事鬼？"曰："敢问死。"曰："未知生，焉知死？"

文化，中国文化总是要限制的，仅此就说明中国文化是有边界的①。说中国文化没有边界，是一种过于夸张的哲学诠释，而且与赵汀阳自己的表述也自相矛盾："天下理想在可能生活上并非完全没有限制，凡是与天下理想得以成立的条件（至少包括'世界完整性'原则以及'和谐'原则）相冲突的生活方式就被认为是不可接受的。"

## （二）世界制度形而上学

赵汀阳"试图论证，天下理论是任何可能的世界制度的形而上学"，又说："天下理论是典型的世界理念，以至于可以成为判断一个理论是否具有世界理念的结构性标准，就是说，具有不同价值观的其他世界理念也许是可能的，但任何一种可能的世界理念在逻辑结构上应该与天下理念是同构的。"那么这个作为标准的世界制度形而上学是什么呢？《天下体系》有多处类似的表述，其中最清楚的一处表述是：

> 天下理论……的哲学原则，无论是明确表述的还是隐含其中的，可以概括如下：
>
> （1）世界必须成为一个政治存在，否则不存在一个完整的政治体系。
>
> （2）世界的治理需要一个世界制度。

---

①　现代中国发生釜底抽薪般的文化革命，不全是因为背后有宏大的思想根据，至少也与中国文化的务实精神有关，与中国历史上激烈的反传统思想等有关。这里就不细论了。

（3）如果一个政治体系由多个层次所组成，那么世界制度必须是这个系统中的最高政治权力制度。

（4）不同层次上的政治制度必须在本质上相同，或者说，政治治理原则必须在各个政治层次上具有普遍性和传递性。

（5）政治制度必须具有伦理合法性。

（6）政治制度的伦理合法性在于符合全体人民的公意。

这六点其实可分为三类：前三点是制度有效性理论；第四点是赵汀阳独创的"普遍性和传递性"理论；最后两点是伦理合法性理论。其中"普遍性和传递性"理论实际上是对制度有效性理论和伦理合法性理论的加固论证。

**第一，制度有效性理论。** 至少分为两种角度。一种是从必要性、功利性角度的论证，也是普通人与国家考虑问题时的最重要倾向。

一个事情要有秩序，就需要所有事情都有秩序；部分要有秩序，就需要整体有秩序。

如果不能有效地分析和解决世界性问题，那么也不可能充分有效地分析国内社会制度问题，因为世界问题是任何一个国家问题的必要约束条件。我们无法想象，每一个子集都是有序的，但总集却是无序的，在这样的条件下如何能有效地理解、分析和解决问题。

假如存在着一个有效世界，那么，即使出现了某些无效国家也仍然是有救的；如果世界是一个无效世界，而且无望地作为无效世界存在下去，那么，世界上的任何一个国家都不可能

获得长久的成功，因为没有一个自身足够成功的国家能够一直
成功地克服它的负面外部性，或者说，它不可能有足够的能力
去应付与之不协调、不合作的整个外部世界，它最终也会变成
无效国家。无效世界是谁也承担不起的，它太重了。

尽管人类公共利益的最大化在某个时段里未必能与某个国
家的利益最大化达成一致（更可能出现不一致的情况），但从
"长时段"（布罗代尔）去看，或者从几乎永恒的时间性去看，
人类公共利益的最大化必定与每个国家或地方利益的最大化是
一致的。

不少人可能很快就会指出这个论证的缺陷。即使他人的生活是
痛苦不堪的，不少人仍然能够生活得有滋有味；即使世界是无序
的，有些国家仍然"有着良好的国内政治和社会秩序"。如此，对
这些走好运的个人与国家来说，"为什么部分的秩序需总体有秩
序？"假设赵汀阳这样说，长此以往，这些走好运的个人与国家终
将失去好运，但是有人可以这样反驳：再坏的世界中，总有一些人
能够一直保持不错的个人收益，再好的世界，总有人会遇到不幸，
总有好世界不能解决的个人苦难问题，与其变坏世界为好世界，不
如顺应坏世界的逻辑寻找个人的好处。国家问题也是如此。再有，
即使人们都承认需要世界秩序和世界制度，世界秩序和世界制度也
未必就能建立起来。正如苏长和所说的：仅有共同利益的存在，或
者仅有问题的"公共性"，并非必然能够保证各国之间的合作会自
动成为现实；公共问题的不可分性，使它们不同程度地具有公共物
品的特性，从而每个国家在对待全球公共问题的态度上，都可能是

潜在的"观望者"或"搭便车者"（free-rider）①。可见必要性、功利性角度的论证是不充分的。

但赵汀阳更看重的似乎是制度与理论的最大化、充分有效、圆满完美、逻辑一致、自身协调，是世界的先验完美，这是他作为不同于普通人的哲学家给出的另一种论证。

所谓制度最大化和普遍化是指，如果一个社会制度是最好的，那么它必须能够成为一个普遍有效的社会制度，以至于能够尽可能地扩展成为在任何一个政治/社会单位上有效的社会制度，否则它就是个不彻底的社会制度。

在西方的政治理论结构中，核心理论是内政理论，国际理论则是附属性理论。这样一种政治理论结构是一种哲学上的错误。不难看出，这种政治理论体系自身是不协调的，它没有一贯的逻辑。在内政理论和国际政治理论这两个层次之间显然不一致甚至互相矛盾。内政理论的宗旨是关于社会治理的合作思想，而到了国际理论那里，却变成了关于敌友问题的斗争哲学。

中国政治哲学的理论逻辑是，世界理论必须被看成是政治理论的核心理论，而内政理论和国际理论则都被看成是世界理论的亚理论，或者说，以天下原则为政治总原则，再以此去理解分析各种具体的政治问题。这个"尚同"模式（即治理规

---

① 苏长和. 全球公共问题与国际合作：一种制度的分析. 上海：上海人民出版社，2000：8. 苏先生主张通过建立国际制度、改善国际制度来解决全球公共问题，不同于赵汀阳先生的论述，参见苏长和著作的第 6、7 章和尾章。

则层层向上看齐的政治制度）显然在建构政治一致性和世界和平上具有明显优势。这种表达为天下理论的中国政治哲学，至少在学理上对认同民族/国家体系的西方政治哲学形成了挑战。

表面上看，西方政治哲学有着自己顺理成章的逻辑，它的问题出发点大致不错（中国早在先秦就已经意识到相当于"丛林假定"的问题），接下来的一步一步也似乎都不成问题，于是发展了个人权利理论、国家主权理论以及民主与法治理论。可是当政治问题的规模终于发展到了以世界为政治单位时，正如前面所分析的，这个政治逻辑就不再成立了，它已经推不下去了，很显然，因为"世界"只能是一个，它是个所有人都需要分享的制度存在，它是个不可以分裂理解的完整政治空间，世界成了一个共同事业，它所需要的存在论逻辑完全变了。

这里就涉及关于政治制度的一个方法论上的基本问题，一个政治形而上学问题。一个政治制度规定了某个政治游戏，它定义了权利、权力和利益的分配方式以及相关的实践规则，并且假定它是普遍有效的。如果一个政治制度的确是充分有效的，那么它就必须能够覆盖整个可能的政治空间。只要存在着部分逃逸在外或者说无法治理的政治空间，那么，这个政治制度就是有漏洞的，它必定有着它无法克服的"外部性存在"，这将是一切混乱和无序的根源。

从逻辑上说，除非一个政治存在自身就是最大的或者说处于最高层级位置上的政治存在，否则它就需要一个更高层级政治存在的治理，不然的话，它的政治秩序就得不到最后的保证。一个政治存在要能被证明是最高层级或最大空间的政治体系，其充分必要条件就是它居然只有内政制度而不再有任何外部制度。

这一种论证和功利性的论证是完全不同的。功利性的论证似乎带着现实主义的精神，而另一种论证则带着哲学家对完美理论的偏好，带着乌托邦的精神。

但这里有一个悖论：如果这样的世界制度以及世界政府能够形成，那么其前提是世界各国能够足够长久地相互信任。但是，假如各国能够这样相互信任，世界制度以及世界政府就似乎没有存在的必要了，而且显然不如这样的国际秩序能够保证政治自由与文化多样性。

**第二，伦理合法性理论。**退一步说，满足有效性要求的世界制度就是一个好制度吗？赵汀阳考虑到了这个问题，因此引入了伦理合法性理论。

天下理论如果仅仅从政治治理的有效性上去论证世界政治制度，那它就仍然是片面的理论。显然，如果仅仅考虑治理的效率，那么最有效的制度仍然很可能是个坏的制度。无论如何，政治制度绝不只是为了组织和管理社会，它必须同时成为好生活的条件，它必须同时是关于好生活的一种制度设计。因此，天下理论就其理论逻辑来说，除了政治合理性论证，它还必须拥有道德有效性的论证。

**论证一：民心论证①。**

现代人习惯于认为，"一个制度是合法的，当且仅当，它是所有人都同意的制度"，或者"一个制度是合法的，当且仅当，它是多数人都同意的制度"。赵汀阳提出了一个改进后的表述："一个制度是合法的，当且仅当，它是多数人都同意的制度，并且，多数人中至少包含了多数精英。"这里的精英简单来说指的是具有美德的人②。但是这个改进后的表述在他看来并非完美。因为：

> 对于制度的合法性的证明来说，"民心"比"民主"更为正确。或者说，民心才是关于制度合法性的证明，而民主根本就不是，民主只是一种操作比较容易的程序，并不能表达好的价值。可以说，民主问题是民心问题的歪曲表现……可是，金钱、宣传、气氛、自私、投机、一时的激情和错误的信息以及阿罗定理所揭示的选举制度的致命局限性，都使民主表达的是人民其实并不想要而被误导以为自己想要的东西。民主反而错过了民心。民心问题与民主问题的根本差异在于，民心是制度

---

① 赵汀阳对民主的批评可与蒋庆的批评相参照，比如，蒋庆说："政治脱离道德最主要的制度安排就是民主制度。民主制度解决的是程序合法性与民意合法性问题，这不是一个价值问题，用中国的话说不涉及'德'的内容问题。"（蒋庆，盛洪．以善致善：蒋庆与盛洪对话．上海：上海三联书店，2004：58）

② "精英"的含义参照赵汀阳的这些论述："贵族所反对的'堕落之路'与民主所反对的'奴役之路'一样都是不能接受的。一个社会不可以是个对骗子、小人、奸人、庸人和无赖更有利的社会，否则这个社会就没有合法性，也就是中国人说的没有'天理公道'。自古以来，无论在世界上什么地方，勤劳、智慧、勇敢、慷慨和见义勇为等品质都被视为人性的最高境界，具有这些美德的人就是'精英'（这里的'精英'是由人所敬仰的美德定义的，与社会地位、职务和财富无关）。"

合法性的真正理由和根据，而民主只是企图反映民心的一个技术手段（还可以有其他的手段）。

真正的民心是经过理性分析而产生的那些有利于人类普遍利益①和幸福的**共享观念**。从形而上学角度来说，作为共享观念的民心并不存在于心理过程中，而是存在于非物质的思想空间中，它承载着人类的思想、经验和历史。简单来说，民心的存在形式是思想性的而不是心理性的。因此，民心并不就是大众的欲望，而是出于公心而为公而思的思想……民心问题是中国政治哲学所提出的一个基本问题，民心的表达依靠的是自然产生而且经过考验的"公论"，所谓"自有公论"，这与人工设计的选择程序和经过商业化或宗教化的宣传诱导而产生的民主结果有着根本不同。民主的结果是不自然的，是暗示的结果。

什么是符合民心的事情？如果说是利益和幸福，当然正确，但是人们可以有不同的价值观，因此在对利益和幸福的种类的理解与选择上未必齐一（至少总有那么几类）。因此，我们不能在政治上去规定利益和幸福，而只能去发现利益和幸福的一般条件。西方哲学的发现是"自由"，这是个必要条件……中国哲学发现了另一个至少同样重要的必要条件，这就是"治"，也就是秩序……可以说，自由和秩序就是人

---

① "人类普遍利益"的含义参照赵汀阳的这个论述："世界性利益并不是指其他国家利益（如果要求首先考虑其他国家的利益，未免要求太高，也不合理，但相互尊重对方利益是必要的）。尽管世界性利益的具体内容还需要讨论和分析，但至少可以抽象地说，它是指与各国都有关的人类公共利益，既包括物质方面也包括精神方面，它是保证人类总体生活质量的必要条件。"

民最需要的事情，因为，不管人们喜欢的是什么，都需要有自由和秩序作为能够去追求幸福的条件……特别要注意的是，从逻辑上看，秩序甚至比自由更为基本，因为，如果没有秩序，那么自由将会成"乱"，而如果社会乱了，人和人之间的关系会变得无比险恶，自由就变成害人害己，也就不自由了；反过来，如果有了秩序，虽然未必就有足够的自由，但至少有了发展自由的条件，有了开展生活的基本条件。可以看出，秩序是自由的先决条件。在这个意义上，中国哲学更好地把握了政治的要义。

以上这些论述，可以让我们得出这样的观点：赵汀阳的政治制度之伦理合法性的基本条件其实有三个，即美德、秩序与自由。其中秩序条件实际上也是上面制度有效性理论应有的内容。民主是不是不足以充当国内社会制度的合法性条件，现代国内社会已有的合法性条件是不是仅限于民主，等等，这些自然都还可以讨论。美德（美德可以理解为对天下所有人或对他族他国的尊重与适当的观照）与自由（自由可以理解为政治的自主和文化的多样性）① 作为世界秩序（或国际权力基本格局、国际秩序）的伦理合法性条件初看起来似乎是没有多少问题的。

---

① 参照赵汀阳的这个论述："从纯粹理论上看，世界制度既然是世界性的，或者说是被承诺为普遍的，它就不可以拥护某种意识形态，无论是宗教的还是什么主义。只有天下理论在这一点上才真正是彻底的，它把制度的合法性仅仅落实在人民共同意愿和普遍人性上，而与特定价值观无关。"或参照："天下是天下人的天下，天下的选择必须是天下所有人的人性选择，而不可以是某种意识形态、宗教和文化或者某个国家和民族的选择。"

## 论证二：家庭性论证。

孔儒的贡献就在于为天下理论补充了道德有效性论证……儒家对周思想的发展使天下理论具有结构上的完全性。一个具有普适性的政治制度不再是单纯的政治策略，其政治合法性必须源于伦理合法性并且由伦理合法性而得到证明。由伦理来论证政治显然使政治更接近民心。

关于幸福、和谐或和平的唯一有效原理就是，给定一个共同体或人际制度，它必须能够满足：

（1）这个共同体的完整性是任何一个成员各自幸福或利益的共同条件。

（2）这个共同体的总体利益与任何一个成员各自的利益成正比，或者说集体利益与个人利益总是挂钩或一致，因此任何一个成员都没有反对另一个成员的积极性。

按照这一完美共同体的标准，家庭性模式是最合格的。于是，当我们幻想世界的幸福、和谐或和平，至少在理论上，就有理由把家庭性原则推广应用到整个世界。当然这一推论并非逻辑推论，即并不能由家庭的和谐模式"推理"出天下的和谐模式，这种推论是数学的"映射式"的。

家庭关系被认为是最容易产生人类之爱、和谐、关怀以及义务的自然基础或者是无条件被给予的基础，同时也是那些人们最需要的人类情感的存在证据，因此**家庭性**就被认为几乎穷尽了人道的本质（"人道竭矣"），以至于被说成是世界上唯一万世不变的生活本质，而其他所有文化性的规则和知识则都可

以因时而变，与时俱进。这个"家庭性论证"（family-ship ar-
gument）的价值在于，在这个共同体内，对他者的爱和义务的
最大化碰巧最有可能与自身利益的最大化达成一致，从而最有
可能形成人性的最好发挥和最好循环。这就是秘密所在。但是
有一点需要注意，家庭在这里既是一个真实的生活模式又是一
个理想的象征性模型，即孔子所推崇的"仁"的人际关系模
型……因此，家庭关系作为一个最优伦理范本而被认为可以普
遍地应用于社会的各个层次，按照映射的方式从家庭到家乡到
国家一直到世界。既然众望所归的伦理关系被理解为政治治理
的深层结构，那么政治制度的伦理合法性就获得了证明。

按照管理家事的原理来管理国事甚至天下事，这在中国是
被普遍认可的原则。而这意味着，除非天下能按照家庭的模式
进行治理，否则它将不能得到和平与和谐，因为家庭被看成是
整个社会的基础版本。

必须指出，民心论证（美德、自由与秩序）与家庭性论证（美
德与秩序）之间存在着相当大程度的不协调①。家庭性原则（美德
与秩序）对美德有过高的要求，"对他者的爱与义务的最大化"往
往要求参与者在相当大的程度上牺牲自身的自由，如果家庭内人人
都强调自己的自由，那么家庭也将退化成契约型的——如果不是解
体的话。身处当代社会，我们不难想象这种契约型的家庭是如何一

---

① 赵汀阳"民心论证"的直接结论是符合民心的事情是自由和秩序，是笔者帮他
补上美德的，如果去掉美德，那么"民心论证"（自由与秩序）与"家庭性论证"（美德
与秩序）的冲突将更厉害。

方面强调个人自由，另一方面又如何试图挽留住一些对家人的爱与义务的。只有这个契约型的家庭，才能同时拥抱美德、自由与秩序，才与民心论证相符。或者，我们可以说，所谓"天下一家"顶多只能是个契约型的家。那么从完美的家到契约型的家，其间贯彻的显然不是完全的传递性，而是递减的、淡化的、等级化的传递性。

值得注意的是，民心论证是在后写成的"导论"中出现的，"家庭性论证"是在先发表的正文上、下篇出现的，并且上、下篇的家庭性论证几乎是相同的，并且"民心论证"与传递性理论没有什么内在的联系，而家庭性论证与传递性理论有内在联系，笔者因此推想家庭性论证更重要。

**第三，普遍性和传递性理论。**最能体现赵汀阳对完美理论的偏好、体现他的乌托邦精神的莫过于他的普遍性和传递性理论，这个理论似乎是《天下体系》中最有创新意义的几处论述之一，但似乎也是问题最多的几处论述之一。

秩序必须有一贯性，这是秩序的逻辑要求。于是，一个政治制度、一种政治秩序，如果是彻底有效的，就必须具有普遍性和传递性，能够成为遍及天下的制度。

因此，一个有效的政治制度必须具有充满整个可能的政治空间的**普遍有效性**和通达每个可能的政治层次的**完全传递性**。简单地说，一个政治制度必须在所有地方（比如说每个国家和地区）都同样可行，同时，必须在每个政治层次上（比如从社会基层单位到国家直到世界）都具有同构性，否则就总会出现该制度无法控制和处理的致命困难。

政治制度的普遍性和传递性问题的重要性在以前的世界中没有充分显示出来，那是因为在以前的世界中，国家是个足够大的政治实体，国家的政治制度就已经是最高的制度了，而且也不存在超越了国家利益的政治问题……当政治问题的规模发展到了以世界为单位，政治问题就发展到了它的理论极致，所有可能的政治问题就都全部出场了，于是，政治制度系统的元性质，即它的普遍有效性和完全传递性，就成为一个不得不考虑的问题。任意一个政治制度的合法性的问题就是政治形而上学问题。如果没有一个能够满足普遍有效性和完全传递性的政治制度，政治意义上的"世界"就不会存在，世界就只不过是个乱世。所谓政治，就是治乱，就是建立合法的社会/生活秩序。

从理论的完备性要求来看，假如一种政治制度不具有普遍有效性或者普遍可贯彻性，不能贯彻到所有政治层次上去，按照中国的说法就是，道不能做到"一以贯之"，那么将是一个理论上的致命错误和实践上的无解困难。任意给定一种政治制度，无论它是民主的还是专制的（民主好还是专制好则是另外一个问题），假如它要具有理论上的一致性从而经得起理论质疑的话，那么它必须能够在任何政治层次上被普遍化，也就是说，能够被普遍地贯彻应用于所有的政治单位，并且在给定的政治系统中的各层次之间具有传递性。否则，它就是理论上不完备的。

　　中国的政治理想是建立可以从最高层次（天下）到中层（国家）再到草根层次（家庭）传递的普遍有效治理，它试图消除各政治层次之间的冲突和不协调，由此创造出一种建构性的"政治连续统"……在这一方案中，它通过建立一种结构性的映射关系（mapping）来保证各个政治层次的一致性，即一个政治层次可以结构性地映射到另外一个层次上。于是，世界、国家和家庭的治理方式尽管在操作方式上有所不同，但在本质上是一致的：它们只不过是同一种制度的不同表现。

　　传递性说实际上是我们上文提到的"遍及上中下所有层次的普遍适用性"。这个普遍性和传递性理论在某种意义上，是对制度有效性理论的加固论证。赵汀阳说："只有自上而下的政治治理传递性才是创造有效世界的根本条件。墨子的理论看起来是对国际'联盟'、联合国或者类似的政治体系的反论。"并在同一页注释中摘引了《墨子·尚同上》的一段话："一人则一义，二人则二义，十人则十义……人是其义，以非人之义……天下之所以乱者，生于无政长……天子、三公既以立，以天下为博大……故画分万国……壹同天下之义，是以天下治也。"并在给笔者的信件中说"实际上墨子的天下观点发挥得比儒家更彻底"，这似乎让人有理由推论，赵汀阳的天下理论特别是其中的普遍性和传递性理论——特别是传递性理论——是以墨子的理论为基础的。但是墨子的理论与儒①、道、法、兵诸家相比，与周朝的精神离得最远，在两千多年的中华帝国

---

　　① 儒家天下观念中似乎也有某种传递性理论，但是与墨子-赵汀阳的传递性有实质性的不同，参见下文。

时期也最受冷落，建立在墨子思想基础上的天下理论，能否说就是对中国古代天下思想的最好发挥呢？要求一个制度具有如此严格的普遍性和传递性，会不会导致政治的专制与文化的单调呢？更重要的是，能否与赵汀阳对中国古代天下理念五点逐层深入的肯定相容呢？比如，如果严格贯彻以身作则、礼不往教的原则，那么就无法保证某一政治制度在世界各个地方、在除世界制度这一级别之外的各个层次都能贯彻下去。

另外，任何政权，特别是帝国，包括中国历史上确实存在过的所谓天下/帝国，要治理的都是复杂的，不同群体、不同文化的社会政治问题，从来都没有追求过其制度达到如此严格的普遍性和传递性，甚至还有意追求制度的非普遍性和非传递性。甚至世界上较为单一的且发达的民族国家，比如日本，都在国内实行地方自治，而地方自治总是会带来制度上的不同与非普遍性、非传递性。我们更没有理由指望赵汀阳这个想象中的世界政治制度能够如此严格地满足他的普遍性和传递性要求（即双重严格普遍性的要求）。

此外，这个普遍性和传递性理论在某种意义上说，也是对伦理合法性理论的加固论证。由家庭而国家而天下的逻辑诸子百家大多有所论述，但要求具有完全的传递性的似乎只有主张兼爱的墨子学派。反对兼爱、主张推己及人的爱的儒家要求的是一种不完全的传递性。赵汀阳在"家庭性论证"中大力借助儒家的论述，这似乎说明，他的伦理合法性理论建立在儒家的基础上，而上面已经指出他的制度有效性理论建立在墨子学派的基础上。这就不能不让人觉得这两种论证之间存在不协调。

# 三、赵汀阳的研究方式

一个知名哲学家的论著里出现这么多的内在不协调论证，是一件很让人意外的事情。我们没有怀疑赵汀阳的研究能力和创新能力，但是很有必要讨论他的不协调论证因何而来。笔者认为，这与赵汀阳使用的哲学研究方式有关。

## （一）化道德-政治问题为知识论-方法论问题

赵汀阳在书中多处提及中西理解政治问题时有不同的知识论-方法论。

> 真正重要的差异是理解政治制度的方法论上的差异。

> 如果说中国的政治哲学具有优势的话，它只是方法论上的纯粹理论优势，而与道德水平无关。

> 赋予某些概念或思考单位更大的解释权力是思考社会/生活问题的一个必要的思维经济学策略：人没有无穷多的时间可以做所有的事情，所以必定需要选择，做事情需要选择，解释事情也同样需要选择，优先被选择或被考虑的东西就具有更大的支配性权力或话语权。不同的价值排序会产生不同的社会生活……

> 无论是从国家去看世界，还是从世界去看世界，这首先都不是自私还是无私的价值问题，而是对事情的理解是否充分的

知识论问题。

　　概念体系构成了思想的"计算单位"，假如计算单位不合理，即使思想的计算在逻辑上都是正确的，仍然可能错过重要的问题。前面的分析正是试图分析西方概念体系中的一种偏好，它总是选择诸如"个体"和"民族/国家"这样的实体作为决定性的计算单位，这种计算单位隐藏着一个内在的秘密：它的利益是独立的，不必与他者的利益挂钩。于是，对自身的利益最大化就可以：第一，不把他者的利益考虑在内；第二，如果涉及对他者的利益的计算，那么就只想损人利己。这种行为不是伦理上的无耻或缺陷，而是一个利益能够单独成立的存在单位的存在论逻辑（ontological necessity）。假如给定生活目的的是利益，那么这种个体存在论（the ontology of individuals）是合适的，但是假如生活的目的是幸福，那么那种个体存在论是不成功的，因为，幸福的存在论条件是"关系"，幸福只能在成功的关系中产生，幸福只能是他者给的，自己不可能给自己幸福。中国哲学概念体系所偏好的"计算单位"往往强调一种存在论单位的关系结构，典型的如家庭和天下。

　　可以看出，赵汀阳试图克服廉价的道德批评、克服将各思想家与各个国家区分为善恶的冲动，试图将现实世界中的容易引起道德激情的政治问题转化为可以客观讨论的知识论-方法论问题。中西知识论-方法论的不同因此在书中得到了大量的讨论。我们看到了不同的知识论-方法论能够导致不同的道德-政治实践。赵汀阳这里实际上触及了国际理论之社会建构主义学派所关注的问题：不同的观念、文化、制度对国家和国家体系的行为有不同的作用。建构主义的成就目前主要是在总结西方国际关系实践史与理论史的经验基础上创建新的理论，并用新理论来分析现代世界。中国古代的天下观念，可以对建构主义有极大的启发，弥补建构主义的不足，甚至可以超越建构主义，超越现代世界，为包容古今中西的全新的世界政治理论提供不竭的智慧。这方面，赵汀阳的努力值得赞赏，但他的哲学研究方式本身不无可以斟酌的问题。

## （二）对等性比较方法

在本文中，我们早就看到赵汀阳对中西世界政治观念及其实践的几乎全然相反的描述（回想对西方的五点逐层深入的批评与对中国的五点逐层深入的肯定），这一描述尽管以知识论-方法论的姿态出现，我们还是能够感到其中强烈的道德激情。前面摘引了很多，这里再摘引两段：

> 可以说，西方政治哲学从根本上就错了，它的基本方法论本来就成问题。"丛林假定"（或者按照荀子的话，可以说是"争而乱假定"）可能是个普遍承认的事实，可是对于"事实"提出的所需要解决的"问题"和解决问题的方法论，西方哲学的理解却是非常可疑的。虽然无论是中国哲学还是西方哲学都试图修正那个危险的"丛林"事实，但是各自的修正方法却很是不同。西方哲学不想修改"丛林"事实的内在逻辑（即私欲至上的逻辑），而只想修改这种逻辑的表现方式，只想把那种

无规则的野蛮争夺方式修改为有规则的"市场"争夺方式，同时又默许一旦有条件超越规则就可以恢复无规则的争夺（例如，在拥有明显暴力优势时就超越国家之间的协议、国际法或联合国）。与此不同，中国哲学要修改的正是"丛林"事实的内在逻辑，它试图通过创造一种新的人际逻辑（比如由道德和礼制所定义的人际逻辑关系）以替代自发自生的丛林逻辑。有时候这种差异会被过于吹捧中国的人说成西方认可"恶"而中国认可"善"，这样的理解恐怕不太正确，而且没有学术意义，其中含有道德上的自大，而这种自大又恐怕缺乏经验证据。我们不需要这种文化论争。

关于"谁是敌人谁是朋友"的知识可能对于卡尔·施密特来说是政治学的根本，但这种知识对于中国政治理论与其说是根本的知识还不如说是初始问题，因为中国政治理论所假定的任务是寻找"化敌为友"的方法而不是获得"区分敌友"的知识。中国政治理论和西方政治理论所承认的给定事实似乎是相似的，即都承认"资源稀缺，所以人们争权夺利"这个基本前提，但是所选择的解决方案却南辕北辙……

西方是"丛林假定"，是"区分敌友"，而中国却是创造"由道德和礼制所定义的人际逻辑关系"，是"化敌为友"，其间的道德境界之高低是不言而喻的，但是赵汀阳却说"这样的理解恐怕不太正确……我们不需要这种文化论争"，等等。但是在笔者看来，保持正常的道德情感未尝不是一件好事，至少有助于我们去反思赵汀阳提供的中西知识论-方法论之不同、之相反是否有点儿离谱了。

中西相比较，很多人（包括笔者）和赵汀阳一样看出中国传统文明内部保持了较大程度的稳定，外部保持了对待他族他国时有较大的和平倾向，而现代西方文明是内部有较大冲突倾向，外部与其他文明也冲突不断。中西区别有多大、是什么性质的可以慢慢研究，但存在较大的区别也是个事实。面对这个事实，可以有两种分析方法：一种是寻找事实背后的哲学观念；另一种是对事实做历史社会学的考察。哲学家赵汀阳当然选择他最拿手的哲学，在导论中他就表示："所采用之分析方法，亦兼有中西，而偏重西式以取其逻辑论证之长。"正文中还有更清楚的表述："我试图论证，天下理论是任何可能的世界制度的形而上学。在这里之所以使用哲学来分析世界政治问题，是因为哲学是分析任何理念的方法。"这无可非议。值得注意的是，他的研究方法不是一种研究事实的方法，而是一种研究理想的方法，即柏拉图的理念方法："在柏拉图的意义上，理念总是在本质上使得某个东西成为这个东西。于是这就逻辑地蕴含着，理念又是为某个东西所可能设想的完美化概念。因此理念（idea）就必定意味着理想（ideal）。"现实中有诸多好观念，他要寻找在他看来最好的观念，并将其往更好的方向诠释，即比现实中最好的观念还要好。比如，他写道："与西方语境中的'帝国'（empire）概念不同，'天下'这一中国传统概念表达的与其说是帝国的概念，不如说是关于帝国的理念……'天下'要表达的正是关于帝国的一种理想或者说完美概念（尽管具体制度和实践永远是个难题）。"又："在分析中国理念时当然就有所发挥，并不拘泥于古代的有限意义，但所发挥的新思想仍然是中国思路所蕴含的可能性，仍然是在中国思想框架中能够生长出来的思想。这样就能够超越历史的限制而深入到普遍的哲学问题中。哲学感兴趣的不是历史事实是什么样的，而是最好的理论可能性是什么样的。"这也无可厚非，借助历史上的观念提出一种更好的理想是一种很自然的选择。此外，赵汀阳还把他更好的理想建立在对中西观念的比较上，这是一种值得大力提倡的做法。

但是，任何比较都要注意可比较性，注意对等性。假如我们要比较中国的天下观念和西方的世界/国际观念，那么就要拿道德上最好的和最好的比（比如孔子对康德）、拿道德上最坏的和最坏的比（比如商鞅、韩非子对马基雅维利、霍布斯），或者拿各自的实际综合影响来比较（儒、墨、道、法的实际综合影响对霍布斯文化、洛克文化、康德文化的实际综合影响），或者拿理想的国际秩序与理想的天下秩序比、拿现实的国际秩序与现实的天下秩序比。如果我们这样比较，那肯定不会得出赵汀阳那样意味着中西道德境界迥然不同的鲜明结论。但赵汀阳主要是拿中国最好（儒家）的、中等（道家、墨家）的观念与西方最差（霍布斯）的、中等（亚当·斯密、洛克）的比，违反了对等性原则，实在是胜之不武啊。当他拿天下观念与康德理论、欧盟观念相比较时，他实际上只能得出中西之别顶多是最优与次优的区别（参见前文）。或者，拿实际的天下/帝国实践与西方比较，他就承认："事实上的古代中国帝国的确与天下/帝国理想有相当的距离，以至于在许多方面只不过是个寻常模式的帝国。"

## （三）理念哲学的局限性

当然，赵汀阳不可能故意犯不对等性比较的低级错误，我推想可能理念型知识论-方法论误导了他。他的推论可能是这样的：中国观念的实践效果较好，西方观念的实践效果不如中国好，这与中西观念之别有关系。中国背后必有好观念，中国的观念没有在具体的历史情境中充分展开，那么哲学研究就是要把好观念实现到极致，那就是最好；西方背后必有不如中国好的观念，这个不好的观念没有在历史中尽情地演绎出来，哲学研究就是要把这不好的观念追根究底到极致，那就是最坏。于是就有了世界上最坏的国际关系理论与最好的天下理论。这种研究方法在哲学上是否合理我不敢说，但我承认这是个有趣的思想实验，阅读赵汀阳的书经常会有理智上的快乐。只是哲学的思想实验用来解释历史与现实时并没有太多的合法性，至少不会比历史和现实给人的经验教训更有合法性。但是赵汀阳没有真正意识到哲学的局限性，而是极力地推崇哲学的作用，贬低了历史与现实。

许多思想家都希望能够在理论上（也就是提前于充分的实践经验）分析出哪一种社会制度对于人类生活是最适宜的。通过理论分析而发现最佳选择其实可以看成是人类心智的精明之处，也最合乎经济学，因为通过实践经验来选择很可能是不能承受的代价，历史不仅是不可重复的，有时候还很可能是不可逆转的，即一旦错了就永远错下去，即使知道错了也没有条件改正错误（潘多拉盒子模式）。

　　尽管古代中国通过"天下"这一概念去想象世界制度时很可能主要是出于哲学的直观和理想化的想象，而与当时的实际历史需要没有必然的关系（这一点当然可以讨论），但在今天看来却是一个伟大的预言和制度设计……在这里没有必要卷入历史分析，因为中国古代的制度安排只是天下理论在特定历史条件下的一种应用，并非永远的典范，而今事过境迁，天下制度留给我们的主要是理论意义和理论创新的基础。

　　"天下"概念在古代应该是个信仰或者是纯粹的哲学而不是经验知识，事实上当时也没有相应的经验知识可以支持它。

　　可以说，赵汀阳的天下理论不是建立在对中国古代天下观及其实践的严谨考察上，这导致了他颇为大胆地对他感兴趣的不同思想家的观念片段来了个整合为一体的思想实验，比如墨子的"尚同"论证，比如孔儒的家庭性论证，等等，这些观念本来不在一个体系中，并不是相互支持、相互协调的观念，但赵汀阳却试图用他的理念型哲学将这些观念编织为一个逻辑一致的整体，但似乎没有完全成功，我们前面已经指出过其存在多处不协调的地方。

　　在政治领域过于偏重哲学理念，往往容易导致乌托邦的思想。赵汀阳一方面表示"天下是危险性最小的世界制度理念"，另一方面也坦率承认"天下也是个乌托邦，不管什么样的乌托邦都不同程度地有它不现实的方面"。

　　一方面说"以人类本性和生活欲望作为约束条件，我们所能够设想的社会制度的花样并不多"，另一方面却在否定了西方国际理论解决世界问题的重要意义、否定了民主等现代制度作为世界制度的内容的资格后说"传统天下理论还只是关于世界制度的初步理论准备，仍然有大量疑难问题存在，尤其是目前缺乏足够的实际条件来实现一种世界共同认可的世界制度"，"至于未来可能的世界制度模式，则是非常复杂的实践问题，远非哲学所能预告"。

其实，满足他那种尚同原则与家庭性原则相互支持要求的、满足双重完全普遍性（普遍性和传递性）要求的世界制度不但是不现实的，甚至在逻辑上也是不可能的。这就难怪他既不能有效解释历史上发生的事情，也不能对未来选择有个明确的建议。因此，我们似乎有理由质疑他的"天下理论"是否正是他书中所主张的"对社会负责任的知识"，似乎可以怀疑他最终追求的是真理而不是生活。他说："很少有人去思考关于真相的知识必须同时是对社会负责任的知识。这是一个特殊的知识论问题，福柯曾经揭示了'知识/权力'的关系，这是知识的政治学意义，同样，我们还必须注意到'知识/责任'的关系，这是知识的伦理学意义。无论是福柯的知识政治学还是我在这里讨论的知识伦理学都试图指出，知识不能被简单地理解为一个单纯的认识活动，真理并不是一个最高的判断，真理必须是好的，真理必须负责任，因为人类最终需要的是生活而不是真理。"

# 四、余论

最后，笔者尝试提出一些能够更好地解释历史与选择未来的初

步观点，这些初步观点都与前面讨论过的问题有关系，但是又不便
充分展开论述，故作为余论。

## （一）西周天下观的兴起

以赵汀阳所说的人类本性和生活欲望作为约束条件，加上特定
历史记载和普通经验知识，天下观念在西周的兴起是可以从几个角
度来解释的。这里笔者从"竞于道德"的角度做初步的解释。

"竞于道德"出自《韩非子·五蠹》："事异则备变。上古竞于
道德，中世逐于智谋，当今争于气力。"儒、墨、道、法对上古的
论述虽然颇有些差异，但都肯定"上古"的德治传统①，其中儒、
墨、道都羡慕上古的德治，法家则主张"事变则备异"，实际上儒、
墨、道的论述可能不如法家的准确到位。从文明前夜到今天不过几
千年，与人类几百万年的进化史相比，实在太短，人之本性不可能
有什么明显的变化，人类社会无论多好多坏，变化的不是人之本
性，而是人之本性的表现形式。因此，儒、墨、道对"上古"德治
的论述，更多的是一种美妙的想象，更多的是一种托古改制。而法
家则认为上古之人是"竞于道德"，这个"竞"字颇有现实主义学
派的神韵，中国古人当时生活的天下环境造成了他们中的许多人表
现出最有道德的样子，这是他们竞逐天下之最高权力诸多有效方式
中的一种。当时天下环境是一方面存在着"万国"，这是天下事实
上的相互间权力制约；另一方面，各"国"内部还处于较为原始

---

① 姜广辉.中国经学思想史：第 1 卷.北京：中国社会科学出版社，2003：710 -
717.

的、血缘关系密切的时代，内部的人际关系颇有道德色彩。这样的天下环境，对外采取赤裸裸的权力政治手段，并不能总是有效加强本"国"以及君主本人的权力，兼用道德的政策可能更能达到这个目的。而三代君臣沿用了这种"竞于道德"的手段，使之成为一种强有力的政治文化传统。当然还可以更微观地从商周宗教观念的不同、从周初"封建亲戚"等角度来探讨。赵汀阳先生过于看重"天下制度"在哲学的思想逻辑上的魅力，所以才会说不可能知道当年周公思考天下制度的原因，才会觉得有些难以置信①。其实，周公首先是个政治家，考虑天下制度时离不开传统资源，离不开权力政治的谋划，无论是尊天、敬德、保民、慎罚，还是宗法封建制，都是在"竞于道德"的政治文化传统中的一种现实举措，按照韩非子的说法，周公在相当大程度上是"逐于智谋"的。

### （二）周代天下体制中的双重台阶式等级制与不完全传递性

赵汀阳非常看重天下理论中的"普遍性和传递性"（即双重完全普遍性）理论，我以为这缘于他对周代思想制度中的双重台阶式等级体制的误解。

"天下"是一个"天子"（君主）治理下的等级体制，中国古人无法想象出不同于君主政体的其他各种政体。在古希腊那边，在近代西方，重要的社会问题往往可能是在争论中通过设计不同的政体

---

① 赵汀阳说："虽然今天已经无从知道当年周公们思考'天下制度'的原因（古人在 3 000 多年前就如此深谋远虑，的确有些令人难以置信），但从思想逻辑上却是可以理解的。"

来解决的，而在古代中国，争论中的社会问题是在君主政体框架内以不同的治理方式来解决的。君主政体，无论如何都是等级体制，但不同的治理方式常常意味着不同模式的等级体制，其中有不同的价值意蕴。打个比方，法家（和墨家）追求的是绝对等级制，是上下楼层叠加式的等级制，上一层楼对下一层楼的优越高尚是绝对性的、权力压制性的，主要的政治原则是秩序。而儒家（和道家）追求的是相对等级制，是台阶左右式的等级制，上一台阶对下一台阶的优越高尚是相对性的、权威礼法性的，美德、自由、秩序三种政治原则都体现在台阶式等级制中。天下政制在后世历史中有诸多不同的模式，但是，无论如何不同，经过儒家修饰过的周朝体制都最受重视，这种体制是两种台阶式等级制的契合：其一，从周朝天子（或诸夏各级诸侯）到各级卿大夫到各级士、庶人等的台阶式等级制；其二，从周天朝到诸夏各级诸侯到各级夷狄的台阶式等级制。两种台阶式等级体制中各等级的权利义务都依据理论上的文明程度而逐级递变。这两者看起来非常相似：如果把台阶式等级制简化为斜线，则以周朝为中心形成了两条"大斜线"，又以各级诸侯、卿大夫为中心形成很多两两相交的"小斜线"。越靠近每一条斜线上端，代表越高的政治权力与越多的政治义务，其中的传递性是递减（或递增）的，不是完全的、严格的。在天下体制中，无论是任一国的国内还是国际，都不奉行上下绝对等级制和左右前后的平等制，奉行的是相对等级制，介于上下绝对等级制和左右绝对平等制之间，因此，天下体制是介于世界政府与国际秩序中间的一种普适性政治安排，天下观一来未必与世界政府理论相兼容，二来也未必与西方国际理论不兼容。赵汀阳似乎把两条大斜线和许多两两相交的小斜线（看起来像许多等边三角形）变成了一条上中下的线与另一条左中右的线（看起来像十字形或 T 字形或倒立的 T 字形），只有这样，才能使某一制度满足他严格的双重普遍性的要求。他的这一转变就把天下体制变成了另一种体制即世界政府，使得天下理论变成了与国际理论不相兼容的东西。

## （三）家庭和谐、国内共和、国际共和

赵汀阳讨论了现代制度中的民主以及法治、人权、主权等，但是对现代制度中的奠基性制度即权力分立制衡只字不提，让人觉得奇怪。权力分立制衡即共和制度，而共和制度总是伴随着妥协、共识、相互承认等美德，两者合起来即是共和主义。共和主义对国际问题有没有解决能力呢？前面我们提到的"完善的民主国家互不开战"这一经验理论。实际上，完善的民主国家就是共和主义的国家，它限制了大众民主（投票、舆论等）的应用场合，又突出了公民美德。所以，准确地说，是共和国家互不开战。如果世界上所有的大国强国都变成共和国家，共和大国强国之间相互制约就保证了国际和平与人类的其他利益。一旦认识到这一点，我们就发现在共和国家内部的权力制衡与共和国家互不开战（国际共和或天下共和）这两种理论之间，存在着明显的相似性，即都强调权力制衡①和共识的美德。我们前面还提到契约型家庭（美德和自由）和完美

---

① 均势问题因此实在不该草率处理，赵汀阳好像只在夹注中提到一次均势："如果有时候幸免于战争，那是因为碰巧形成了国际理论最喜欢讨论的'均势'。"

型家庭（美德）、完美家庭、契约家庭、国内共和、国际共和之间存在着关于爱意递减和制衡递增的不完全传递性。我想，古代中国的天下理论与其转换成某种乌托邦式的世界政府理论，不如转换成这样一种更具现实性并且含有较高道德意味的国际共和（天下共和）理论。

前面论述过，世界政府是不可能的和不可取的，国际秩序、国际共识、相互承认不是靠世界政府来保证的，而是通过诸共和大国强国的制衡等来实现的，这些相对于古代天下观念中的和谐观念来说功利色彩比较浓厚，讲究的是制衡、妥协、共识与相互承认，而不是和谐。但是，如果诸共和大国强国的制衡维持了足够长的时间，各国通过社会化的学习逐渐学会了自我约束、自我升华，进而看淡了均势本身的利害关系，由利害的公开竞争演变为竞于道德（此时是竞于民主共和、竞于人权保护），而国家利益在竞于道德中自然得到了保护，如此，天下一家、国际共和或许就能逐渐地建构起来了。

# 附录十二 天下体系是最好的
# 世界制度吗？

周方银[*]

赵汀阳先生在 2005 年出版了《天下体系：世界制度哲学导论》。该书虽然是从政治哲学和伦理学角度来讨论国际政治问题，但既然主题涉及天下体系，就不能不跟国际关系学者关心的国际体系、世界治理问题联系起来。而哲学研究者又有其不同的理论视野，因此，这本书一出版，立即引起国际关系学者的广泛关注。《国际政治科学》2007 年第 2 期刊登了徐建新对赵汀阳著作的学术评论[①]。徐文洋洋洒洒两万余言，对《天下体系》一书的评论不可谓不全面和不深刻。也许因为徐文特别注重评论的全面和完整，读了他的评论，反而有些抓不住重点的感觉。这里，笔者希望通过对

[*] 周方银：广东外语外贸大学国际关系学院教授。

① 徐建新：《天下体系与世界制度》。本书已收载此文的完整版《最坏的国际关系理论与最好的天下理论？》，可参阅。

《天下体系》的再次讨论，对徐建新的文章做一点补充。

天下体系说可谓是应时而生，按照赵汀阳先生的说法，"当中国要思考整个世界的问题，要对世界负责任，就不能对世界无话可说"。天下体系，就是赵汀阳先生在这样一个时刻提出的一个"说法"。他的天下体系说之所以令国人兴奋，就在于它试图说明中国古代的周朝体制在当今世界仍具有重要的价值，并且他力图以一种逻辑的方式来表达这一点。不管这一主张的理论意义如何，至少它反映了中国学者的一种心声，在某种程度上甚至反映了中国学者的一种强烈愿望。

但是，从理论建构的角度来看，天下体系并不能说是十分成功的。本文将从以下几方面论述。

# 一、在衡量制度理论的好坏时采用双重标准

赵汀阳提出，天下是危险性最小的世界制度理念，在思考世界制度问题时，天下模式至少在世界理念和世界制度的基本原则上具有哲学和伦理学的优势。在该书中，还有其他许多类似的说法。总而言之，在他看来，当前的国际制度是不好的，天下体系是最好的。

毫无疑问，天下体系的优越性，应该通过与当下的国际体系进行对比来体现。当前的国际体系为什么不好？因为它是以民族/国家为单位的体系，而且在西方政治哲学框架中缺少世界政治制度的

位置。当然，当前世界体系之不好，并非因为这种体系本身，而是因为由它所导致的结果，即这个世界处于混乱无序的状况。赵汀阳认为，由西方政治哲学所主导的世界"必定是一个乱世，事实证明如此"。在他看来，当今世界的最大政治难题是整体无序和暴力主导。更为糟糕的是，"国际理论对此完全无能为力，至多能够掩盖问题一直到最后的毁灭。世界有可能在无法无天中毁灭，这是一个相当现实的问题"。由此观之，我们身处其中的世界凶险无比，而这一切是由西方国际政治理论的缺陷造成的；如果没有中国的天下体系，世界将在无法无天中毁灭。

这里，笔者姑且不论当前世界的前景是否真的如此悲观。有一点很清楚，赵汀阳对当前国际体系之所以有不好的论证，在相当程度上是因为一种结果论证，即西方国际政治理论无法解决世界政治制度问题，而无法解决世界政治制度问题必然导致世界成为乱世，因而西方国际政治理论不好。那么，反过来，当我们说天下体系好的时候，我们就需要说明：采用了天下体系，世界就不再是一个乱世，战争可以避免，持久的和平能够实现。

赵汀阳却没有采取这样的论证方法，而是采用了一种颇不相同的逻辑。他提出一个新的衡量标准，即普遍性和传递性标准，认为"只有当一种制度可以适用于从最低到最高的各层政治制度并由此形成一个普遍的政治系统时，它才是一个普遍好的制度"。也就是说，一个政治制度的好与不好，是通过看它是否满足普遍性和传递性来判断的。徐建新认为，这体现了赵汀阳对完美理论的偏好和乌托邦精神。徐建新并不赞成这个标准，因为按照这样的要求，会导致政治的专制与文化的单调。

实际上，徐建新没有指出的是，赵汀阳的论证有一个更隐蔽的问题，即在论证一个理论之好与另一个理论之不好时，采用了双重标准。

在论证西方国际政治理论的不好时，赵汀阳采取的是结果论证的方法：为什么这个理论不好，因为建立在此基础上的当今国际体系是一个乱世。由于它带来的结果不好，所以，这个理论本身不好。为了保持论证的一致性，赵汀阳必须说明，如果我们采用天下体系，就会带来好的结果，并对为什么如此给出证明。

但赵汀阳采取的做法是另立一个标准，认为一个有效的政治制度必须具有充满整个可能的政治空间的普遍有效性和通达每个可能的政治层次的完全传递性，认为一个政治制度应该在所有地方都同样可行，并且在每个政治层次上都具有同构性（这里同构性的具体含义究竟是什么，也让人摸不着头脑）。他认为，根据这个新的标准，天下体系是最好的世界制度理论。姑且不论这个标准本身是否合理，就算我们接受这个标准，那在论证天下体系是好的而西方的国际政治理论不好时，也应该通过论证西方国际政治理论不满足这一标准来说明西方理论的不好。但是，通观整本书，赵汀阳对这一点的说明付之阙如。

这样，赵汀阳在论证过程中，使用了不同的标准来判断两个不同体系的好坏。这实际上也意味着，根据赵氏的论证，我们并不足以看出天下体系比西方的国际政治理论好，因为两者不是用同一个标准来比较的。

# 二、以赵汀阳的标准并不足以证明
# 天下体系是最好的世界制度

赵汀阳的标准实际上并不能成为判断世界政治制度之好坏的适当标准。当我们说一个世界体系是"最好"的时候，可以以许多不同的标准来衡量。例如，我们可以从它的效率来判断；可以从制度自身的稳定性来判断；可以从它是否有利于实现秩序的角度来判断；可以对它进行道义上的评判。此外，我们还可以从其他很多单一的角度来评判，比如它是否有助于实现自由、平等，它的决策方式是否民主，等等。这些不同的标准还可以产生出许多相应的组合。

因此，标准可以是多样的。然而，赵汀阳提出的普遍性和传递性标准则让人无法接受，其合理性颇值得怀疑。以这样的标准来衡量世界体系的合理性，有点像以公司中人们穿的衣服颜色是否一致来判断该公司的好坏。按照这样的标准，或许确实可以分出几个公司之间的好坏。但是，这样做的意义何在？对此，我们不免感到怀疑。

即使是以普遍性和传递性来判断，天下体系是不是最好的呢？答案未必是肯定的。在赵汀阳那里，试图用一个单一模式的政治制度来解决所有层次的各不相同的治理问题。而这个能够治理所有政治问题的法宝是把家庭模式在不同的层次上进行放大，使其贯穿到所有层次的政治中去。赵汀阳认为："按照管理家事的原理来管理国事甚至天下事，这在中国是被普遍认可的原则。而这意味着，除非天下能按照家庭的模式进行治理，否则它将不能得到和平与和谐……"

那么，周朝体制或者中国古代的体制，真的只是家庭模式在不同层次上的体现和映象吗？这种情况显然只存在于想象中，而不可能存在于真实世界中。在中国古代体制下，军队的管理、法律部门的制度设计，包括各部门之间的权力分工，很难说体现的只是家庭模式的放大。即使被认为是在一定程度上体现了家庭模式的分封制度，也在春秋战国时期逐渐被郡县制取代。另外，家庭模式到底指什么？我们如何判断中国古代的政治体制只是家庭模式在国家层面的放大？在这些方面，并没有清晰的判断标准，作者对此应负有进行举证的责任。

退一步说，即使天下体系是满足普遍性和传递性标准的唯一世界制度模式，我们也只能够说，天下体系是满足"这个标准"的体系，而并不能脱离了这个前提在一般意义上说天下体系是最好的。更何况，天下体系并不能严格满足赵汀阳的这个标准。

其实，每一种单一的制度形式都有其局限性。赵汀阳批评了民主制度、自由、公正等观念。问题在于，任何一个单一的观念都不可能解决人类面临的所有政治问题。我们很容易以一个视角来批评一个观念，再以另一个视角来批评另一个观念。在进行了这样的批评之后，并不能证明我们自己提出的观念就比被批评的观念更好，因为我们的观念可能会招致来自其他人的类似批评。

试图用一个单一模式的政治制度来解决所有层次的各不相同的治理问题，这本身是一种虚幻和奢侈的想法，既不现实也没有必要。在设计世界制度模式的时候，可以综合使用多种形式，一种制度无法有效治理的地方，可以使用其他的制度模式来进行补充。如果我们承认当前的世界是一个乱世，那么，需要着眼的地方只在于如何使它不再是一个乱世。因此，对于赵汀阳提出的问题来说，最适合的标准还应该是一种以结果来判断的标准。

# 三、天下体系的历史效果并不理想

既然赵汀阳提出的标准本身意义不大，而且，从这个标准出发，天下体系也并不是真的就很好，那么，从结果论证的角度看，天下体系的实践又怎么样呢？我们只能说，在这个方面，以周朝制度为原型的天下体系的实践并不理想。

封土建君，以所谓的"家庭模式"建立帝国，这一制度创新是由周公做出的。周公这么做，是为了解决他所面临的政治危机。面对立国之初纣王之子武庚及其盟友的反叛，周公一方面进行了军事讨伐，另一方面在讨伐获胜后，创立了"封土建君"的制度。这实际上是在加强中央政府的统治，使中国有了真正意义上的中央政府。而在此之前，是各部落各据其地的局面。在分封之时，周又将被征服的殷人分属于不同的封地，以彻底消除殷人的势力。即使如此，反周的势力并未被完全消灭，周昭王南征，结果兵败身亡，致使周人的势力不能延伸到南方地区①。这个分封体制，并没有带来

---

① 劳思光. 新编中国哲学史：1卷. 桂林：广西师范大学出版社，2005：48-51.

持久的和平，因为到春秋时期时，出现了"礼崩乐坏"的局面，各国之间征伐不断，这一套封建制度也逐渐名存实亡了。

按照赵汀阳的构想，封建诸侯与作为诸侯共主的天子之间，存在的是一种类似于家人与家长的关系，其关系在总体上应该是很和谐的。但纵观中国历史，封建藩王势力的强大，一直是大一统帝国的心腹之患。在大一统帝国成立之初，有些朝代设立了一些藩王，往往是为了巩固政权的权宜之计。一旦中央权力基础稳固之后，就会采取"削藩"的政策。汉朝有"七国之乱"；明朝的燕王朱棣夺取了中央政权；清朝的"三藩之乱"，历时 8 年，蔓延 10 省。从总体上看，诸侯势力的存在，对于天下的安宁似乎不是一件好事，而更像是一个需要解决的问题。在中国历史上的大一统时期，"削藩"常常是朝政的一件头等大事。显然，这个"满足"普遍性和传递性的以家庭模式为基础的制度安排，并不能自动带来关系的和谐。

赵汀阳认为，一个完美的共同体必须能够满足："（1）这个共同体的完整性是任何一个成员各自幸福或利益的共同条件。（2）这个共同体的总体利益与任何一个成员各自的利益成正比，或者说集体利益与个人利益总是挂钩或一致。"按照这一完美共同体标准，家庭模式是最合适的。但是，历史事实反复表明，把这个模式推广到更大的世界范围时，并不能带来如此美好的局面。因为家与诸侯的利益、诸侯与天子的利益并不真正一致，家、诸侯、天下的关系，并不真的像家庭关系那样其乐融融、无比和谐①。

---

① 这里还没有考虑到由于天子滥用自己的权力可能导致的问题。如果考虑这一点，那家庭模式的问题就更多了。

# 结　论

　　上面的分析表明，我们没有什么特别充分的理由证明天下体系是最好的世界制度模式。如何实现暂且不论，即使可以实现，天下体系也并不能解决当今世界面临的根本问题。虽然赵汀阳的著作在很多细节观点的阐述上、在论证上充满了新奇有趣的地方，但是，其宏观结论并不成立。而造成这一结果的原因不仅仅像徐建新所说，是"理念型哲学研究方式的误导"。

# 附录十三　用"天下"思考世界

林航[*]

　　《天下体系：世界制度哲学导论》是赵汀阳在近两三年转向政治哲学思考后，于该领域的首部专著性成果。由于赵汀阳已在长期的哲学思考过程中发展了一套自成体系且有独特方法论的标准哲学理论，并将其元哲学观念渗透运用到所认为重要的问题中，这里遂仅从更偏向哲学元理论之角度对此书最主要的思路做轮廓勾勒，以使人们能更迅速地把握作者想要表达的内容。限于篇幅和讨论主题，这里也不对有众多争论的国家主义、民族主义、全球治理、全球化、理性利己主义对普遍仁爱的限制、世界主义的现实根基、世界政治的权力来源、"天下"观念之不同考证，以及对世界政治制度具体的政治经济学安排等专门问题进行探讨。

---

　　\*　林航：北京师范大学哲学系副教授。

　　《天下体系》在学科理论上的定位很有些与众不同，因为虽然很明显，我们可将它称为一本政治哲学著作或哲学著作，但显然阅读过后又会发现如此概括还是差点味道。其原因乃在于此书不仅从政治哲学的角度分析了政治学中关于世界政治领域的问题，而且哲学分析更是从元哲学角度进行的。由此，该书也就是从元哲学角度出发对政治哲学进行的一次思想演练，如此层级的哲学思考就不仅以思想上的深邃超越一般政治学、经济学、文化批评等方面的讨论，也同时因对世界政治这一大问题之研究而提出了像天下体系般的根本性大观念。事实上，针对世界政治制度问题，历史上除老子、孔子、格劳秀斯、康德等诸家曾对此进行不同方案设想外，近来如梁漱溟、李慎之、盛洪等也从"天下"角度有所探讨。加上世界政治、大国政治本来就是多方争论的焦点，在这个全球化日益发展，大国与区域性联盟交相争锋的特殊历史时期，如何评议天下兴亡以阻止世界上各利益集团的激烈冲突，避免作者所称因"世界失效"而最后导致整个世界的毁灭，质言之，怎样思考"世界"，成了一个需要从哲学元理论上加以解决的问题。

　　迄今为止，人们从政治角度思索世界时，使用的最高级别观念是国家和国家利益，对此赵汀阳指出，从国家出发思考世界虽是自然的观点，但问题在于这样的思考立足点是不够的。为此赵汀阳给出一个逻辑论证：由于世界构成了人类社会最大的秩序空间，而没有哪个国家能够承担一个混乱的世界，逻辑上就需要一个能够超越任一较低层次政治存在的最高政治单位，以保证次级政治体系不至于因失序而产生无法控制的矛盾冲突。显然，像国家这样的政治制度和政治实体在此视野下也就显露出其不足之处。此外，从更加经验的角度，诸如恐怖主义与外太空威胁造成的全球安全问题、世界卫生及能源问题、经济全球化等也都迫切地要求某种具备全球（globalism）观点的世界级思考。

那么，为何从世界出发对世界之考虑应以世界制度的政治哲学面貌出现？这缘于在作者眼中，政治问题关系到最根本的人际利益与权力分配等问题，世界的问题也因此在实质上是政治性的；除此以外，当今世界因仅仅作为地理事实和财富资源的物质世界亦即"非世界"（non-world）存在，而并未作为一个承载与具备了精神、制度和价值意义的制度秉性之政治世界存在。由此，政治哲学也就需从政治的世界观或曰世界观的政治哲学层面上创造出具备世界尺度思考规模且关乎世界制度的先验政治世界观。这样的世界观不仅超越了个人权利的西式价值归宿，也超越了上文言及的国家利益角度考量，从而"创造一种新的世界观和一种新的政治分析框架，以便能够按照世界本身的目的去理解世界，同时，按照世界的尺度去诠释关于世界的各种问题"。至于历史上曾出现过的罗马帝国、大英帝国等古典帝国模式，以及当下已逐步形成的美国帝国、欧盟这两种分别归属于世界/帝国以及众多国家国际联盟的世界制度组织形式，赵汀阳在书中不同的地方反复指出这些世界制度模式的不同弊端，它们在世界政治观念上之缺陷从根本上说是因其先验观念的不完备性。即使西方政治观念中的"国际理论"，从根本上说亦是一个不具备任何高于国家价值观的"国家间"理论。

既然西方的政治思维无法从根本上克服思想及实际践行上的不足，那么，当目光移向正负起更多责任的中国时，我们能否发现中国哲学思想中有可担当此任的理论资源？通过对"天下"这一古老中国哲学思想的现代哲学论证与挖掘，作者对此做出了极为肯定的回答。可以说，赵汀阳欲借此发挥中国哲学思想中之精华，发现中国思想框架所蕴含的理论可能性，从而使天下理念突破历史实践限制而成为基础性的哲学思考，以实现让中国提出参与世界性问题思想话语讨论之愿望。"天下"不仅是关于所思考世界对象饱满意义的概念，"认定的世界是个在概念上已经完成的世界（conceptually completed world）"，还是一种拥有最高容纳度的哲学方法论。具体而言，作者为之赋予了三个重要性依次递增的意义层次，即作为地理/民心/世界制度层次的天下。

巧的是，天下概念不仅被赵汀阳认为是中国思想中真正本质的政治观念，而且，它也被认为兼容了新的先验政治世界观之各种要求。例如，与西方基本政治意识中将所有本不对立的事情对立起来的观念不同，天下观念的根本原则即"无外"原则恰是一种"大度"地化约一切，使敌"化"为友、使外"化"为内的观念，这样，逻辑上排除了绝对外在的事物，天下概念因此保证了其逻辑先验性。天下观念可说是最为符合外延广阔无边的一体化想象，同时，世界先验性又在逻辑上承认世界内部的多样生态。此外，它还是一种难能可贵的以和谐与善治为核心诉求的政治世界观，它"具有世界尺度，所以能够反思世界性利益，它又是一个冲突最小化的模式，最有利于保证世界文化知识的生态"，恰好有助于解决如今极为严重和艰巨的世界文化冲突问题。特别地，天下理念的元哲学秉性令这种世界性观念不再成为某种政治学中的道德理想主义，它具有的是哲学品性。

除了无外原则，赵汀阳还颇富创意地称中国式的知识论在根本上是政治知识论，是人事解决方法而非比之更为单纯的知识论。进一步地，我们也就可以按照普遍性和传递性效度要求去理解天下观念所引致的"天下制度"要求：天下为一则"必定需要一个天下制度来保证世界社会的统一性"，天下制度也正由此以其哲学性质创造了思考问题的世界尺度。

天下体系所蕴含的天下概念，最基本的含义当然是其"以天下观天下"的独特世界观。天下概念可谓赵汀阳的无立场方法这一元哲学方法论到目前为止规模最为庞大的应用。若仔细想想，赵汀阳所提出的世界制度问题不仅是 21 世纪极其重要、现实的大问题，而且，通过天下体系的概念阐发，赵汀阳也给人们提出了需从哲学上厘清的新观念、新思维方式与新的问题。值得指出，在《天下体系》中，赵汀阳还为元哲学给出了政治/伦理以及天下/家庭这两个循环先验论证，并进而以其循环论证的良性属性而成为知识基础中的超验论证，这在第一哲学（first philosophy）上又是一个重要突破。经出此书，赵汀阳在无立场分析方法的方法论基础上完善了原先侧重于伦理学角度的运思，补充了政治哲学这一相比伦理学而言更具框架性的理论方面，使其哲学理论的政治/伦理两翼变得更为明晰丰满。至于天下概念，如作者说的那样，它"是任何可能的世界制度的形而上学"，巧妙地游刃于经验与先验观念的平衡并由此在世界政治这一前卫、重要的问题上具有超前性，极有理论参照价值。观念先行，观念影响行动，不仅政治家，所有人都既可从哲学理论上对天下理论做出评价，又在具体的政治制度、经济制度等方面去探索天下理念的可能。

# 附录十四　天下理论和世界制度
## ——就《天下体系》问学于赵汀阳先生

张曙光[*]

北京天则经济研究所第 289 次双周理论讨论会，我邀请赵汀阳先生去做学术讲演，主题是关于天下体系。会上，赵先生送给我他的大作《天下体系：世界制度哲学导论》。《天下体系》的篇幅不大，不到 10 万字，特别是问题新颖、思想深刻，是一本有价值的学术著作，且文字相当流畅，我一口气读完。邓正来先生创办的《中国书评》复刊以后，打算以赵汀阳关于这一问题的著作做一期主题书评，知道我最近涉猎过有关制度经济学和制度哲学的问题以及老子政治哲学的问题，于是约请我写一篇批评性的学术书评。我有点犯难。虽然自己对哲学很有兴趣，在做经济学研究的过程中，也读过一些哲学书籍，涉及一些哲学问题，但哲学终究

* 张曙光：中国社会科学院经济研究所研究员、博士生导师。

不是自己的专业，特别是政治哲学的书读得更少，仅有的一点知识也是东鳞西爪，而问题又是如此之大，所以，不敢贸然答应。为此，我又把《天下体系》读了一遍，既感到作者的论述相当精彩，又觉得有很多绝对化和片面化的地方，因而，打算就《天下体系》的分析提出几个问题，向赵先生及对此有研究和有兴趣的人就教。

**1. 中西思想文化是道分二途，对立、冲突，还是同多异少，能够互补、融合？**

改革开放以来，中国出现了一个学习和研究西方思想文化的高潮，其深度和广度超过了近代以来的任何一次。但无论是过去，还是现在，基本上存在着三种态度和观点。第一种是贬低中国文化，推崇西方文化，其极端就是妄自菲薄，数典忘祖，全盘西化。第二种是妄自尊大，信而好古，一切都是中国的好，特别是中国的古代文明最好，西方的现代文明不仅无法与之相比，而且已经走入歧途。这是道分二途的两端。第三种是中庸之道，中西文化各有所长，各有所短，需要互补、可以融合。至于如何互补、如何融合，不仅是一个没有解决的问题，而且存在着重大分歧。早期的"中学为体，西学为用"和近期的"西学为体，中学为用"① 也是两个极端，表面上的融合，实际上的凑合。

在中西文化的关系问题上，《天下体系》持有的是哪一种观点

① 李泽厚. 中国现代思想史论. 北京：东方出版社，1987.

呢？作者告诫人们："中国不需要反对西方，需要的是以中国为根据去理解西方。如果拒绝西方思想，那就反而不是中国的精神风格了。"在一些问题上也有这种表示，如："我们不能在政治上去规定利益和幸福，而只能去发现利益和幸福的一般条件。西方哲学的发现是'自由'，这是个必要条件……中国哲学发现了另一个至少同样重要的必要条件，这就是'治'，也就是秩序。""似乎可以说，如果没有个人权利原则，那么不可能有好的社会；如果没有相互责任制度，那么不可能有好的世界。"这也许是《天下体系》中有关西方观点的唯一肯定的两句话。但是，这两句话本身也是可质疑的。难道西方哲学不讲法治、不讲秩序吗？难道个人权利原则没有责任原则和责任制度吗？显然不是。不仅如此，在一系列根本问题上，作者仍然没有脱离大多数中西比较研究的套路，有意无意地把中西文化对立起来，分别采取了褒扬和贬斥的两种态度，有时甚至使用了双重标准。作者以赞同的态度三次提到亨廷顿的"文明冲突论"就是一种证明。在世界观和世界制度的问题上，《天下体系》一方面全面肯定了中国的天下观念和"天下—国—家"模型，另一方面全盘否定了西方的民族国家思想和"个人—共同体—国家"模型的合理成分。一方面高度赞扬了中国的"民心""民情""公心""公论"以及"亲亲"和家庭性，认为"真正的民心是经过理性分析而产生的那些有利于人类普遍利益和幸福的**共享观念**"，"亲亲"乃"万事之本"，家庭性是处理一切事务的"基础原则"；另一方面又否定了西方关于人权、自由、平等、民主等的基本价值和基本原则，说"人权是个非常空洞的概念"，个人自由和权利不可能成为世界的普遍精神原则，"民主只是一种操作比较容易的程序，并不能表达好的价值"。在讨论中国的天下观时，作者把理论与实践、逻辑与历史做了一定的区分，认为天下理论"过于完美"，古代中国帝国是一种"不完美的"天下/帝国实践，"尽管事实上的古代中国帝国的确与天下/帝国理想有相当的距离，以至于在许多方面只不过是个寻常模式的帝国，但古代中国帝国毕竟在文化追求上一直试图按照天下/帝国的文化标准去行事"。但在分析西方文化时，《天下体系》却有意无意地将两者混在一起，有时甚至直接用目前某些西方国家的实践来代替和否定西方的文化思想。不错，现今美国在其国内外的确有不少严重违背人权原则行事的做法，正如作者正确指出的那样，"以和平的名义发动战争，以自由和民主的名义来摧毁自由和民主，以人权的名义来迫害他人，以各种道德的理由来否定道德"，但不能据此就否定人权思想和自由理念的普遍价值。联合国目前的确是国与国之间的协调机构，但看不到《世界人权宣言》的意义，也是一种否定一切的片面观点。也正因为否定了西方文化的合理成分，《天下体系》关于世界制度的讨论只能停留于乌托邦的水平，不可能找到前进的道路。

基于以上的陈述和分析，笔者以为，中西文化并非道分二途，而可能是同多异少，殊途同归。因此，我的第一个问题是，中西文化究竟是对立和冲突的，还是各有所长、各有所短，因而是需要而且能够互补和融合的？各自长在何处、短在何地？如何互补，怎样融合？就此而言，《天下体系》所持的立场是对立论和冲突论，而不是互补观和融合观，其分析和逻辑是有矛盾的。

## 2. "重思中国"如何重思？中国思想文化的优劣何在？

《天下体系》提出了"重思中国"的问题，这是一个很重要的问题。作者把中国百多年来的思想发展分为两个阶段，认为 20 世纪 90 年代以前主要是一种负面的批判性的思考，即"检讨中国"运动。这种批判"加重了灾难深重的社会现实，它以釜底抽薪的方式打击了人们对国家、社会和文化的自信心，从而助长了社会的集体性堕落、集体性腐败和集体性的道德沦丧，这可以概括为对国家、社会和文化的**集体性不负责任**"。而 20 世纪 90 年代以来出现的"重思中国"是一种"重构中国"运动，其历史意义在于"恢复中国自己的思想能力，让中国重新开始思想，重新建立自己的思想框架和基本观念，重新创造自己的世界观、价值观和方法论，重新思考自身与世界，也就是去思考中国的前途、未来理念以及在世界中的作用和责任"。笔者以为，这种区分的根据并不充分。批判和重构都是需要的，没有批判，无法重构，没有重构，批判也失去意义。无论是批判还是重构，不仅有立场问题，而且有方法问题。我相信，不论取何种做法，绝大部分人都是为了中国好，理性的批判和对批判的理性理解也不会造成《天下体系》所说的问题。至于方法，可能是不当之处较多。批判的人大多是面向西方，用西方文化的长处对比中国文化的短处；重构的人大多是面向古代，用复兴中国古代文明来抵制和淡漠西方思想文化的影响。《天下体系》也未完全摆脱这种影响。这集中表现在《天下体系》"重思中国"的方法上，即表现在其对中国文化的长短优劣的看法上。

　　《天下体系》认为，"中国思想的基本特色就是它的**完整性**"，"中国思想只有**一个系统**，思维的综合性和整体性正是中国思想的突出优势"。如果中国思想只有一个系统，那么，诸子百家如何解释？老子推崇自然演化和自发秩序，儒家崇尚礼乐政治和等级秩序，其政治哲学也不完全相同①。中国思维的综合性和整体性优势是公认的，中医是最好的典型，但综合性和整体性不等于完整性。综合性和整体性的反面是笼统性和模糊性，其最大的缺陷是缺乏实践性和可操作性。《天下体系》充满了对中国思想优势的赞扬，其关于世界制度的思想既体现了中国思想的优势，也暴露了中国思想的缺陷。中国思想如果不解决实践性和可操作性的问题，如果找不到将其贯彻落实的途径和办法，我们就永远只能停留在空谈和议论上。《天下体系》反复强调"民心"，它的确比民主更根本、更完美，但是，民心如何表达、如何测度、如何把握，则是一大难题，能否解决、如何解决，笔者没有研究，无法回答，《天下体系》提出的办法也只是说说而已。

　　《天下体系》说，"民心的表达依靠的是自然产生而且经过考验的'公论'，所谓'自有公论'"，"思想就是为别人去想，为所有人去想，这样才能够说是思想……所以，民心就是为公而思的思想，'公思'自有'公论'"。且不说这里对思想概念界定的片面性，因为为自己思考或者自思是排除在思想之外的，单就民心＝公思＝公论这一模型来说，就是一个无法解决的玄而又玄的循环论证和同义

---

　　① 杨鹏.老子详解：老子执政学研究.北京：中国文史出版社，2003.

反复。人的思想既有自思，也有公思，如果只有公思，而无自思，也许与只有自思而无公思一样，那就不是人了。如果只有公思而无自思，肯定不会有今天的局面，赵先生也许无从提出今天的问题。不仅如此，《天下体系》还说："至于'验之民情'，古代中国显然没有数字化的验证方式，比如现代的民主选举方式，但实际上要了解民情并不需要数字化的'准确'统计，因为民情总是表现为直观的或者能直接感受到的社会气氛，而且人们关于民情的直观、对社会气氛的感受似乎从来都不会出错。"应当指出，这里首先有个感受主体的问题，不同的人对社会气氛会有不同的感受，感受出错的事情即使不是比比皆是，至少与感受不出错的概率相同。感受不同，所得到的结果也就千差万别。

### 3. 什么是中国的天下观和世界制度？其性质和价值何在？

《天下体系》对天下观念和世界制度的讨论包括两个方面。第一个方面是对照西方的民族国家观念，对中国的天下观念和世界制度思想做了很好的描述与分析。明确指出，"天下不仅是地理概念，而且还意味着世界社会、世界制度以及关于世界制度的文化理念，因此它是个全方位的完整的世界概念"，作为一种充分的世界观和哲学方法论，天下理论在空间和时间上提供了一种世界的尺度和永恒的尺度，"只有把世界理解为一个不可分的先验单位，才有可能看到并定义属于世界的长久利益、价值和责任"。既然天下具有先验的完整性，那么，所有地方都是它的内部，天下一家，于是产生了"无外"的原则，"世界的存在论意义就在于保护其内在和谐"。

第二个方面是以天下观念为尺度，对世界制度做了哲学分析，认为目前的世界仍然处于霍布斯状态，只是一个"被争夺和被损害的生存空间"，还没有被普遍接受的世界制度，因而现在的世界是一个"非世界"，或者是一个"无效世界"。要"创造一个世界首先需要的是一个合法的世界观，特别是一个包含着关于世界制度的构思的政治世界观"，"天下观可能是唯一纯正的政治世界观"，以天下观为核心概念形成的世界政治哲学框架，其基本政治概念和初始政治原则是"世界制度优先于国家制度"，即在理论上和逻辑上，世界制度具有优先性和先验性、内在的一致性和无限的传递性。《天下体系》的上述分析的确是相当精辟的，它提供了一个与西方思想不同的关于世界制度的政治哲学理论。

作为真正的世界制度，天下理论和天下体系的性质和价值是什么？《天下体系》说："天下也是个乌托邦，不管什么样的乌托邦都不同程度地有它不现实的方面。讨论乌托邦的意义并不在于能够实现乌托邦，而在于有可能获得一种比较明确的理念，从而使世界制度获得理论根据，或者说，我们至少能够因此知道离理想有多远。"这样说虽然没有错，但笔者认为是不够的。作为天下体系，世界制度如果只是一个乌托邦，那么，天下理论只是提供了一个理论参照系，就像物理学中的无摩擦世界的概念一样，在现实中永远是不可能存在的。然而作为世界制度理论，至少应当包括两个方面的内容或者解答两个问题：第一，世界制度应当是什么样的？第二，如何建立这样的世界制度？前者解决的是应然问题，后者解决的是实然问题。如果只是讨论新的世界理念，那么可以进行大胆的、自由的、乌托邦式的畅想，如果是讨论世界制度，那么，仅仅有美好的理想就是远远不够的；如果只知道美好的世界制度应当是什么样的，而对于如何建立这样的制度一无所知，那么，这种制度理论的价值就相当有限。因为，从古到今，不仅无效率的制度会长期存在，人们往往还会选择对自己不利的制度①，而且完美的制度和最优的制度只是空想，实际上是不可能存在的，人们不得不退而求其次，建立一个次优的制度。在如何建立世界制度的问题上，《天下体系》是苍白无力的，甚至连个前进的道路和方向也没有揭示出来。

**4. 如何建立世界制度？仅仅依据中国的天下思想能否建立世界制度？**

如果说，《天下体系》关于完美的世界制度应当是什么做了精彩的讨论，则关于如何建立这样的世界制度就显得贫乏得多。《天下体系》说，"关于整体世界的制度构筑，目前看起来有两种现成的可能模式：一种是建构一个世界/帝国，另一种则是建构一个众多甚至全部国家的国际联盟"，两种模式都遇到了一系列难以驯服的困难。不过，从作者的偏好来看，似乎世界/帝国模式较国际联盟模式更接近于天下理论，更值得推崇。因为，作者认为，"关于世界秩序或者世界之治，就其理论的可能性而言（尽管都未经最后证明），可行的方案似乎是建立某种合法的世界制度以及执行这个制度的世界政府，或者是某种形式的世界帝国，或者是世界民主政

---

① 盛洪．为什么人们会选择对自己不利的制度安排//陈昕．社会主义经济中的公共选择问题：上海三联书店 1993 年经济学论文选．上海：上海三联书店，1994.

府"。怎么建立世界制度和世界政府呢?《天下体系》说,"世界制度必须是众心一致(public mind)的选择","天下体系很可能通过某种转换而成为适合于未来的世界制度"。至于如何实现众心一致的选择,以及天下体系通过怎样的转换才能成为适合于未来的世界制度,《天下体系》并未做出任何说明。作者从中国天下/帝国模式中提炼出五个文化标准作为建立世界制度的指南,有很多都是可以质疑的。

首先,作者认为,"在天下一家理想的影响下,在中国的意识里不存在'异端意识'……这不是说古代中国与其他民族和宗教共同体没有冲突,关键是,那些冲突在本质上只是地方利益的功利冲突,而不是在精神上或知识上否定他者的绝对冲突",因此,"中国思想的基本能力不仅在于它能够因时而'变',更在于它什么都能够'化'之"。既然如此,那么,对华夷之辨又该如何解释?文化上的相互学习和渗透是不可避免的,而强势文化或者先进文化的同化作用也是必然的,古代中国的思想文化之所以什么都能够"化"之,就因为其是强势文化和先进文化。把中国人学习和接受西方文化也看成是中国文化的同化能力,似有夜郎自大之嫌。

其次,作者认为,古代中国"天下/帝国的理想追求不是征服性的军事帝国,而是文化帝国",如果说军事帝国是一种力量上的征服,那么,文化帝国则是思想上的同化。按照《天下体系》的观点,文化冲突是一种绝对冲突,那么思想同化会不会消灭文化的多样性?这种文化帝国所实现的和谐和大同是否和能够是一种"和而不同"的状态呢?

最后，《天下体系》认为，儒家制度不是一个足够好的制度，且今天已经失败，回归儒家社会是个不切实际又毫无想象力的主张。既然如此，那么，失败的原因是什么？《天下体系》又说："中国帝国制度设想者们的思考重心显然不在经济发展速度和管理效率的最大化上，而是在生活方式的稳定性和社会和谐的最大化上，因此总是以最大限度减少社会冲突和规避冒险性发展作为基本原则。这大概是几乎所有王朝都选择了儒家制度的一个原因，因为儒家制度具有无可匹敌的稳定性。"可见，儒家制度是一种没有效率的稳定制度，是一种超稳定的结构。这正是它失败的原因。但作者对此所持的是一种赞赏的态度，他把儒家制度的失败归咎于宋明儒学的退化和扭曲，而不是这种制度的内在缺陷，这恐怕是不恰当的。

从以上分析可以看出，《天下体系》力图通过仅仅发扬中国精神来重构世界制度，如果说这一点在以前不可能，那么，在今天就更办不到。

### 5. 什么是人权思想？人权思想能否发展成为普遍的价值观和世界制度的思想基础之一？

人权概念来自西方。从古希腊斯多葛学派的人人平等观念到18世纪美国《独立宣言》和法兰西《人权宣言》，人权概念的形成经历了一个漫长的历史过程。在西方古代哲学里，人权思想在逻辑上由超验权威观念、平等人格观念、本性自由观念构成。在近现代的发展中，人权思想是西方思想文化的重要观念和价值，包括个人的独立和自由、人与人之间的平等和博爱、社会的公正和法治。但西方的人权理论有不少缺陷，如极端个人主义、利己主义和对抗主义倾向，西方国家的人权状况也不理想。中国古代虽无人权概念，却有民本思想，其中体现着人道精神、大同精神、和谐精神等人权思想。近代以来，人权观念在中国流行，与中国民权思想融合，并为之而追求和奋斗，说明把人权仅仅看作西方的思想是不恰当的。联合国 1948 年通过的《世界人权宣言》，则标志着人权思想的世界性意义。其第一条规定："人人生而自由，在尊严和权利上一律平等。他们赋有理性和良心，并应以兄弟关系的精神相对待"。第二条："人人有资格享受本宣言所载的一切权利和自由，不分种族、肤色、性别、语言、宗教、政治或其他见解、国籍或社会出身、财产、出生或其他身份等任何区别。"第三条："人人有权享有生命、自由和人身安全。"因此，对于人权思想不是要通过批判西方将其放弃，而是要通过世界人民的共同努力将其发扬、完善和实践。在这里，笔者认为，夏勇先生的观点是对的，他认为，人权的特性在于，它是人之作为人所享有或应该享有的权利。换言之，只要是人，就应该享有人权，这是不可剥夺、不可转让、不可让渡的。更重要的是，人权的重心落在权利上，这样，就可以把关于尊重和维护人的尊严和价值的要求通过每个人的主张、利益、资格和能力加以落实①。

　　《天下体系》的问题在于，在一系列问题上往往把逻辑和历史、理论和实践、中国的思想文化和西方的思想文化割裂开来并对立起

---

① 夏勇. 中国民权哲学. 北京：生活·读书·新知三联书店，2004.

来，用前者否定后者，或者用后者否定前者，或者只强调一个方面的正确而批判另一个方面的错误。为了把"天下—国—家"与"个人—共同体—国家"对立起来，作者认为，"政治制度的治理次序是自上而下的"，"只能优先创造一个好的世界制度，然后才是国家制度，等等。只有自上而下的政治治理传递性才是创造有效世界的根本条件"。然而，世界的现实是先有国家制度，尚无世界制度，我们只能在现有国家制度的基础上来创造世界制度。在由大到小和由小到大的结构以及"分"与"合"的问题上也是如此。作者认为，天下/帝国理论是个由大到小的结构，而帝国主义理论是个由小到大的结构，"联合国是通过'合'而创造出来的一个世界中心机构，而天下模式却是由世界政治中心通过'分'而创造的政治网络"。不过，现实世界是划分为各个国家的，在分的基础上不通过"合"而如何通过"分"来实现天下模式呢？《天下体系》否定联合国《世界人权宣言》对人权的解释，认为"人权概念并没有获得一个世界性的解释，而是由各个国家各自做出解释"，因而"人权是个非常空洞的概念，对它的具体内容的解释权就成了问题"。这是不符合历史事实的。"民族/国家体系在基本价值观上与西方思想中'个体'或'主体'这样的基本概念或者基本思考单位是一致的，并且存在着映射关系，只不过民族/国家单位最大。我们可以看到从个人主义到民族主义或国家主义、从个人权利到民族或国家主权之间的一致逻辑。"既然世界是世界所有人的世界，天下是天下所有人的天下，那么，世界制度或者天下制度的主体不是个人及其权利还能是什么，难道是《天下体系》所说的家庭及其亲情吗？笔者以为，无论是在思想上还是在实践上，建立世界制度与其把东西方的思想对立起来，还不如把东西方的思想结合和融合起来，如果说天下思想指明了世界制度的目标，那么，人权思想则揭示了建立世界制度的一种途径。所以，作者如果能够把笔者在第一个问题中特别提到的《天下体系》中两句话的逻辑贯彻始终，就不会产生这样的问题。

需要特别强调的是，改革开放以来，尽管学界对西方思想文化的引进学习以及对其进行批判的著作均很多，但由于学风浮躁，很多都是浮皮潦草、浅尝辄止，真正弄懂弄通的很少，对西方思想文化发展中的名人大家及其思想理论，我们有几个人做了真正认真的专门研究，有几本像样的专著？说来让人抱愧。对于以"文化自由主义"自称的天下理论来说，这也许是一个绝大的讽刺。

**6. 如何看待联合国和欧盟以及其他的世界组织和区域组织？它们究竟是走向世界制度的一步，还是与之背道而驰？**

《天下体系》在理论上正确区分了国际性和世界性，认为国际性不仅不等于世界性，而且是一个比世界性低一级的政治问题，即国家之间的问题。但认为国际问题与国家政治问题属于同一个层次，在通常的政治哲学框架里，国际政治总是附属于国家政治，则值得商榷。国际问题既然是国家间的问题，就是一种超国家的和准世界性的问题，它比世界性的问题低半个层次，而比国家问题高半个层次。这种说法绝不是文字游戏，无论是从理论上来说还是从实践上来说都是如此。《天下体系》为了把天下理论和国家理论对立起来，总在有意无意贬低国际性。这不仅表现在作者对国际政治学和国际政治哲学文献很少涉及，也表现在《天下体系》对联合国等国际组织的看法上。

《天下体系》说："国际组织从理论上来说只不过是在帮助各个民族/国家争取各自的国家利益，而从实践来看，国际组织只不过是服务于大国自我推广的野心，而绝不表达世界普遍的和共同的利益以及世界普遍理念。任何**国际性**的政治系统都不会有能力去解决世界上真正严重的冲突，它最多能解决那些鸡毛蒜皮的、本来就不严重的冲突。"又说："联合国只是由各国的权威所承认的，而绝不高于国家权威，因此联合国必定只能服务于霸权而不可能克服霸权。"这里的"只不过""只是""只能"都是一些绝对化的描述。不错，联合国是由各个国家协商联合成立的一个国际性组织，在一些问题上也避免不了大国的操纵和控制，但是，既然联合国≠美国≠中国≠任何一个国家，那么，它的运作和行为就有可能超出和违背任何一个国家的意志，采取某些不同于国家的行为，甚至在一些问题上不理睬和对抗大国的霸权。联合国通过的《世界人权宣言》，虽然和实际落实还有很大距离，但是，作为一种思想、一种理论、一种理想、一种目标，却是具有世界性的意义的。很多国家都发布自己的人权报告，尽管这是国家间相互博弈和争斗的工具，但也说明了人权之重要。如果联合国能够组织一批专家或者一个机构，对各主要国家的人权状况做出比较客观和公正的评价，并提出相应的报告，与各自自己的人权报告相比较，对于促进世界人权的改善，可能具有更大的世界意义。当然，目前联合国不是一个世界性制度，也不可能成为一个真正的世界制度，但是，如果说建立世界制度是万里长征，那么，联合国的工作可以成为走向世界制度的一小步。

《天下体系》说，"人们对'现代游戏'（任何单位意义上的利益最大化运动）的危险性已经有了明确的认识，因此，不管在社会制度问题上还是在世界体系问题上，人们都希望能够有一个足以避免危险和毁灭的制度设计，而这也是公正、规则、法律、权利、权力、秩序、对话和合作等能够成为今天世界的关键'问题'的原因所在"。又说，"国际理论实际上是一种博弈论，这种博弈论的主题就是如何将国家利益最大化的策略想象，以及在迫不得已的条件下达成均势的策略计算，而绝不是为世界利益着想的合作理论"。任何制度的起源和变迁都有可能通过两条路径，一是自然演化，二是人为设计和建构，两者既有重大区别，又相互补充，往往共处于同一个现实制度的形成过程。无论是自然演化，还是人为建构，现实制度的形成和发展都是人们之间的一个博弈和互动的过程，而重复博弈有可能达成合作。这也是理论上和实践上证明了的[①]。即以世界制度而论，各种国际政治理论以及天下理论的提出和争论，以及据以进行的制度设计，正是这种博弈和互动的一个方面，联合国和欧盟以及各种区域性合作组织的建立和运作，也是这种博弈和互动的重要内容。我们既需要对世界制度进行精心设计，也需要走向建立世界制度的实际步骤和行为。《天下体系》既然否定制度博弈，

---

① 参见罗伯特·艾克斯罗德（Robert Axelrod）的 *The Evolution of Cooperation*。此书中译本书名为《对策中的制胜之道：合作的进化》（上海人民出版社，1996），所加正标题与原书的主旨相悖。

否定交往对话，难道仅凭美好的制度设计就能让世人达成一致选择，就能建立世界制度吗？

**7. 如何运用历史文献？能否只使用对自己有利的东西，而把对自己不利的东西做牵强附会甚至是歪曲的处理？**

《天下体系》引用了大量历史文献，大部分是不错的，但有些文献的使用则有些牵强，甚至歪曲。这里只就中文文献的引用略举几例。

首先，《天下体系》多次引用《道德经·第五十四章》"以身观身，以家观家，以乡观乡，以邦观邦，以天下观天下"，但作者只讨论以天下观天下，而对以身观身很少置评，只在一个注释中说："道家比较关心个人生命，所以老子的分析单位中有'身'（个人），对于道家来说，个人不仅是个利益单位也是个道德单位。儒家并不否认个人利益，但似乎倾向于以家庭作为伦理基本单位。当然儒家并不忽视'身'，只不过儒家是在修养的意义上重视'身'。如孟子曰：'天下之本在国，国之本在家，家之本在身。'"这里有几个问题，一是《天下体系》为什么不讨论"以身观身"，即个人和人权问题；二是完整的分析框架既不是"天下—国—家"，也不是"个人—共同体—国家"，似乎是"天下—国—共同体—家—个人"；三是"天下之本在国，国之本在家，家之本在身"这句话何解？难道仅仅是指道德修养而言吗？

其次，《天下体系》说，"中国关于身份（identity）的观念归根到底是一种责任制观念，可以看成是'名实论'的一个重要组成部分"，"'名'定义的是某个社会位置的价值以及它在关系网络中的意义"，这个位置"意味着一组责任/诺言……其中暗含着这样一个思想结构：'做'优先于'是'"。一般来说，名实相对，身份和地位相连，两者虽密切相关，但终究不是一回事，身份怎么就变成了名，怎么就变成了一种责任制？难道身份观念与人权自由平等观念之间不存在矛盾和冲突，难道身份观念所体现的等级观念在中国不存在，难道身份观念和等级观念的落后性不值得关注？

最后，《天下体系》说，"在宋、辽、金时代，由于各方实力大致相当，因此只是逐鹿天下的竞争者，而在媾和时则成为暂时分有天下的'兄弟之邦'，甚至更为'正统'的宋往往还要向辽、金进贡"，并以此来论证"朝贡的自愿性"。问题是，战败称臣纳贡是实力原则还是自愿原则？南宋为什么不自愿称臣纳贡，而要北伐中原，收复失地呢？《天下体系》不惜歪曲历史，以解释中国天下/帝国的开放性和平等关系，不知道有多大说服力？

以上所提问题，旨意主要不在批评《天下体系》，而在引起大家进一步的思考和讨论。果真如此，那笔者也就如愿以偿、心满意足了。

# 附录十五　天下体系的两条方法论原则

周濂 *

　　关于赵汀阳在中国哲学界的定位，中国社会科学院的李河有一个有趣的评价："trouble maker"（麻烦制造者）。如果嫌这个词不够顺耳，李河还有一个更为中性的评语："problem maker"（问题制造者）。从早年的《论可能生活》《人之常情》，直到最近的《天下体系》以及《第一哲学的理由和困难》，尽管论域从伦理学、政治哲学再到形而上学一转再转，不变的是赵汀阳式的"鲶鱼"效应。这种天生在想法上和说法上的不安分守己，必然招致爱憎分明的两种极端评价：推崇者欣赏他的问题意识以及天马行空的创造性，反对者则对他"过多地关注'语言的力度'而忽略了'思想的力度'"[①] 愤恨不

　　* 周濂：中国人民大学哲学院教授。

　　① 倪梁康. 再次被误解的 transzendental：赵汀阳"先验论证"读后记. 世界哲学，2005（5）：106.

已。不过推崇者与反对者至少有一点是一致的，那就是在读毕赵汀阳的著作后，甚少有人能够一笑置之，他一定会在某些地方刺激到你辩论的神经，让你忍不住要好好和他"理论"一番。

通常说来，"理论"理论的方式不外乎两种：一种是外在的批评，一种是内在的批评。鉴于人们总是热衷于谈论彼此（talk about each other），而不是耐住性子彼此谈论（talk to each other），所以外在批评成为当前学术批评的主宰方式也就顺理成章、不足为奇了。

《天下体系》同样难逃这样的命运，毫不夸张地说，自问世以来此书就一直处在外在批评的旋涡之中。在各种学术讨论会或者书评中，我们不难发现这样一些批评意见：政治现实主义者认为在中国的国家利益尚未得到保证、民族-国家的建立仍处于现在进行时之际，如此胸怀宇宙、奢谈"世界制度"是失之高远的；犬儒主义者则担心"天下"概念可能蕴含"华夏帝国主义"的逻辑后果和野心，不仅违背了"高筑墙、广积粮、缓称王"之韬光养晦策略，而且还会招致国际势力的不安乃至反弹；而在一些信而好古的国学家眼里，《天下体系》过于偏重哲学义理的阐发，疏于文献的考据，在资料整理和概念梳理上不够厚实。上述观点虽然或多或少有些道理，但我认为仍旧属于外在批评的范畴。关于外在批评，一个最为明显的指认特征就是它们总是轻而易举同时也是似是而非的，原因无它，因为外在批评者既缺乏对作者基本思路的同情了解，也没有深入理论内核进行发问，其结果必然只是停留在批评者一己立场的伸张上，缺乏对问题本身实质推进的诚意及贡献。相反，内在的批评则要求批评者怀抱同情的理解，尽可能按照理论的内在逻辑去推演和检视它的限度与可能。唯其如此，才具有学术批评天然要求的建设性和批判性，因为它在直面理论内部问题的同时尽量保持问与答的开放性，而不是因为立场相左就进行简单的否定或拒斥。毋庸讳言，这正是本文自我预期的任务。

《天下体系》的副标题为"世界制度哲学导论"，问题缘起于这样一个观察："我们所谓的'世界'现在还是一个非世界（non-world）"，"现在我们所面临的真正严重问题并不是在世界中存在着所谓的'无效国家'（failed states），而是一个'无效世界'（failed world）"。这个观察精准且深刻。迄今为止的各种国际秩序理论，无论是霍布斯式的现实主义策略、康德式的自由主义方案，还是格劳秀斯肇始的国际法传统，都没能让世界成功摆脱"自然状态"或者"无政府状态"。而现实的情况是，随着全球化进程无所不包的席卷态势，所有地方性的问题都日益成为世界性的问题，所以尽管世界制度在现实性上仍旧遥远，可悖谬的是它又是世界的迫切需要。赵汀阳认为，西方的民族/国家理论不仅无法应对无效世界的尴尬窘境，而且根本就是始作俑者，反观来自中国政治思想传统中的"天下模式"，却恰好由于它在"世界理念和世界制度的基本原则上具有哲学和伦理学优势（virtue）"，能够成为一个更具生命力和解释力的理论框架，具体地说，像"先验一体性观念、他者哲学以及和谐理论"都为解决"无效世界"提供了有益的思路和资源。

这是一本无论在立意还是在行文上都让人非常有阅读快感的专业著作。赵汀阳一如既往提出了许多富有启发性的哲学命题。限于篇幅，我们无法一一介绍并回应之。总体而言，我认为这本书在理论上的贡献至少体现在两个方面：一是对传统中国哲学论述风格和内容的突破；二是对传统西方政治哲学方法论的挑战。

关于前者，可以一言以蔽之地称之为"让哲学说中国话"①。如何让中国哲学成为世界哲学的一部分，并且这"一部分"不是供西方人猎奇赏玩的对象而是切实拥有解释权和发言权的"活话语"，是赵汀阳长久以来孜孜以求的一个核心主题。按照赵汀阳的观点，只有当中国的学术概念成为解释的概念而不是被解释的概念，成为思想的根据而不是被思考的材料，中国思想才能真正成为有生命力和主导性的话语资源；也只有当哲学开始说"中国话"的时候，哲学才可能被不同地表述，世界才可能被不同地表述。《天下体系》正是在上述思路的指引下展开实质性哲学操练的，试图在"世界制度"问题上激活"天下""礼不往教""无外"等中国传统概念，对时代问题做出积极的思考和回应。此种运思方式毫无疑问是对传统国学的一大突破，我相信在未来很长一段时间内，《天下体系》都是关心中国哲学命运的人必须认真面对的一个文本，因为它向中国学者展示了何谓"中国现在的思想任务和必然逻辑"。

论及此书对政治哲学的贡献，尽管"天下模式"作为一个替换方案为解决"无效世界"提供了一条极富创意的思路，但是相比之下，我更关注赵汀阳在论证"天下模式"时所依赖的两条方法论原则。事实上，赵汀阳本人也相当看重他在方法论上的突破和创新。他不但反对那种抢占道德高地、停留在简单枚举层面的中西文化优

---

① 关于这一点的详细讨论参见拙文《让哲学说中国话》。

劣比较，而且明确指出中西哲学真正重要的差异是"理解政治制度的方法论上的差异"，更进一步说，"如果说中国的政治哲学具有优势的话，它只是方法论上的纯粹理论优势，而与道德水平无关"。很显然，这是一个相当自信且极富挑衅性的论断，任何人都会不由得继续追问，西方政治哲学方法论到底出了哪些问题？以及，（赵汀阳眼中的）中国政治哲学方法论的优势又体现在哪里？

在我看来，贯穿《天下体系》全书并且标示出中国政治哲学方法论之"纯粹理论优势"的两条原则分别是"方法论的整体主义"（methodological holism）以及"政治制度的一致性和传递性原则"。所谓"方法论的整体主义"并不是赵汀阳本人的术语，而是我对他的一个总结，以此对应于西方政治哲学主流中的"方法论的个人主义"（methodological individualism）和"以部分支配整体"的分析路径。至于"政治制度的一致性和传递性原则"，按赵汀阳的定义则是："任意给定一种政治制度……假如它要具有理论上的一致性从而经得起理论质疑的话，那么它必须能够在任何政治层次上被普遍化，也就是说，能够被普遍地贯彻应用于所有的政治单位，并且在给定的政治系统中的各层次之间具有传递性。否则，它就是理论上不完备的。"由于这两条方法论原则是全书立论的根据所在，所以毫不夸张地说，检讨这两条方法论原则的正当性与合理性就远比直接探讨该书立论更具有哲学意义，同时也更有助于我们探究"天下体系"的理论可能及其限度。

让我们先来分析第一条原则，即"方法论的整体主义"原则。

按照阿兰·尼尔森（Alan Nelson）的观点，西方政治哲学的一个核心主题就是要去证成国家（justify the state），其中一直占据统治地位的论证策略是这样的："第一步……从一些道德和个人的原则出发……第二步表明一个国家如何将会或者如何能够充分地遵循这些个体性道德原则而发展起来。第三步是表明一个以这种方式发展起来的，或者将会发展起来的，或者能够发展起来的国家，能如何促进道德上可欲的个体行动。"①

上述策略可以被概括为"方法论的个人主义"，其要义是所有关于社会国家现象的解释都必须要完全根据个体的事实来加以表达，否则就将遭到否定或拒斥②。尽管普遍认为"方法论的个人主义"要迟至霍布斯的《利维坦》才得到第一次清晰的表述，并在洛克以降的社会契约论传统和自由主义传统中得到延续，但是，如果我们把视野放宽，就会发现这类论证模式甚至可以追溯到亚里士多德。亚氏的基本工作方式是这样的：首先提出一个有关人性的论点，这个人性观包括对人的基本需求和能力的解释，基于这个人性论的基础，再提出一套人类幸福的主张，也就是阐述在何种条件下，有助于具有这样特点之人类实现其愿望，然后再依据这个论

---

① NELSON A. Explanation and justification in political philosophy. Ethics，1986，97（1）：155.

② LUKESS. Methodological individualsm// MATRAVERS D，PIKE J. Debates in contemporary political philosophy. London，New York：Routledge，2003：12；查尔斯·泰勒（Charles Taylor）在"Cross-Purposes：The Liberal-Communitarian Debate"一文中指出，关于在解释社会生活的过程中哪种因素是解释顺序中的最终因素问题存在两派对立的观点：一是原子主义者，二是整体主义者。前者又被称为"方法论的个人主义者"，他们普遍相信：第一，在解释的顺序上，能够而且应该根据个体组成因素的属性去解释社会行动、结构以及条件；第二，在慎思的顺序上，能够而且应该根据个体善的一系列关系去解释社会善。

点，确立何种制度最能实现这些促进人类幸福的条件①。

由此可见，西方主流的政治哲学论证模式尤其是"方法论的个人主义"至少包含以下两个基本要素：（1）在解释顺序上，坚持把个体作为解释社会和国家的原初起点及最终根据；（2）在哲学人类学上，对人性有一个基本的假设或判断，比如说古典经济学中"经济人"的假设，或者社会契约论中对"人天生是自私（自向、自利或者个人主义的）"的设定。

赵汀阳对方法论上的个人主义多有不满，但是这并非他个人的思想专利，事实上早在 19 世纪，方法论上的个人主义就已经在西方频繁遭遇各方狙击。比如说在法国，从神权主义传统（the theocrats）、圣西门、孔德直至杜尔凯姆，理论基础都是建立在对"方法论上的个人主义"的否定之上；在德国，反对之声同样遍及社会科学诸领域，如历史学、经济学、法学、心理学以及哲学，中国人耳熟能详的马克思主义和黑格尔学派都是其中的佼佼者。上述反对方案尽管侧重点各有不同，但都认为在解释顺序和论证逻辑上整体要优先于部分，国家（社会）要优先于个体，所以被统称为"方法论的整体主义"。

既然"方法论的整体主义"在西方学术传统中源远流长，那么赵汀阳式的"整体主义"究竟在什么意义上与之有所区别？如前所述，在西方政治哲学传统中，无论是方法论的个人主义还是整体主义，都是为了"证成国家"或者"解释社会生活"，换言之，它们

---

① DONALD M J. Constructing community：moral pluralism and tragic conflicts. Princeton：Princeton University Press，1993.

的问题域始终限定在民族-国家内部，在理论设计之初就没有将世界问题容纳在视野里，由此导致的一个后果是，现有的任何国际理论都是"虚假的存在"，因为它们"在本质上只不过是关心国家事务的国家内政理论"。而在赵汀阳看来，甚至"国际理论"这样的提法都是错误的，因为只要你还在追问"国际性"（internationality）的问题，你就依然没有超越"际间"思维模式，也就无法超越国家视界，其最大的政治思考单位就永远只是各种意义上的国家（country/state/nation），而不是世界。因此不管是"方法论的个人主义"还是（西方意义的）"方法论的整体主义"，一旦把问题领域扩展到世界尺度，就势必出现一个近乎悖谬的现象：它们都必然只能把国与国的关系还原成为个体与个体之间的对立冲突关系。换言之，在面对"国际"问题时，（西方传统的）"方法论的整体主义"就脱落成为"方法论的个人主义"，两者殊途但却同归！赵汀阳由此断言，从概念体系的逻辑上看，西方政治哲学的分析单位系列是不完全的，因为到了"世界"这个最大的概念，它们"缺乏必须配备的制度文化意义，而只是个自然世界概念……政治/文化单位到国家而止步，这就是西方哲学的一个重要的局限性，它缺少了一个必要的视界"。

反之，赵汀阳式的"方法论的整体主义"主张把世界作为思考各种问题的最后尺度。借用老子的经典表述就是"以身观身，以家观家，以乡观乡，以邦观邦，以天下观天下"。与"以部分支配整体"或者"以国观天下"的眼界相比，赵汀阳认为"以天下观天下"的优越性表现在，它不仅是一个空间性的世界尺度，同时也是一个时间性的永恒尺度，"只有把世界理解为一个不可分的先验单位，才有可能看到并定义属于世界的长久利益、价值和责任"。此外，这种"世界尺度"也使得"天下"概念有别于"全球化"理论，因为后者始终试图以一种地方尺度来"冒认"世界尺度，而只有"天下"观念才是一个先验的世界尺度。

当赵汀阳主张超越民族-国家的理论局限性，并把原初的政治分析单位扩展到"世界"和"天下"时，他就不仅颠倒了"方法论的个人主义"的解释顺序和论证逻辑，同时也和西方传统的"方法论的整体主义"划清了界限。很显然，单从纯理论角度着眼，立足于世界尺度的"方法论的整体主义"的确拓展了西学的理论视野，为我们思考世界制度提供了一个最大尺度的理论框架和想象空间。毫不夸张地说，借用世界尺度的"方法论的整体主义"，赵汀阳重新设置了政治哲学的主题和任务：如果说传统的西方政治哲学的核心主题是"证成国家"，那么赵汀阳则提醒我们当前政治哲学的第一概念和核心主题应该是"证成世界"——"世界应该是政治理论的合法起点，而国家则是政治理论的错误起点。"

这当然是一个极富革命性的哲学命题，但是我不准备过多渲染它的意义，因为对于政治理论来说，不仅要善于提出问题，更要善于解决问题。而世界尺度的"方法论的整体主义"除了告诉我们思考的起点必须立足于最大的政治单位，并没有提供更多实质性的思路和信息。虽然在逻辑层面和理论层面上，没有人否认"世界制度"的必要性乃至优先性，但是在发生学层面和经验认识顺序上，作为有限存在的人类只可能是推己及人、由小到大、从内至外地去理解国家和世界。没有人天生拥有一双上帝之眼，可以毫无阻滞地站在世界尺度上发问。一句话，我们虽然同意应当"以天下观天下"，但我们依然深深困惑于"以天下观天下"是如何可能的。

要想解决上述问题，避免让世界尺度的"方法论的整体主义"成为一条空洞的原则，就必须借助于"政治制度的一致性和传递性原则"。我认为这才是《天下体系》中真正具有决定意义的方法论原则。根据这条原则，我们不仅应当"以身观身，以家观家，以乡观乡，以邦观邦，以天下观天下"，而且"身""家""乡""邦""天下"的政治制度必须是相互传递的，并具有逻辑同构性。这也正是赵汀阳眼中中国政治哲学方法论的理论优势所在："中国政治哲学所想象的政治制度可以保证从政治基层单位一直到国家到天下都维持同样的结构，这样，政治制度才有一致的连续性，其中所定义的规则和价值才是普遍有效的和可信的。"反之，"西方政治哲学所想象的政治制度的最大应用范围就到国家为止，而国家之外的世界就是无制度的。国家制度不能推广成世界制度，这一局限性表明，西方政治制度是个没有普遍意义的制度"。

亚里士多德把政治学视为伦理学的一个理论延伸，而政治哲学的核心概念"政治合法性"（political legitimacy）同样暗示出政治与伦理（道德）剪不断理还乱的复杂关联——因为它探讨的是政治权力的道德理据。当代自由主义者如罗尔斯、斯坎伦等人把道德哲学领域缩水为单一的"正义"问题，一再试图在政治（道德）和伦理、对（right）和好（good）之间划界，但这并不意味着政治和伦理之间的关联已经被成功割断，相反，这恰恰映衬出在事实与价值分离、历史主义盛行的价值多元主义时代里，价值问题是如何像幽灵一般挥之不去，成为政治问题的根本肇因。

赵汀阳不认同自由主义的解决方案而更倾向于亚里士多德，在他看来，政治制度不能仅仅从治理的有效性上去论证，因为"政治制度绝不只是为了组织和管理社会，它必须同时成为好生活的条件，它必须同时是关于好生活的一种制度设计。因此，天下理论就其理论逻辑来说，除了政治合理性论证，它还必须拥有道德有效性的论证"。也就是说，必须要把政治和伦理做一体化的理解，因为只有伦理方法才能够最终化解政治困难。赵汀阳指出，虽然政治的逻辑是一种自上而下的推广顺序，即天下—国—家，但伦理的逻辑则是一种自下而上的推广顺序，即家—国—天下。由于"政治合法性必须源于伦理合法性并且由伦理合法性而得到证明"，所以作为最大政治制度的"天下"最终却是以作为最小伦理单位的"家庭"为摹本的。如此一来，借助于"政治制度的一致性和传递性原则"，不仅世界尺度的"方法论的整体主义"最终得到了实质性的陈述，"天下制度"也在"家庭型论证"中获得了具体的表达。

赵汀阳的这两条方法论原则是对西方政治哲学一次起根发由式的改造，他不仅为政治哲学重新设定了核心主题即证成世界，而且通过指出政治合法性与伦理合法性之间应该存在一种互惠循环的先验论证关系，在家、国、下各个政治层次之间建立起结构性的映射关系，以此保证彼此之间的传递关系。

毋庸讳言，这是一个与现代性方案完全不同的论证思路和主张，因为一般认为，"家、国、天下"的外推模式更适用于雅典城邦或者传统中国这类信奉自然主义和目的论的古代政治社会①：它们规模不大，价值观高度统一，成员之间对于何为美好生活有着几乎完全一致的认识。而对于启蒙之后的政治社会尤其是大规模的多元主义社会，"家、国、天下"的思路似乎并不适用，这不仅是因为自然主义、目的论的观点已经被打破，人们不再把国家视为永恒不变或者自然正确的存在物而是将其视为人为的产物，而且因为人们关于"好生活"很难达成统一的意见，人们利用国家这个工具只是为了确保生命权、财产权以及自由权的有效获得。

众所周知，德国社会理论家斐迪南·滕尼斯（Ferdinand Tönnies）曾经区分"gemeinschaft"与"gesellschaft"（英文译为"community"与"society"），中文一般分别译为"礼俗社会"与"法理社会"或者"共同体"与"社会"②。前者（gemeinschaft）

---

① 按照江宜桦在《政治社群与生命共同体：亚里斯多德城邦理论的若干启示》一文中的分析，亚里士多德之所以特别强调城邦的自然性，原因可能有两个：第一，他希望政治学的处理与其自然哲学之原则一致；第二，为了反驳古希腊智者学派所倡导的城邦契约论。参见许纪霖. 共和、社群与公民. 南京：江苏人民出版社，2004：141-142。

② 这两个概念中文语境一直没有统一译名，目前计有"自然社会"与"人为社会"（吴文藻），"礼俗社会"与"法理社会"（费孝通），"共同体"与"社会"（林荣远），以及"社区"与"社会"等不同译法。这几种译法各有千秋，"共同体"与"社会"以及"社区"与"社会"的译法在形式上与英译更加对仗，表述上也更接近于专名而非描述语，同时也是目前国内社会学界更为普遍接受的译法。但是"自然社会"与"人为社会"，特别是"礼俗社会"与"法理社会"的优点则在于，它们一语中的地点出了"gemeinschaft"和"gesellschaft"之间的主要差异，使读者仅从字面意思就能大致捕捉到这一区分的精髓所在，不像"共同体"与"社会"还需要做更进一步的定义和说明。不过综合考虑之下，我还是决定采用"共同体"与"社会"这种译法，不仅是因为它们在行文上更为简洁，而且因为把"community"译为"共同体"更能与汉语政治哲学界的通译保持一致。

指称"一切亲密的、私人的和排他性的共同生活"①，这是一种持久的和真正的共同生活，它是以血缘、感情和伦理团结为纽带自然生长起来的，其基本形式包括亲属、邻里、友谊；而后者（gesell-schaft）则是"公共的生活——它是世界本身"②，这是一种为了要完成一件任务而结合的社会，它是机械的和人为的聚合体。按照滕尼斯等西方主流学者的观点，从"共同体"到"社会"，从"礼俗社会"到"法理社会"，从"身份社会"到"契约社会"，从"自然社会"到"人为社会"，体现的正是现代社会所走过的历史轨迹。在共同体与社会之间存在着某种结构性的断裂：在共同体的生活形式里，不管人们在形式上怎样分隔也总是相互联系的，母与子的关系便是典型；相反，在社会形式里，不管人们在形式上怎样结合也总是分离的，最明显的例子就是现代社会无处不在的契约关系。在主流西方政治哲学方法论中，各层级的政治单位之间之所以不存在制度上的一致性和同构性，其原因在于家庭模式是以血缘关系为主导的自然产物，而国家则是以契约关系和地缘关系为主导的人为组织，两者既然在性质上就已迥异，在结构上就不可能同构。

　　赵汀阳并非没有意识到"时移事异"对理论适用性的影响，所以尽管他反复强调"政治制度的一致性和传递性原则"在理论上的自洽性和完满性——对此我也深表赞同，但具体落实到"家庭模式"是否能够作为"政治合法性"以及"伦理合法性"的原型

---

　　①　TONNIES F. Gemeinschaft und gesellschaft. New York：Harper & Row，1957：33.

　　②　同①.

（archetype）时，赵汀阳就在行文措辞上表现出相当程度的摇摆。比如说，他虽然一方面坚持伦理合法性对于政治合法性的根源地位，但另一方面又承认要想证明伦理合法性的毋庸置疑性是困难的，因为"要证明一种有具体内容的生活方式是普遍的，这显然无比困难，它等于要求证明某种特定的生活是人们最需要的"，而"关于这一点恐怕不存在绝对的证明"。

或许中国哲学所给出的证明，即"家庭性论证"，的确是最好的其中一种，比如在纯形式的意义上，在家庭中"对他者的爱和义务的最大化碰巧最有可能与自身利益的最大化达成一致，从而最有可能形成人性的最好发挥和最好循环"。但关键在于，即便这是一个事实，它的论证力量也只局限于"家庭"内部，而很难扩展到家庭之外，尤其是大规模的生人社会。在现代多元主义社会的外在条件制约下，"家、国、天下"模式面临着难以克服的拓展性困难。

此外，当赵汀阳说天下理论的制度合法性必须"仅仅落实在人民共同意愿和普遍人性上，而与特定价值观无关"时，他似乎已然接受了自由民主制的基本构想，因为确保国家权力的中立性、反对政治设计偏袒任何"特定的价值观"正是政治自由主义的主要观点；可是当他强调政治制度"必须同时是关于好生活的一种制度设计"并将家庭关系视作典范的时候，却暴露出他和社群主义乃至保守主义的亲缘关系（事实上有评论者甚至认为该书是迄今为止中国最聪明的保守主义著作）。显然，后一种说法才是赵汀阳真正想说的，这也符合他一贯的幸福主义主张和新目的论立场。

我不知道赵汀阳将如何回应上述矛盾，在我看来，围绕"家庭性论证"所反映出来的种种问题向我们暗示出这样一个事实，那就是尽管概念层面的天下体系具有各种理论优越性，但是作为具体政治制度的天下体系却还远未完成。对此赵汀阳并不讳言，他说："在中国的帝国理论中，'天下'是个具有先验合法性的政治/文化单位，是关于世界社会的绝对必然的思想范畴，但是任何具体的政权或宗教统治却不具有先验合法性；'天子'这一位置也具有先验合法性，但是任何具体的皇帝却不具有先验合法性。""与西方语境中的'帝国'（empire）概念不同，'天下'这一中国传统概念表达的与其说是帝国的概念，不如说是关于帝国的理念。概念和理念虽然大体一致，但有一点区别：理念不仅表达了某种东西所以是这种东西的性质（古希腊人认为是一种决定性的'形式'），而且表达了这种东西所可能达到的最好状态。"

我们现在终于可以回头解释何谓"以天下观天下"——前一个"天下"是纯理想（信仰）状态下的天下"理念"，它依据家庭模式推衍得出，而后一个"天下"则是作为历史存在物的天下"实存"。由于前者是事物"所可能达到的最好状态"，所以它永远都只能作为可望而不可即的理想对后者构成一种批判性的存在，时刻提醒理想和现实之间到底有多远。

亚里士多德曾经订立不同的方法去判断比较不同形式的政府，他认为我们也许应该考虑"在没有任何外在障碍的时候，哪一类型的政府更能激发我们的热情"，但是我们也必须考虑"哪一类型的政府更适合某一特定的国家"。亚里士多德认为，至关重要的是，不仅必须要知道"哪种形式的政府是最好的，而且还要知道哪种形式的政府是可能的"。尽管"政治理论家有着极棒的想法",但"最好的总是无法企及的",现实中的立法者"不仅应该熟知在抽象意义上哪一种形式是最好的,而且还要熟知在具体情境下哪一种形式是最相关的"①。

同理,"理论上哪种世界制度是最完美的"和"在具体情境下最好的世界制度是什么",这是两个不同的问题。就《天下体系》的表述来看,赵汀阳的答案更像是针对前一个问题。赵汀阳并不讳言天下制度究其根本是个"乌托邦",而"讨论乌托邦的意义并不在于能够实现乌托邦,而在于有可能获得一种比较明确的理念,从而使世界制度获得理论根据,或者说,我们至少能够因此知道离理想有多远"。

尽管赵汀阳对自身的理论限度有着极为清醒的自觉,但是我们仍然可以想象,处于无效世界中的人们也许并不满足于勾勒一个绝对完美的世界制度,而希望它能够成为在实践中可以仿效的模型。这样我们就必须直面第二个问题,即"在具体情境下最好的世界制度是什么?"我认为答案只能在"给定条件"的限制下,根据人性以及人统治人的难度标准来加以确定。如此一来,问题兜兜转转就又回到了"给定条件是什么",特别是"人性是什么"这样的古老问题上。

什么是我们今天思考世界制度的"给定条件"?这是一个见仁见智的问题。在我看来,现代性遗留给我们的种种问题是绕不过去的,我们不能以壮士断腕的极端方式将之剔除,而必须把它们作为

---

① ADLER M J. Great books of the Western World. London: Encyclopedia Britannica Inc., 1990: 498.

思考的"给定条件"纳入政治理论的设计之中。

人性问题则是一个更加令人困惑的哲学难题。尽管所有的道德理论和政治理论都必然预设这样那样的"人性观"或者"哲学人类学",可是哲学人类学的正当性却始终没有一个坚固的根基。既然称作"哲学人类学"而不是"经验人类学",就说明它不能建立在经验观察和数据统计上,而必须上升到所谓的规范(normative)层面,换言之,哲学人类学就不是在"人性本来是什么"的意义上谈论人性,而是在"给定的条件下人们能够(或者希望)成为什么"的意义上谈论人性。可是问题的悖谬性恰恰在于,在现代性的背景下面,由于规范性的各种超验根据都被解魅,哲学家唯有从人类的既有经验和时代精神(如果有的话)中去铺陈和梳理出一套哲学人类学,可是这种"事后梳理"的经验工作究竟在什么意义上能够上升到"规范"层面却是殊可怀疑的。

或许我们可以这样思考哲学人类学的理由和根据:鉴于任何哲学人类学的建构都不是目的而只是手段,都是为了营建一个目标社会,因此这个目标社会的性质就成为反向制约的因素,即如果设想中的目标社会是一个以正义为主要美德的法治社会,那么人性恶或者"人性自私"就是一个恰如其分的设定。这个命题的逆命题同样成立,一个以人性恶为基本前设的制度必然会导向以正义为主要美德的法治社会;反之,如果认为政治制度"必须同时成为好生活的条件",认为政治问题和伦理问题是一体的,那么人性善或者"中人"预设就在情理之中。同理,这个命题的逆命题也是成立的,一个以人性善或者"中人"预设为前提的政治制度更容易产生爱、友谊、关怀这样的美好情感。

赵汀阳正是沿着上述思路批判西方的"经济人"预设的,在他看来,正是这样的人性观导致了个人主义、异端思想、他者眼光、丛林法则等一系列理论恶果。与此相对,"天下体系"则是建立在一个相对"利他"或者至少是非善非恶的"中人"设定上。这个隐而未显的哲学前提早在《论可能生活》中就已埋下伏笔,并在赵汀阳的哲学思考中一直占据极为重要的地位。在一次访谈中,赵汀阳曾经这样解释道:"如果以最低品质的人群来讨论问题,那就是法律问题,而无所谓道德问题。当然我也不能以最高标准人群来谈论道德问题,那个标准就太强了。所以我讨论的是一般的人群和不好不坏的社会。"① 在没有统一标准的前提下,贸然比较不同哲学人类学的优劣高下是危险的,尽管这样,我仍然欣赏赵汀阳在哲学人类学上所做的努力,不仅因为它更接近于现实中的人群,而且因为它所展示的理论可能和现实愿景。

虽然《天下体系》并不准备回答"具体情境下的最好世界制度是什么",但是它在纯哲学的意义上阐明了中国传统的天下/帝国理念对于一种可能的世界体系会有什么样的理论意义。这是一个导论性质的哲学工作,不但向传统的国学研究者们展示了一种全新的知识生产范式,而且为一个可能的世界体系划定了问题领域,确立了方法论原则,并搭建起了一个较为完整的理论架构,在这个意义上,我们无法再对它苛求更多。

---

① 赵汀阳 . 哲学的创意//学园:第 2 期 . 周濂,陆丁,采访 . 北京大学哲学系,1998.

　　"昔有鹦鹉飞集陀山。乃山中大火，鹦鹉遥见，入水濡羽，飞而洒之。天神言：'尔虽有志意，何足云也？'对曰：'常侨居是山，不忍见耳！'天神嘉感，即为灭火。"① 阅读《天下体系》，常让我想起这段陀山鹦鹉的典故。因常侨居是山，所以不忍见其毁于一旦，赵汀阳撰写"世界制度哲学导论"何尝不是抱有陀山鹦鹉之志？山火熊熊，濡羽扑之不过杯水车薪，可是此种情怀安知不会感动天神，为其扑火？！

---

　　① 周亮工．固树屋书影//董桥．书城黄昏即事．沈阳：辽宁教育出版社，1996．

# 守望者书目

**图书在版编目（CIP）数据**

天下体系：世界制度哲学导论 / 赵汀阳著 . -- 北
京：中国人民大学出版社，2023.9
ISBN 978-7-300-31697-0

Ⅰ.①天… Ⅱ.①赵… Ⅲ.①哲学－研究 Ⅳ.
①B0

中国国家版本馆 CIP 数据核字（2023）第 081238 号

**天下体系**
世界制度哲学导论
赵汀阳 著
TIANXIA TIXI

| | | | | |
|---|---|---|---|---|
| **出版发行** | 中国人民大学出版社 | | | |
| **社　　址** | 北京中关村大街 31 号 | | **邮政编码** | 100080 |
| **电　　话** | 010－62511242（总编室） | | 010－62511770（质管部） | |
| | 010－82501766（邮购部） | | 010－62514148（门市部） | |
| | 010－62515195（发行公司） | | 010－62515275（盗版举报） | |
| **网　　址** | http://www.crup.com.cn | | | |
| **经　　销** | 新华书店 | | | |
| **印　　刷** | 北京联兴盛业印刷股份有限公司 | | | |
| **开　　本** | 720 mm×1000 mm　1/16 | **版　次** | 2023 年 9 月第 1 版 | |
| **印　　张** | 24 插页 2 | **印　次** | 2023 年 9 月第 1 次印刷 | |
| **字　　数** | 252 000 | **定　价** | 98.80 元 | |